미국식
영작문
수업

미국식
영작문
수업

개정판 1쇄 발행 | 2023년 5월 22일
개정판 2쇄 발행 | 2023년 11월 25일

지은이 | 최정숙
발행인 | 김태웅
편집 | 영어 1팀
디자인 | Design MOON-C
마케팅 총괄 | 나재승
마케팅 | 서재욱, 오승수
온라인 마케팅 | 김철영, 노유진
인터넷 관리 | 김상규
제 작 | 현대순

총 무 | 윤선미, 안서현, 지이슬
관 리 | 김훈희, 이국희, 김승훈, 최국호

발행처 | ㈜동양북스
등 록 | 제2014-000055호
주 소 | 서울시 마포구 동교로22길 14(04030)
구입 문의 | 전화 (02)337-1737 팩스 (02)334-6624
내용 문의 | 전화 (02)337-1739 이메일 dymg98@naver.com
네이버포스트 | post.naver.com/dymg98
인스타 | @shelter_dybook

ISBN 979-11-5768-917-0 13740
C 2020, 최정숙

문장 만들기부터 단락 쓰기, 에세이 완성하기까지

미국식 영작문 수업

최정숙 지음

동양북스

평범한 한국인도 세련된 영어 문장을 구사할 수 있는 방법에 관한 책을 써 달라는 요청을 받고 펜을 들긴 했지만, 곰곰이 생각해 보면 저는 그다지 평범한 사람은 아닌 듯합니다. 나서기를 좋아하고 좀 독종인 데다 보통 사람보다 분석적 성향이 강한 것도 같고요. 하지만 한국에서 영어를 배웠다는 점에서는 누구보다 평범하죠.

저는 가난하게 자랐습니다. 아버지께서 일찍 돌아가셔서 어머니가 다섯 딸을 부양해야 했죠. 영어 학원은 꿈도 못 꿨고 영어 점수는 항상 하위권을 맴돌았습니다. 상고를 졸업한 후 중학교 서무실에 취직하기 전까지 영어가 '외계어'로 느껴졌던 것도 그래서였을까요. 무료한 직장 생활의 돌파구로 다시 수능을 치르고 지방의 야간대에 들어가고 나서야 영어의 필요성을 절감하기 시작했죠.

전공이 관광경영학이라 영어가 매우 중요했지만 회화 수업 때면 한 마디라도 하고 싶은 바람과는 달리 좀처럼 입을 떼지 못했습니다. 제 기질을 생각하면 어떻게든 나서야 직성이 풀릴 텐데 그러질 못하니 '이럴 땐 영어로 어떻게 말해야 되지?'라는 궁금증이 시도 때도 없이 생겨났죠. 궁리 끝에 근처 서점에서 EBS 영어 교재를 있는 대로 구입해 우리말 해석을 읽고 영문을 스스로 만들어 보며 본격적인 영어 공부에 돌입했습니다. 그때마다 제가 만든 문장은 제시된 영어 문장과 항상 딴판이었고, 기초 문법부터 부족했던 저는 모든 영문을 무작정 달달 외워버렸죠.

직장과 대학을 병행해야 했기에 시간은 늘 부족했고 몸은 피곤했습니다. 그럴수록 하루빨리 전문 지식을 습득해 자유롭게 돈을 벌고 싶다는 생각만 간절해지더군요. 그러다 문득, 한창 열중하고 있던 영어가 떠올랐습니다. 한글을 영어로 바꾸는 연습을 계속하면 언젠가 영문을 마음껏 만들어 낼 수 있을 것이고, 그러다 보면 영어를 자유자재로 쓸 수 있게 돼 바람대로 영어로 먹고살 수 있지 않을까 하는 기대감이 생긴 겁니다. 그때부터 사무실에서, 출퇴근길 버스 안에서 틈틈이 시간 날 때마다 미친 듯이 혼자 영작해 보고 원어민이 쓴 문장과 비교해 가며 암기하는 '영어와의 투쟁'이 시작된 거죠.

절박한 심정이 통했던 걸까요. 저는 어느새 암기의 달인이 돼 있었습니다. 당장 쓸모가 없더라도 유용한 문장이다 싶으면 일단 외우고 보는 연습을 멈추지 않았죠. 뭘 해도 성공할 거라는 희망에 찬 젊은 나이라 더 그랬던 건지, 영어 실력이 쌓이면서 자신감을 얻은 저는 '진정한' 영어 전문가가 되겠다는 일념으로 6년간의 직장생활을 청산하고 상경하기에 이르렀습니다. 유명 대학들이 몰려 있는 신촌에 임시로 머무르다 인근에 있는 대학원의 모집 공고를 우연찮게 발견하고서 지원서를 냈고 덜컥 합격해 이듬해 입학하게 됐고요.

대학원에 진학하긴 했지만 평화는 찾아오지 않더군요. 또 다른 투쟁이 시작된 겁니다. 외국인 유학생들과 명문대를 나온 다른 학생들에 비해 한없이 부족했던 저는 그 누구보다 적극적으로 수업에 참여했고 맹렬히 공부했습니다. 모든 수업이 영어로 진행되는 환경에서 여태 외워온 문장들을 유용하게 써먹었을 수 있었으니 그나마 다행이었달까요. 학술 영어의 진가를 체감할 수 있었던 데다 영어를 생계유지 수단으로 삼았던 때라 다양한 영어 세계에 발을 들여놓은 기분이었습니다.

대학원을 졸업하고 나서는 유학을 선택했습니다. 학업을 이어가고 싶은 욕심도 있었지만 영어가 모국어인 외국에서 한번 살아 보고 싶은 마음도 컸거든요. TOEFL, GRE, 학업계획서, 추천서 등 준비 과정이 만만치 않았지만 절정은 GRE였습니다. GRE(Graduate Record Examination)는 미국인과 외국인들이 똑같은 조건으로 치르는 미 대학원 입학시험으로, 글쓰기 파트는 난도가 가장 높은 것으로 유명했죠.

한국인이 특히 취약하다고 소문난 GRE 작문 공부 전략은 늘 그랬듯 모범 에세이 암기였습니다. 원어민이 구사하는 유려한 표현, 탁월한 문장 패턴, 절묘한 기교들을 문장과 단락 단위로 분석하다 보니 감탄이 절로 나오더군요. 마지막이라 여기고 친 시험에서 6점 만점에 5.5점을 받고 나니 확신이 들었습니다. 영어 글쓰기도 암기가 통한다는 것을요.

유학을 떠난 후에도 투쟁은 끝나지 않았습니다. 학생을 지도하면서 학비 일부와 생활비를 지원받는 조건으로 캘리포니아 주립대(데이비스 캠퍼스) 인류학과 박사과정에 입학했기 때문에 학부생들이 제출한 글을 평가하고 토론 수업을 이끌어야 하는 또 다른 난관이 놓여 있었던 거죠. 지금 생각하면 참 겁도 없었다 싶지만, 이 모험이 제 영작문 실력에 큰 전환점이 될 줄은 그때는 전혀 몰랐습니다.

한국에 돌아온 후 제 고민은 여느 사람처럼 '이제 어떻게 먹고살지' 였습니다. '나만의 전문성은 뭘까? 전문성과 적성을 살려 즐겁게 일하고 당당히 보수를 받을 수 있는 일은 뭘까?'를 한동안 고심했죠. 박사과정에 다시 진학할까 생각도 해 봤지만 경제 상황이 여의치 않았습니다. 그간의 행로를 되짚으며 원점이 어디였는지를 되새겨 보니 바로 영어가 있었습니다. 전문 지식을 습득해 자유롭게 돈을 벌고 싶었던 어린 시절의 제가 보였던 거죠.

이때부터 생존을 위해 공부한 영어를 체계적으로 정리하는 작업에 착수했습니다. 그리고 이렇게 나름대로 터득한 영작문 비결과 더불어 영어를 공부하는 사람이라면 누구나 겪고 있을 영어와의 투쟁에서 자유로워지면 좋겠다는 바람으로 개인적인 고군분투의 과정을 보태 이 책을 세상에 내놓게 됐고요.

생존 영어는 이론이 아닌 살아 있는 언어고, 언어 습득은 모방에서 출발합니다. 아이가 외부 환경을 통해 흘러들어온 문장을 무의식적으로 머릿속에 입력시켜 말을 배우듯, 도처에 널린 문장을 암기해 저장한 후

적재적소에 쓸 줄 알아야 언어를 유창하게 구사할 수 있죠. 하지만 모국어를 이미 습득한 사람이 외국어를 뒤늦게 배울 때는 모국어를 영어로 바꾸는 단계가 추가될 수밖에 없습니다. 우리도 모국어인 한국어가 이미 사고의 중심 체계를 이루고 있기 때문에 한국어로 들어온 정보를 재빠르게 영어 표현으로 전환시키는 데 한계를 느끼는 거고요.

영어 실력의 차이는 단어를 정확히 배치해 문장을 만들어 내는 속도에 달려 있습니다. 그럼 영문을 신속하고 정확하게 만들어 내려면 어떻게 해야 할까요? 우선 영문 패턴을 머릿속에 저장해야 합니다. 저장된 패턴이 많을수록 속도도 빨라지고 말도 유창해지죠. 어떤 패턴의 문장을 암기하느냐에 따라 생활 영어를 잘하게 될 수도, 학술 영어를 잘하게 될 수도 있습니다. 고급 영어를 쓰고 싶다면 고급 문장을 영어로 많이 바꿔 보고 원어민이 쓴 고급 문장을 모방하고 머릿속에 담아 두어야 합니다. 그리고 이 과정을 일정한 수준에 오를 때까지 무한 반복해야 하죠.

그럼 이 패턴을 효과적으로 익히고 기억하려면 어떻게 해야 할까요? 무엇보다 스스로 문장을 많이 만들어 봐야 합니다. 문법을 세세하게 신경 쓰고 어휘는 어휘대로 따로 외우는 기존 방식은 언어를 지식으로 대하는 비효율적인 접근법입니다. 각각의 정보가 개별 지식으로 분리돼 있기 때문에 최종 결과물인 문장을 만들어 내는 속도도 자연히 떨어지고요. 문장을 만들어 암기하는 과정을 반복해 머릿속에 문형이 차곡차곡 쌓이면 얼마 지나지 않아 자유롭게 말하고 쓸 수 있게 됩니다.

그렇다고 문법을 몰라도 된다는 건 아닙니다. 단어를 어떻게 배치해서 문장을 만들이야 하는지를 이해하려면 '언어의 기저 메커니즘'에 관한 지식은 반드시 필요하죠. 문법을 비난의 대상으로 만든 주범은 수학 공식처럼 세세한 문법에 목숨 거는 '수험을 위한 문법'입니다. 문법은 수단이지 목적이 아닙니다. 이 책에서 글쓰기 맞춤형 문법을 자세히 수록한 것도 그래서죠.

고급 문형을 구사하기 위해 넘어야 할 또 다른 산은 어휘입니다. 정확한 어휘 선택은 영작의 기본이죠. 어휘의 의미는 문장 속에서 비로소 살아납니다. 가령 '특징'을 영어로 옮길 때도 뜻만 보면 nature, feature, quality, characteristic 등을 모두 쓸 수 있을 것 같지만 이중 무엇이 가장 적절한지는 문맥이 결정합니다. 그래서 단어 뜻만 따로 외우면 문맥에 동떨어진 엉뚱한 말을 쓰기 쉽죠. 이 책에 실린 작문 TASK의 어휘 설명에 지면을 할애한 것도 그런 이유에서고요.

패턴을 습득하고 문법을 이해하고 어휘에 자신감이 붙었다면 이제 글을 써 봐야겠죠? 논리적인 글쓰기를 하려면 글쓰기에 통용되는 짜임새 즉, 방법론을 알아야 합니다. 개념의 구체성과 추상성에 따른 위계 설정, 내용과 기능을 함께 고려한 문장의 배치, 주제문에 따라 단락을 구성하는 방식, 단락을 적절히 배치해 한 편의 논리적인 글을 완성하는 과정을 모두 파악해야 한다는 말이죠. 고급 문형을 구사하기 위한 이 원칙들을 적용할 줄 알면 여러분의 영문도 그 가치를 인정받을 수 있습니다.

이 책은 문법, 문장·단락 단위 작문, 어휘, 한 편의 글을 구성하는 글쓰기 방법론을 아우릅니다. 1부에서는 제 경험을 통해 터득한 글쓰기 노하우와 고급 문형 패턴을 실었고, 작문 TASK와 어휘 분석을 덧붙였습니다. 2부에서는 글쓰기에 필요한 3가지 능력, 즉 기술력, 구성력, 정보력을 살펴보고, 글쓰기 유형을 근거제시형, 세부분석형, 비판공격형으로 나눠 각 유형에 맞는 글쓰기 전략과 함께 단락이 모여 글이 완성되는 과정을 설명합니다. 한국인 특유의 약점을 보완할 수 있도록 바람직한 영문 글쓰기를 위한 5가지 원칙도 함께 제시했고요.

이 책은 거창한 영어 이론과는 거리가 멉니다. 개인적으로 영어를 공부하고 가르치면서 고민하고 터득한 원리를 정리한 것에 불과하니 이 책만 보고 하룻밤 사이에 고급스러운 문형을 자유자재로 쓸 수 있는 일은 절대 없을 겁니다. 외국어 습득은 무엇보다 꾸준한 노력의 결과물이기 때문이죠.

이 책의 모든 문장을 스스로 만들어 보고 뇌에 입력시키는 게 여러분의 출발점입니다. 그런 다음 명문이 담긴 책을 골라 우리말 해석을 모두 영어로 바꿔 보고 원문과 비교해 보세요. 비슷하다면 여러분의 영어가 발전하고 있는 겁니다. 엉망이라면 그 문장을 잘근잘근 씹어 자기 것으로 완전히 소화시켜 보세요. 그렇게 영어 글쓰기 근육을 키우다 보면 여러분도 어느새 영작문의 달인이 돼 있을 겁니다. 제가 할 수 있다면 여러분도 얼마든 해낼 수 있습니다.

Contents

PART 2
간결하고 명료한 영어 글쓰기:
에세이 완성하기

PART 1 고급 영문을 만드는 5가지 방법:
문장과 단락 완성하기

CHAPTER 1

구두점, 세련된 글의 화룡점정

야구 모자를 푹 눌러쓰고 초라한 옷차림에 핏기 없는 얼굴로 공항 한 귀퉁이에 앉아 무언가를 정신없이 외우고 있는 한 여자가 있었습니다. 누굴까요? 네, 바로 접니다. 매서운 바람이 불기 시작하던 십수 년 전 초겨울, 저는 유학을 꿈꾸며 미국 대학원 입학시험인 GRE를 준비하고 있던 수험생이었죠.

당시는 중국과 한국에서 CBT(Computer-Based Test) 부정 행위가 적발됐다는 제보를 받은 미국 교육평가원(GRE 주관 단체)이 PBT(Paper-Based Test)로 시험 방식을 전격 전환하면서 컴퓨터로 치는 시험에 익숙해져 있던 대다수 한국 학생들이 일본으로 원정 시험을 치러 가던 무렵이었습니다. 전 이미 1차 원정을 다녀왔지만 시험 결과에 낙담해 한 달 만에 재시험을 치러 일본으로 출국하는 길이었고요. 마지막 기회였습니다. 더 이상 전형료와 항공료를 부담할 여력이 없었거든요.

그 한 달 동안 저는 원어민이 쓴 샘플 에세이를 미친 듯이 분석해 소화시켰습니다. 이 연습을 시험장 입실 직전까지 계속했죠. 시험 당일 어떤 토픽이 제시됐는지 무슨 주장을 펼쳤는지는 기억이 가물가물하네요. 답안에 한국, 일본, 대만의 경제 발전 모델을 예시로 들었던 것만 어렴풋이 생각날 뿐, 스트레스 탓인지 신물이 자꾸 넘어와 정신이 하나도 없었던 기억만 또렷합니다. 신들린 듯 시험을 치르고 나온 후에는 오사카의 밤하늘을 바라보며 마음속으로 '이렇게 최선을 다했는데도 안되면 포기하자'고 몇 번이고 되뇌곤 했죠.

시험 점수를 보자마자 저는 두 눈을 의심했습니다. GRE 언어, 수리, 작문 파트 중 언어가 800점 만점에 700점으로 상위 3퍼센트였던 겁니다. 작문은 6점 만점에 무려 5.5점을 받았으니 한국인의 평균 점수가 3점대인 걸 감안하면 실로 놀랄 만한 점수였죠. 수리는 역시나 540점으로 하위권에 머무르긴 했지만요. 이 점수를 본 친구들이 저를 미국 사람이라고 놀리기까지 했죠. 대다수 한국인들은 수리에서 거의 만점에 가까운 점수를 받으니까요. 사실 전 중고등학교 때 영어 점수가 바닥이었지만 수학 점수는 더 바닥이었습니다. 당시 제 수학 실력은 기초 방정식에서 끝난 상태였고, 지금은 더 퇴보한 상태죠.

그런데 시험을 준비할 때 분석한 에세이들은 한 가지 공통적인 특징이 있었습니다. 바로 구두점이었죠. 글을 읽을 때마다 콜론(:), 세미콜론(;), 대시(—)가 수시로 나왔던 겁니다. 우리말에서는 잘 보지 못한 부호라 왜 쓰는지, 어떻게 쓰는지 눈에 띨 때마다 궁금증이 생겼지만 당시만 해도 일일이 알아보며 공부할 마음의 여유가 없었으니 그저 직감으로 이해할 뿐이었죠. 유학 시절에 읽은 원서들에서도 구두점은 꾸준히 등장했고, 그중에는 심지어 한 단락이 전부 구두점으로만 연결된 글도 있었습니다. 글을 쓰는 스타일에 따라 차이는 있겠지만 영어 글쓰기에서 구두점이 큰 비중을 차지한다는 걸 체감한 때였죠. 이 장에서는 이처럼 영문 글쓰기에서 빼놓을 수 없는 대표적인 3가지 구두점에 대해 살펴볼까 합니다.

독자의 시선을 붙잡는 일방향 대시

우선 일방향 대시(single dash)의 쓰임부터 알아볼까요? 다음은 평균 이상의 영어 실력을 자랑하는 한 학생이 수업 시간에 제출한 에세이에서 발췌한 문장입니다. 다른 학생들의 에세이에 비해 우수하다는 평가를 받은 글이죠.

Example Syria was turned into a battlefield since 2011. In this situation, many Syrian people cannot choose but leave the country. A generous portion of the refugees are flooding into Europe for this reason.

시리아가 2011년 이후 전쟁터가 되었고, 이 상황에서 많은 시리아인들이 고국을 떠나야 했으며, 이 때문에 많은 난민이 유럽으로 밀려들고 있다.

우리말에 딱 들어맞는 수식어구에다 꽤 수준 있는 어휘를 구사한 걸 보니 언뜻 별 문제 없는 문장처럼 보입니다. 문제는 우리말과 너무 맞아떨어진다는 거죠. 모국어를 먼저 익히고 영어를 외국어로 배운 대다수의 한국인은 우리말을 한 단어씩 영어에 대응시켜 옮기는 습관이 있습니다. '이런 상황에서', '이런 이유로'와 같은 불필요한 수식어구를 써서 간결하지 못한 영어 문장을 만들어 내는 것도 그래서고요. 그런 점에서 메시지의 본질을 이해하고 이를 영어다운 구조로 풀어내는 능력은 영작문의 핵심이랄 수 있죠. 저는 위 문장을 다음처럼 수정해 봤습니다.

Edited Ever since Syria turned to a battlefield in 2011, many Syrian people have been driven out of the country—the majority heading to Europe.

가장 먼저 눈에 띄는 건 세 문장을 한 문장으로 확 줄였다는 겁니다. ever since ~ 부사절로 문장 구조를 바꾸면서 in this situation, for this reason 같은 불필요한 수식어구를 없앴고, cannot choose but은 have been driven으로 고쳐 써서 이들이 이런 현실을 택한 것이 아니라 이들의 의지와 달리 상황이 그렇게 될 수밖에 없었던 '수동성'을 강조했죠.

교정문에서 가장 생소해 보이는 부분이 아마 일방향 대시(—)일 겁니다. 이 구두점은 언제 쓰는 걸까요? 간단히 말하면, 대시는 주로 쉼표를 대신합니다. 하지만 쉼표와 차별화되는 특징이 하나 있죠. 다음 세 문장을 비교하면서 설명해 볼까요?

ⓐ Many Syrian people have been driven out of the country and the majority headed to Europe.

ⓑ Many Syrian people have been driven out of the country, the majority heading to Europe.

ⓒ Many Syrian people have been driven out of the country— the majority heading to Europe.

ⓐ의 and 이하에서 주어를 그대로 둔 채 분사 구문으로 바꾸면 ⓑ가 됩니다. 대시가 쉼표를 대신하면 다시 ⓒ로 변하고요. 쉼표를 대시로 대체한 건 독자의 주의를 the majority heading to Europe에 집중시켜 메시지를 이해하는 시간을 주기 위해서입니다. 이게 바로 쉼표와 다른 점이죠. 달리 말해 특정 대목에 독자의 관심을 유도하기 위한 '강조' 기능을 하는 겁니다. 어떤 독자는 '많은 시리아인들이 조국에서 쫓겨났고, 이중 대다수는 유럽으로 향했다'라고 건조하게 해석하겠지만, 또 다른 독자는 '많은 시리아인들이 조국에서 쫓겨났다. 이중 대다수가 유럽으로 향한 것이다'처럼 글쓴이의 주관적인 어조를 느낄 수 있는 거죠.

부가 정보를 강조하는 양방향 대시

양방향 대시(paired dashes)는 문장 중간에 끼워 넣어 추가 정보를 전달할 때 씁니다. 언뜻 괄호와 기능이 유사해 보이지만 엄연히 다르죠. 양방향 대시도 일방향 대시의 성격을 유지하기 때문에 부수적인 내용이더라도 집중해 달라는 의도가 깔려 있습니다. 그래서 특정 대목을 강조하는 역할을 할 때도 있는 반면, 괄호는 그야말로 부차적인 정보를 전달할 때 씁니다. 평이한 문장을 양방향 대시를 써서 세련된 문장으로 한번 바꿔 볼까요?

이는 대다수 종의 경우 사실이지만, 주변 환경을 효율적으로 이용할 수 없어 다른 종에 의지해야 하는 동물도 있다.

Example Although this is certainly true for most species, there are some animals that must depend on others because they are unable to use their environments efficiently.

부사절이 적재적소에 배치돼 있고 수식 기능을 하는 that절이 some animals를 적절하게 꾸며주고 있네요. 이대로도 흠 잡을 곳이 없어 보이는데 어떻게 더 세련된 문장으로 바꿀 수 있냐고요? 다음 문장들을 비교해 보면서 그 차이를 자세히 살펴볼까요?

ⓐ Although this is certainly true for most species, there are some animals that must depend on others because they are unable to use their environments efficiently.

ⓑ Although this is certainly true for most species, there are some animals that must depend on others, (being) unable to use their environments efficiently.

ⓒ Although this is certainly true for most species, there are some animals that—unable to use their environments efficiently—must depend on others.

ⓐ의 because가 이끄는 부사절을 분사구문으로 바꾼 문장이 ⓑ이고, 이를 다시 양방향 대시를 써서 that과 must 사이에 삽입한 문장이 ⓒ입니다. ⓒ에서는 양방향 대시를 써서 삽입된 내용이 부수적이긴 하지만 특별히 독자의 관심을 요청하고 있음을 알 수 있습니다. 양방향 대시가 문장을 간결하게 만드는 동시에 핵심 내용을 효과적으로 부각시키고 있는 거죠. 독자도 재빠르게 메세지를 이해할 수 있고요.

부연 설명이 따라붙는 콜론

콜론을 처음 봤을 때는 그다지 낯설게 느껴지지 않았습니다. 쓰임새는 정확히 몰랐지만 어쩐지 두 수가 같음을 나타내는 등호(=)를 :로 압축시켜 놓은 인상이라 '동등, 대등'이라는 뜻이겠거니 하고 말았죠. 어찌 보면 틀린 말도 아니었습니다. 하지만 기능은 분명히 다르죠. 콜론은 콜론 뒤에서 구체적으로 열거하거나 부연 설명을 하는 방식으로 콜론 앞에 나온 내용을 보충 설명해 주는 역할을 하거든요.

이 책은 여러 가지 주제를 다루는데, 바로 문법, 어휘, 작문이다.

ⓐ This book covers several topics: grammar, vocabulary, and composition.

돈은 크게 두 가지 기능을 지닌다. 바로 교환의 수단과 부를 축적하는 수단이라는 것이다.

ⓑ Money has two main functions: a medium of exchange and a medium to store wealth.

ⓐ는 '주제(topics)'라는 큰 개념을 '문법, 어휘, 작문'이라는 구체적인 하위 요소로 열거하고 있습니다. ⓑ도 '기능(functions)'을 두 가지로 나눠 구체적으로 제시하고 있죠. 두 문장을 비교해 보니 콜론을 왜 쓰는지 단번에 이해가 되죠? 그럼 아래 문장은 어떨까요?

그녀는 자신을 성가시게 하는 것들은 모두 없애버렸다. 하지만 한 가지가 남았으니, 바로 남편이었다.

She has got rid of all things bothering her but one thing left: her husband.

해학이 느껴지는 문장이죠? 이처럼 콜론의 가장 중요한 기능이면서 콜론을 사용하는 가장 중요한 이유는 바로 독자의 관심을 집중시킨다는 점입니다. 가령 우리말로도 '우리는 돈도 없고 시간도 없어'라고 하기보다 '우리에게는 두 가지 문제가 있어'라고 관심을 집중시킨 다음 '그건 바로 돈도 없고 시간도 없다는 거야'라고 말하면 메시지 전달 효과가 배가되죠? 영어에서도 마찬가지입니다. 다음과 같이 직접 인용문에 쓰이는 콜론도 이와 비슷한 기능을 하죠.

The president of one local carmaker said: "We are on the verge of shutting down."

위 문장과 "We are on the verge of shutting down!" said the president of one local carmaker.("우리 회사는 폐업 직전이야!"라고 국내의 한 자동차 생산업체 대표가 말했다)는 어떻게 다를까요? 콜론을 쓴 문장의 해석은 '국내 자동차 생산업체 대표가 말했다. (뭐라고 말했냐면) "우리 회사는 문닫기 직전이다"'로, 뉘앙스가 다소 극적으로 달라집니다. '무언가를 말했다'는 사실을 먼저 전달한 뒤에 구체적인 내용이 이어지기 때문에 핵심이 제시되는 후반부에 이목을 집중시키는 효과가 생기는 거죠.

문장 연결의 묘미를 더하는 세미콜론

세미콜론은 문장과 문장을 연결하는 기능을 합니다. 이 점에선 대등접속사와 다를 게 없죠. 하지만 두 문장이 특정한 의미 관계로 밀접하게 연결돼 있다는 걸 분명히 드러내고 싶을 때는 대등접속사가 아닌 세미콜론을 쓰는 것이 좋습니다. 이때는 세미콜론 뒤에 접속부사를 써서 구체적인 의미 관계를 드러내기도 하죠. 문장이 복잡하고 길면 대등접속사를 덧붙이기도 합니다.

ⓐ While some people make money with ideas, others make money with physical labor.

어떤 이는 아이디어로 돈을 벌고, 또 어떤 이는 육체 노동으로 돈을 번다.

ⓑ Some people make money with ideas, but others make money with physical labor.

ⓒ Some people make money with ideas; others make money with physical labor.

세 문장 모두 두 절이 짝을 이루는 대구법을 썼군요. 하지만 각 문장에서 무게감이 느껴지는 대목이나 대구 효과는 다릅니다. ⓐ는 종속접속사 while이 부사절을 이끌기 때문에 뒤 문장에 훨씬 더 큰 무게가 실리는 반면, ⓑ는 but이 쓰여 두 문장이 상반되는 내용인 '역접' 관계임을 강조하죠. 이에 반해 ⓒ는 두 문장이 대구를 이루고 있긴 하지만 역접 효과는 그보다 약합니다. 독자가 두 문장의 밀접한 의미 관계를 다양하게 해석할 수 있는 여지를 남기는 거죠.

ⓐ At the beginning of European Middle Ages, books were not prevalent like modern times; as a result, most of the population was illiterate.

ⓑ At the beginning of European Middle Ages, books were not prevalent like modern times. As a result, most of the population was illiterate.

위 두 문장은 어떻게 다를까요? 우리말에는 세미콜론 용법이 없으니 해석도 같을 수밖에 없겠네요. 하지만 영어에서는 좀 다릅니다. ⓑ는 두 문장이 의미상 독립된 인상을 준다면, ⓐ는 세미콜론을 써서 두 문장이 서로 밀접하게 관련돼 있음을 나타내죠. 세미콜론이 있고 없고에 따라 연관성의 정도가 달라지는 겁니다.

All nations need to cooperate to reduce harmful emission; to reduce consumption of natural resources; and to contain diseases before becoming global epidemics.

위 문장에서는 세미콜론으로 각 문장을 연결하고 있군요. 특히 세미콜론 뒤에 to부정사구(to reduce, to contain)가 나온 게 눈에 띄네요. 원칙상 구두점은 단어, 구, 문장을 가리지 않지만 세미콜론 뒤에는 반드시 문장이 와야 합니다. 하지만 위처럼 문장마다 같은 내용(all nations need to cooperate)이 반복된다면 이를 생략하고 나머지만 세미콜론 뒤에 써도 되죠. 문장이 길어지거나 복잡해지면 마지막 콜론 뒤에 and, but, or 등의 대등접속사를 써서 문장을 연결해도 됩니다.

이제 직접 문장을 만들어 볼까요? 다음 TASK의 지문들은 제가 GRE 에세이 시험을 준비하며 공부한 자료들에서 엄선한 발췌문입니다. GRE는 서론, 본론, 결론을 기본 틀로 삼아 주어진 주제에 대한 자신의 입장(statement)을 서론에 밝히고 그 근거를 본론에서 단락별로 구체적인 예시와 함께 제시한 후 결론에서 다시 한 번 주장을 요약하는 '분석적 글쓰기(analytical writing)' 형식의 전형이죠.

TASK 1 분석적 글쓰기 근거 제시

나는 또 다른 이유로 화자(speaker)에 동의하지 않는다. 기술의 주된 목표가 레저를 촉진시키는 것이어야 한다는 주장은 잘못된 생각이다. 기술이 해결할 수 있고 해결해야 하는 훨씬 더 중요한 문제들이 있다. 생명공학의 발달은 질병을 치료하고 예방하도록 도울 수 있고, 의학 기술의 발달은 더 안전한 진단과 치료를 가능케 하며, 유전학의 발달은 선천적 장애를 예방할 수 있고, 통신 기술의 발달은 민주화의 과정에 전 세계의 참여를 촉진시킬 수 있다. 요약하면, 레저가 아니라 건강, 안전, 교육, 자유가 기술의 최종 목표다.

> 뒤 문장에서 앞 문장의 이유를 설명하고 있군요. 어떤 구두점이 필요할까요?

> 문장이 열거되고 있으니 콜론을 써야겠네요.

> 양방향 대시로 삽입하면 되겠죠?

첫 문장에서 글쓴이는 화자에 동의하지 않는다는 추상적 명제를 던집니다. 이어서 화자의 어떤 의견에 동의하지 않는지를 밝히죠. 무심히 읽어 내려가면 각 문장이 다 따로따로 보이겠지만 날카로운 눈을 가진 독자라면 문장들의 의미 관계가 보일 겁니다. 다음처럼 콜론을 쓰면 그 관계를 분명히 드러낼 수 있겠죠?

I disagree with the speaker for another reason: the suggestion that technology's chief goal should be to facilitate leisure is wrongheaded.

다음으로 동일한 패턴을 나열한 문장이 이어지네요. 한 문장씩 마침표를 찍어서 배열할지, 아니면 대등접속사로 연결할지 고민이 될 텐데

요, 이때 세미콜론이 필요합니다. 동일한 패턴이 4개나 열거되니 마지막
은 대등접속사 and를 쓰면 되겠군요.

Advances in biotechnology can help cure and prevent diseases;
advances in medical technology can allow for safer diagnosis and
treatment; advances in genetics can prevent birth defects; and advances
in communication technology can facilitate global participation in the
democratic process.

끝으로 '레저가 아니라, 건강, 안전, 교육, 자유가 기술의 최종 목표다'
에서 '레저가 아니라'를 어떻게 강조할지 생각해 봐야겠네요. 아마 'A가
아니라 B다'라는 의미의 not A but B 구문이 퍼뜩 떠오를 겁니다. 비슷
한 형태의 A와 B를 짝지어 균형을 맞춘 대구법의 일종이죠. 그런데 여
기서는 두 구문이 대립되는 구조가 아니라 '레저가 아니라'라는 추가 정
보를 강조하는 의미에 가깝습니다. 그렇다면 양방향 대시를 써야겠죠?

Health, safety, education, and freedom —and not leisure —are the
final objectives of technology.

Best Written I disagree with the speaker for another reason: the suggestion that
technology's chief goal should be to facilitate leisure is wrongheaded.
There are far more vital concerns that technology can and should
address. Advances in biotechnology can help cure and prevent
diseases; advances in medical technology can allow for safer
diagnosis and treatment; advances in genetics can prevent birth
defects; and advances in communication technology can facilitate
global participation in the democratic process. In short, health, safety,
education, and freedom—and not leisure—are the final objectives of
technology.[1]

suggestion 주장도 주장 나름

'주장'을 뜻하는 단어로는 suggestion, claim, contention, allegation, position, argument 등이 있습니다. 하지만 문맥에 따라 적절한 단어를 골라서 써야 하죠. suggestion은 제안하는 주장, claim은 남들은 인정하지 않는 주장, contention은 강력한 주장, allegation은 증거 없이 혐의를 제기하는 주장, position은 개인의 입장이 반영된 주장, argument는 논리의 근거를 제시하는 주장이라고 이해하면 됩니다.

concern 관련된 문제

concern은 주로 '~와 관련되다', '~을 걱정시키다'를 뜻하는 동사로 쓰입니다. The story concerns the Korean War.(이 이야기는 한국 전쟁과 관련이 있다)와 The leakage concerns me.(누수가 걱정된다)가 이런 뜻으로 쓰인 예죠. 같은 맥락에서 '관련된 중요한 문제'라는 뜻의 명사로도 쓰입니다. 단, 문맥에 따라 '해결해야 할 문제'를 뜻하는 problem과 '공론화된 문제'를 뜻하는 issue와는 구별해 써야 하죠.

address '주소'라는 뜻만은 아니다

address는 주로 '주소', '연설'이라는 의미의 명사로만 알고 있을 겁니다. 하지만 '(편지·소포 등을) ~로 보내다, ~에게 연설하다'라는 뜻의 동사로 쓰기도 하죠. 그런데 실제로는 '~을 해결하다'라는 뜻으로 더 많이 쓰입니다. 어떤 문제점이나 현안에 대해 고심한 후 해결책을 제시한다는 뉘앙스가 강하죠. solve는 '문제를 풀다, 어려움을 타개하다'라는 의미라 이 문맥에는 들어맞지 않습니다.

objective purpose와 어떻게 다를까?

영한사전에는 두 단어의 뜻이 모두 '목적'으로 제시되지만 실제로는 의미와 용법이 다소 다릅니다. purpose는 '용도, 의도, 취지'(This school is no longer needed for its original purpose. 이 학교는 애초의 취지를 생각하면 더 이상 필요가 없다)에 가깝다면, objective는 '노력과 시간을 들여 달성하려는 목표'(This project has achieved its objective. 이 프로젝트는 소기의 목적을 달성했다)를 뜻합니다. 이 문맥에서는 기술이 달성해야 하는 목표를 의미하니 objective를 쓴 거고요.

TASK 2 분석적 글쓰기 근거 제시

개인의 업적이라는 측면에서 보면 훌륭한 업적을 성취한 이들은 태생적으로 의욕이 넘치는 사람들이며, 그래서 자신들의 성취에 불만을 가지고 만족하지 못하는 경향이 있다. 얼마나 훌륭한지와는 상관없이 말이다. 훌륭한 운동선수는 자신의 최고 기록을 능가하려 노력하지 않으면 안 되고, 훌륭한 예술가와 음악가들은 보통 자신들의 가장 뛰어난 작품은 자신들의 다음 작품일 것이라고 주장한다. 이런 것들이 개인적 불만족의 징후가 아닐까?

독자의 관심을 유도하는군요.

두 가지 사례를 묶어 그 성격을 규정하고 있네요.

'그 사람이 얼마나 훌륭한지와는 상관없다'는 대목에서 강조를 염두에 둔 글쓴이의 의도가 느껴집니다. 독자의 관심을 끌고 싶은 거죠. 앞선 문장으로 돌아가 한 번 더 참고하라는 의도도 느껴집니다. 이럴 때 일방향 대시가 필요하겠죠?

Great achievers are by nature ambitious people and therefore tend to be dissatisfied and discontent with their accomplishments—no matter how great.

no matter how great they are에서 뒤의 they(= accomplishments) are를 생략한 구조군요. 직역하면 '얼마나 훌륭하든, 아무리 훌륭하다 하더라도'를 뜻하는 부사절이지만 '~하더라도 문제 될 것이 없다[상관없다]'로 의역하는 게 더 자연스럽겠네요. '이런 것들이 개인적 불만족의 징후가 아닐까?'도 이와 유사합니다. 글쓴이가 정말로 몰라서 묻는 게 아니라 앞선 내용을 잠시 되짚어 보며 사실상 나름의 해석을 내놓는 '수사적 질문'으로 볼 수 있죠. 따라서 여기서도 일방향 대시를 쓸 수 있습니다.

Great athletes are compelled to try to better their record-breaking performances; great artists and musicians typically claim that their greatest work will be their next one—a sign of personal discontent.

훌륭한 운동선수와 훌륭한 음악가의 사례를 and가 아니라 세미콜론을 써서 밀접성을 강조하고 있군요.

Best Written With respect to individual achievements, great achievers are by nature ambitious people and therefore tend to be dissatisfied and discontent with their accomplishments—no matter how great. Great athletes are compelled to try to better their record-breaking performances; great artists and musicians typically claim that their greatest work will be their next one—a sign of personal discontent.[2]

with respect to 존경을 담아?

respect는 힙합 문화 때문인지 젊은층 사이에서 '존중, 존경'이라는 뜻의 은어로 자주 쓰이는 듯합니다. 하지만 '존경'이라는 뜻만큼이나 흔히 쓰이는 뜻이 바로 '측면'이죠. 가령 He is a great leader in this respect.(이런 측면에서 그는 훌륭한 지도자다)의 in this[that] respect가 원어민들에게는 더 친숙한 표현입니다. concerning, regarding과 더불어 '~에 대하여'를 뜻하는 with regard to, in regard to의 유사 표현으로 언급될 때가 많은데, 이 표현들은 주제를 전환하거나 새로운 내용을 소개하는 의미의 '~라는 점에 있어서, ~라는 측면에서'라는 뉘앙스는 살리지 못하죠.

achievement vs. accomplishment '업적'에도 종류가 있다

'성취'라는 단어를 한영사전에서 찾아보면 achievement, accomplishment, fulfillment, attainment 등이 제시됩니다. 의미는 비슷하지만 뉘앙스가 조금씩 다르기 때문에 쓰이는 맥락도 다르죠. achievement는 목표한 바를 성공적으로 해냈을 때, accomplishment는 완수해 냈다는 사실에 초점을 둘 때, fulfillment는 주로 의무나 약속한 일을 해냈을 때, attainment는 지금까지 죽 노력해 왔던 일이 마침내 성과를 거뒀을 때 씁니다. 그래서 achieve the goal(목표를 달성하다), accomplish the course(과정을 완수하다), fulfill the military duty(국방의 의무를 다하다), attain proficiency in English(영어를 유창하게 말하다)에서처럼 문맥에 따라 가려 써야 하죠.

compel 중압감을 느낄 때

'강제하다'를 뜻하는 단어로는 force, coerce, compel, obligate가 있습니다. 굳이 등급을 매기자면 coerce가 가장 강제성이 크고, 다음으로 force, 그 다음으로 compel 정도가 되겠군요. coerce는 협박과 무력으로, force는 본인의 의지에 반해서, compel은 압력과 눈치 주기로 강요하는 상황을 나타냅니다. 반면 obligate는 도덕적으로나 법적으로 무언가를 강제할 때 주로 쓰이죠.

better '형용사'가 다는 아니다

쉬운 단어지만 알고 보면 쓰임새를 정확히 모르는 경우가 생각보다 많습니다. 명사나 형용사로만 알고 있는 단어가 동사 역할을 하는 경우도 그렇죠. better, bag, finger, empty, parent, wheel 등이 그 대표적인 예로, 동사로도 잘 쓰이지만 형용사나 명사로 잘못 읽을 때가 간혹 있습니다. better는 '~을 더 잘하다', bag은 '~을 가방에 넣다', finger는 '~을 만지작거리다', empty는 '~을 비우다', parent는 '~의 부모 역할을 하다', wheel은 '~을 바퀴 달린 도구로 이동시키다'라는 뜻으로도 흔히 쓰이죠.

TASK 3 분석적 글쓰기 부연 설명

건강한 감성을 희생시키면서 지성의 배양을 과도하게 강조하는 것은 개인에게 심리
적인 악영향을 미칠 수 있다. 이것이 대규모로 발생하는 상황에 이르면 이 문제들은
사회 문제가 되고, 이는 우리의 경제적 생산성을 낮추고 우리의 보건과 사회복지 체
계에 부담을 주게 된다. 나는 또한 온정과 공감 같은 긍정적인 정서와 감성을 권장
하고 배양함으로써 사회가 분명 혜택을 얻게 된다는 것을 인정하는 바다.

앞선 내용을 가리키는 '이는'을 어떻게 표현해야 할까요?

예시에 해당하는 부수적인 내용이군요.

구두점의 쓰임과 더불어 알아두면 좋은 표현들도 많이 보이네요. 일
단 구두점부터 살펴보죠. '이는 우리의 경제적 생산성을 낮추고'에서 '이
는'은 앞선 문장을 가리키죠? 그렇다면 아래의 ⓐ처럼 앞 문장 전체를 it
으로 지칭할 수 있겠네요. 이를 다시 ⓑ처럼 분사구문으로 바꿀 수도 있
고, ⓒ처럼 일방향 대시를 써서 좀 더 세련된 문장으로 고칠 수도 있습
니다.

ⓐ These problems become societal ones and it lowers our economic
   productivity

ⓑ These problems become societal ones, lowering our economic
   productivity

ⓒ These problems become societal ones—lowering our economic
   productivity

이어지는 '보건과 사회복지 체계에 부담을 주게 된다'도 앞선 내용과
똑같은 형태로 연결하면 되고요.

These problems become societal ones—lowering our economic
productivity and burdening our health-care and social-welfare
systems.

일방향 대시를 쓸지 분사구문으로 바꿀지는 문맥과 저자의 의도
에 따라 달라집니다. '온정과 공감 같은' 역시 such as compassion and

empathy 그대로 삽입해도 되지만 부수적인 내용임을 부각시키고 싶다면 양방향 대시로 끼워 넣을 수도 있죠.

I also concede that by encouraging and cultivating positive emotions and feelings—such as compassion and empathy—society clearly stands to benefit.

**Best
Written**

Undue emphasis on the cultivation of the intellect at the expense of healthy emotions can harm an individual psychologically. To the extent it occurs on a mass scale these problems become societal ones — lowering our economic productivity and burdening our health-care and social-welfare systems. I also concede that by encouraging and cultivating positive emotions and feelings—such as compassion and empathy—society clearly stands to benefit.[3]

**Writer's
Words**

undue '과유불급'이라고?

'과도하다'를 한영사전에서 찾아보면 excessive가 먼저 제시될 겁니다. He has spent excessive amounts of money.(그는 지나치게 많은 돈을 썼다)에서처럼 '필요 이상 또는 일반적인 수준을 넘어서 많은'을 뜻하죠. 유의어로 알고 있는 undue는 과도해서 부적절하다는 의미를 지닙니다. 그래서 The government has imposed an undue burden on tax payers.(정부는 납세자들에게 과도한 부담을 주고 있다)에서처럼 부당하다는 뉘앙스를 가미할 수 있죠.

at the expense of 어떤 것에 대한 대가를 치러야 할 때

expense는 '무언가를 얻기 위해 쓴 비용'을 말합니다. 가령 He booked the room at great expense.(그는 거금을 내고 방을 예약했다)에서도 큰돈(great expense)을 낸 대가로 방을 얻었다는 의미를 나타내죠. 그래서 the gaining of profit at the expense of environment(환경 파괴를 대가로 한 수익 창출), protection of their reputation at the expense of others(타인의 명예를 희생시켜 자신들의 명예 지키기)에서처럼 at the expense of 형태로 쓰이면 '~을 희생시켜, ~의 대가로'를 뜻합니다.

to the extent (that[of]) ~하는 정도까지

콜린스 영영사전에는 이 표현이 you use this expression in order to emphasize that a situation has reached a difficult, dangerous, or surprising stage(어떤 상황이 힘들고 위험하며 놀라운 단계에 다다랐음을 강조할 때 쓰는 표현)라고 정의돼 있습니다. 여기서 extent는 '정도'라는 뜻으로 '특정 범위[한도/수준]'를 가리키죠. '~ 정도[지경]까지 왔다'라고 할 때의 그 '정도'와 같은 말이고요. I don't like my boss but not to the extent of wanting to kill him.(나는 상사를 좋아하진 않지만 죽이고 싶을 정도는 아니다)에서처럼 extent 뒤에 that절이 아닌 of를 쓴 명사구로 '정도'를 표현하기도 합니다.

'서 있다, (어떤 상태에) 있다'라는 뜻의 stand는 He stood still.(그는 꼼짝하지 않고 서 있었다), The school stands on a hill.(학교는 언덕 위에 있다) 같이 1형식으로 쓸 수도 있고, The bottle stands empty.(병은 비어 있다)처럼 보어나 부사(구)를 동반한 2형식으로도 쓸 수 있습니다. '미래에 일어날 일'을 나타내는 to부정사와 함께 쓰였다면 말 그대로 앞으로 일어날 일을 향해 서 있는 모습을 그려보면 되겠죠? 뜻도 '(앞으로) ~하게 된다'라고 해석하면 되고요. 참고로 여기서 benefit은 자동사로 쓰여 '혜택을 얻다'를 뜻합니다.

TASK 4   분석적 글쓰기   예시

> 예를 들어, 경제학을 공부하는 학생들이 공급과 수요의 관계를 어떻게 배우는지를 생각해 보라. 그 역학을 배우는 것은 (1) 이론에 관심을 가지고 새로운 이론을 만들어 내고, (2) 그 이론에 대한 가설적 시나리오를 시험하고, (3) 그 이론을 확인, 반박, 수정 혹은 적법화할 목적으로 실제 사실을 검토하는 것을 수반한다.

문장이 열거되고 있으니 세미콜론을 써야겠죠?

특이하게 순번이 등장하는 글이군요. 이런 생소한 패턴이 나오면 당황하는 경우가 많습니다. 주어는 하나인데, 목적어구는 3개, 거기에 순번까지 붙어 있으니까요. 글쓴이는 서로 연관된 목적어 3개를 나열하면서 순번을 삽입해 각각의 내용을 더 명확하게 설명하려고 합니다. 이런 의도를 살리는 데는 세미콜론이 제격이죠.

Learning this dynamics involves (1) entertaining a theory and formulating a new one; (2) testing hypothetical scenarios against the theory; and (3) examining real-world facts for the purpose of confirming, refuting, modifying, or qualifying the theory.

앞서 말했듯 세미콜론 뒤에는 완전한 문장이 와야 하지만 위처럼 공통된 부분(Learning this dynamics involves)이 있다면 이를 생략하고 동명사구만 열거하는 것이 오히려 자연스럽습니다. 세미콜론의 기능을 눈에 띄게 강조하고 싶다면 이렇게 사이사이에 순번을 삽입하는 방법도 있다는 걸 기억해 두세요.

Consider, for example, how economics students learn about the relationship between supply and demand. Learning this dynamics involves (1) entertaining a theory, and formulating a new one; (2) testing hypothetical scenarios against the theory; and (3) examining real-world facts for the purpose of confirming, refuting, modifying, or qualifying the theory.[4]

consider 수많은 생각들 중 하나

'생각하다'는 활용 범위가 폭넓은 동사죠? '밥 생각 없어?', '내 생각도 좀 해 줘', '여자친구랑 결혼할 생각이야', '생각이 잘 안 나', '걔가 그렇게 생각 없는 행동을 하다니' 등등 영어에서는 이 다양한 '생각'들을 가리키는 데 모두 다른 표현을 씁니다. 가령 아이디어나 정답 등을 생각해 낼 때는 come up with를(Please come up with an idea. 아이디어 좀 내 보세요), 어떤 것이 알고 싶다는 생각이 들 때는 wonder를(I am wondering why he did that. 걔가 왜 그랬는지 궁금하네), 과거의 일을 생각할 때는 recall을(I recall my happy childhood. 나는 행복한 유년기를 회상한다), 곰곰이 따져보며 생각할 때는 consider를(I consider quitting the job. 직장을 그만둘까 해), 어떤 사안에 대해 자신의 견해로서 생각을 피력할 때는 think를(I think nothing will happen. 아무 일도 안 일어날 것 같아) 씁니다.

involve 다른 것에 따라붙다

involve는 원어민들이 자주 쓰는 말이지만 의미가 분명하게 와닿지 않을 때가 많습니다. 중심 의미는 '어떤 것을 다른 것의 중요 요소로 포함하다'로, 우리말로 옮기면 '수반하다, 필요로 하다'가 적절하겠네요. 가령 His task involves a lot of skills.는 '그의 업무에는 많은 기술이 수반된다'로 해석할 수 있죠. 이 의미가 확장되면 He has been involved in this scandal.(그는 이 스캔들에 연루되었다)에서처럼 '연루[관련]시키다'를 뜻하기도 합니다.

entertain 즐겁고 재미있는 일만은 아니다

entertainment가 연예기획사를 칭할 때 자주 쓰는 말이다 보니 entertain a theory라는 표현이 생소하게 느껴질지도 모르겠군요. 동사형인 entertain은 '~을 즐겁게 해 주다, ~을 접대하다'라는 뜻으로 주로 쓰이지만, 위 문맥에서처럼 '마음속에 (아이디어·개념·느낌 등을) 품다[생각하다], 진지하게 받아들여 검토하다'라는 뜻도 있습니다.

한국인은 make를 지나치게 많이 쓰는 경향이 있습니다. formulate, create, fashion, form, produce 등 '만들다'를 뜻하는 다른 단어도 많은데 말이죠. 물론 뉘앙스는 다릅니다. formulate는 체계적으로 만들어 낼 때(They formulated a theory. 그들은 이론을 세웠다), create는 없던 것을 만들어 낼 때(He created a new concept. 그는 새로운 개념을 창안했다), fashion은 특정 재료나 형태로 만들었음을 강조할 때(The bottle was fashioned into a vase. 그 병은 화병이 되었다), form은 부분을 합쳐 하나로 만들 때(These perceptions form the basis of the book. 이런 인식들이 그 책의 토대가 된다), produce는 생산력과 기술로 만들어 낼 때(The artists have produced great landscapes. 그 화가들은 훌륭한 풍경화를 그렸다) 쓴다는 차이가 있죠.

초간단 정리

A 독자의 시선을 붙잡는 일방향 대시

일방향 대시는 대시 이하의 내용을 강조해 독자의 주목을 끄는 역할을 한다.

많은 시리아인들이
조국에서 쫓겨났다.
이중 대다수가
유럽으로 향한 것이다.

Many Syrian people have been driven out of the country—the majority heading to Europe.

B 부가 정보를 강조하는 양방향 대시

추가 정보를 제공할뿐 아니라 정보를 부각시켜 강조하는 역할을 한다.

이는 대다수 종의 경우
사실이지만, 주변 환경을
효율적으로 이용할 수
없어 다른 종에 의지해야
하는 동물도 있다.

Although this is certainly true for most species, there are some animals that—unable to use their environments efficiently—must depend on others.

C 부연 설명이 따라붙는 콜론

앞선 내용을 보충하기 위해 구체적으로 열거하거나 부연 설명을 덧붙이는 역할을 한다.

This book covers several topics: grammar, vocabulary, and composition.

이 책은 여러 가지 주제를 다루는데, 바로 문법, 어휘, 작문이다.

D 문장 연결의 묘미를 더하는 세미콜론

문장을 보다 밀접하고 유연하게 이어주는 역할을 한다. 세미콜론 뒤에 접속부사나 대등접속사를 삽입해 문장 간 의미 관계를 보다 구체화할 수도 있다.

Some people make money with ideas; others make money with physical labor.

어떤 이는 아이디어로 돈을 벌고, 또 어떤 이는 육체 노동으로 돈을 번다.

CHAPTER 2

분사가 펼치는 고급 문형의 향연

저는 운명을 믿습니다. 어릴 때는 몰랐지만 인생을 어느 정도 살고 나니 제가 걸어 온 길이 마치 그 이전부터 정해져 있었던 것 같은 느낌이 강하게 들거든요. 이런 확신이 든 데는 유학 시절 경험이 큰 계기가 됐습니다.

저는 그곳의 한적한 전원 풍경이 무척이나 좋았습니다. 정신없이 돌아가는 일상에서도 잠시나마 마음의 평화를 찾을 수 있었으니까요. 학점 이수 기간인 3학기와 방학 기간인 1학기로 이루어진 4학기의 학사 일정에서 저는 매 학기 15학점을 이수해 3학기 동안 총 45학점을 채웠습니다. 박사과정 1년 동안 45학점을 이수한다는 건 불가능에 가까웠지만 수업을 다 듣고 싶은 욕심에 무작정 신청해 버린 결과였죠.

돌이켜보면 이런 대책 없는 행동을 했던 게 얼마나 다행인가 싶습니다. 그땐 일이 묘하게 흘러갔거든요. 첫 해 과정을 마치고 나니 지도교수가 정년 퇴임을 이유로 제게 박사과정을 포기하는 대신 1년간의 노고(?)에 대한 보상으로 석사학위를 주겠다고 제안했습니다. 이미 교수위원회에서 결정된 사안이었으니 사실상 통보나 다름없었죠. 그 와중에 행정

실에서는 교칙상 48학점 이상을 이수하지 않으면 석사학위를 줄 수 없다는 원칙까지 내세워 참았던 화가 치밀어 오르게 만들었고요. 부족한 학점을 채우려면 다음 학기 수업을 들어야 하는데, 이젠 장학금 지원도 없을 테니 당장 사비로 수천만 원을 충당해야 하는 상황이 된 겁니다.

그러던 중 학점을 계산하던 담당자가 깜짝 놀라며 3학기 동안 45학점을 이수한 게 사실인지 되묻는 거였습니다. 그러면서 부족한 3학점은 이메일로 지도교수와 소통하며 자율학습(independent study)으로 채울 수 있다고 알려주더군요. 한국에 돌아온 저는 이메일로 나머지 3학점을 이수했고, 우여곡절 끝에 석사학위를 받았습니다.

1학점만 부족했어도 미국에 다시 돌아가야 했거나 석사학위를 포기해야 하는 상황이었으니, 하늘이 저를 도운 걸까요, 아니면 제 길이 아니라는 계시를 내린 걸까요? 이 일이 있은 후로 학생들에게 조언할 일이 생기면 저는 늘 다음과 같은 말을 덧붙입니다. 목표로 하는 일에 최선을 다하라고, 하지만 온갖 노력을 기울였는데도 상황이 뜻대로 돌아가지 않는다면 그건 네 길이 아니라는 하늘의 뜻으로 받아들이라고 말입니다. 중요한 건 결과가 아니라 그 과정에서 최선을 다했느냐는 거죠. 최선을 다하는 과정에서 더 큰 사람으로 성장하기에 이미 절반의 성공은 거둔 셈입니다.

45학점의 대부분을 채운 수업은 일주일 동안 한 권의 책을 읽고 독서노트(reading note)를 작성해 토론하는 세미나였습니다. 주목받는 최근 문화인류학 저작들 중에서도 박사학위 논문이 대다수였죠. 문화인류학은 참여관찰(participatory observation)이라는 방법을 쓰기 때문에 학자가 직접 그 사회의 구성원이 되어 관찰한 내용을 수필처럼 기술할 때가 많습니다. 당시 자료들을 읽으며 제 눈길을 끌었던 건 폭넓게 활용되던 분사였죠. 학창 시절 영어 시간에 배웠던 분사의 쓰임과는 너무도 달랐던 겁니다. 이 장에서는 폭넓은 쓰임새에 비해 한국인의 영작문에서는 찾아보기 힘든 분사구문에 대해 자세히 살펴볼까 합니다.

디테일한 수식을 담당하는 분사

분사는 명사를 수식하는 형용사 역할을 하지만 일반 형용사보다 훨씬 구체적으로 대상을 수식할 수 있습니다. 분사의 뿌리가 동사다 보니 동사를 수식하는 부사와 동작의 주체인 명사를 함께 나타낼 수 있기 때문이죠. 게다가 문장을 간결하게 만들어 주는 효과도 있습니다.

토양이 습하고 척박해 식물이 죽어가고 있다.

ⓐ The plants are dying because the soil is wet and poor.

배수가 불량하고 영양분이 부족해 식물이 죽어가고 있다.

ⓑ The plants are dying because the soil is poorly drained and nutrient-deficient.

배수가 불량하고 영양분이 부족한 토양에서 식물이 죽어가고 있다.

ⓒ The plants are dying in the poorly-drained and nutrient-deficient soil.

배수가 불량하고 영양이 부족한 토양에서 죽어가는 식물

ⓓ Dying plants in the poorly-drained and nutrient-deficient soil

ⓐ는 문법적 오류가 전혀 없는 문장입니다. 하지만 추상적인 어휘를 쓴 초보 수준의 영작이라 할 수 있죠. 같은 의미를 ⓑ처럼 좀 더 구체화하면 글쓴이에 대한 신뢰가 생깁니다. 더 나아가 ⓒ처럼 분사 형태로 soil을 수식하는 구조로 바꾸면 어느 정도 수준급이라 할 수 있죠. ⓓ처럼 주어와 동사까지 분사 형태로 바꿔 절을 구로 간결하게 표현한다면 독자는 저자의 '글발'을 인정할 수 밖에 없고요. ⓐ에서 ⓓ로 갈수록 내용은 보다 구체화되고 구조는 오히려 단순해졌습니다. 바로 '문장의 발전'이죠.

애석한 건 대다수가 영작을 할 때 분사구문을 잘 구사하지 못한다는 겁니다. 한번은 '말라리아를 옮기는 모기에 물린 남자가 죽었다'라는 문장을 영어로 옮기는 테스트를 한 적이 있는데, 열에 셋은 다음에 제시된 ⓐ처럼 관계대명사를, 한두 명은 ⓑ처럼 분사가 뒤에서 수식하는 문장을 만들더군요. 나머지는 작문 자체를 포기했고요. 제가 바랐던 ⓒ 구조로 표현한 학생은 여태 단 한 명도 없었습니다.

ⓐ The man who was bitten by mosquitoes which carried malaria died.

ⓑ The man who was bitten by mosquitoes carrying malaria died.

ⓒ The man bitten by malaria-carrying mosquitoes died.

이유가 뭘까요? 아마도 우리말에 너무 집중하다 보니 다른 구조를 떠올릴 여력이 없어서였을 겁니다. 우리말 구조는 말끔히 잊고 핵심 메시지에 알맞은 영어 문형을 떠올려야 하는데, 이는 사실 많은 시간과 노력이 필요한 사고 전환 과정이죠. 반복적인 영작 훈련으로 핵심 문형을 암기하고 의식적으로 사용하는 방법 외에는 왕도가 없습니다.

분사가 지닌 동사적 의미를 수식하는 부사가 포함된 「부사 + 분사」 형태와 동사의 주체인 주어가 포함된 「명사 + 분사」 형태로는 다음과 같은 표현들이 있습니다. 하이픈(-)은 「명사 + 분사」 형태에 반드시 써야 하지만 「부사 + 분사」는 부사가 분사를 수식하는 형태이기 때문에 하이픈을 생략하기도 하죠.

newly-found	새로 발견된	tightly-controlled	엄하게 통제되는
elaborately-costumed	화려하게 차려입은	life-sustaining	생명을 유지하는
ill-adjusted	잘 적응하지 못한	steam-driven	증기로 움직이는
quickly-discarded	재빨리 폐기된	heavily-slanted	매우 편파적인 [편향된]
time-consuming	시간이 많이 드는	long-lasting	오래 지속되는

문장의 품격을 높이는 분사구문

중고등학교 시절 영어 선생님께서 꽤 많은 시간을 할애해 분사구문을 가르쳐 주신 기억이 날 겁니다. 부사절을 분사구문으로 바꾸는 방법이 수업의 주요 내용이었을 텐데요, 실제로 원서를 읽어 보면 영어 선생님이 주로 예를 들었던 종속접속사보다 대등접속사 and를 생략해서 만들어 내는 분사구문이 훨씬 많습니다. 그런데도 and로 분사구문을 만들 수 있다는 사실조차 모르는 사람이 많죠.

우선 주어가 같고 and로 연결된 두 문장은 아래의 ⓑ처럼 바꿀 수 있습니다. 앞 문장은 현재시제(has), 뒤 문장은 과거시제(served)이기 때문에 둘의 시간차를 나타내기 위해 완료형 분사구문으로 나타냈죠.

내 동료는 이 분야에 매우 풍부한 경험이 있고 비료회사에서 인사부장으로 재직하기도 했다.

ⓐ My coworker has a tremendous amount of experience in this field, and she served as director of personnel at a fertilizer company.

ⓑ My coworker has a tremendous amount of experience in this field, having served as director of personnel at a fertilizer company.

의미상 and로 연결 가능한 문장을 분사구문으로 나타내는 경우는 매우 많습니다. 특히 고급 문형을 구사하고 싶다면 다음 예처럼 뒤 문장의 주어가 앞 문장 전체를 가리키는 문형 만들기 연습이 유용하죠.

올해는 이례적으로 많은 양의 비가 내려 도로 공사를 제때 완료하기가 어렵게 됐다.

An unusually large amount of rain has fallen this year, making(= and it makes) it difficult to complete the road projects on time.

대등접속사 and는 '그리고, 그래서, 그러므로, 그러고 나서' 등 여러 가지 뜻을 나타내기 때문에 다양한 맥락에서 분사구문으로 바꿔 문장과 문장을 압축적으로 연결할 수 있습니다. 맥락을 더 분명히 드러내려는 의도로 분사구문 앞에 thus(그래서), thereby(그것으로 인해) 등의 부사를 삽입하기도 하죠.

Example They left remarkable pieces, but there was little record about the artists. As a result, researchers had to piece together what remained.

그들은 놀라운 작품을 남겼지만 창작자에 대한 기록은 거의 없다. 그 결과, 연구자들은 남은 작품들을 짜맞춰야 했다.

한국인이 선호하는 문장 연결 패턴이군요. '그들은 놀라운 작품을 남겼다', '창작자에 대한 기록이 없다', '연구자들은 남은 작품들을 짜맞춰야 했다'는 세 문장을 그대로 나열하고 대등접속사 but과 접속부사 as a result를 써서 문장 간 논리를 드러낸 방식이죠. '짜맞추다'라는 의미로 piece를, '~인 것'에 관계대명사 what을, 부정의 의미로 little을 쓴 걸 보면 한국인이 잘 생각해 내지 못하는 영어다운 표현을 구사한 편이라고 할 수 있지만 문장 연결은 그리 매끄럽지 못한데요, 아마 글 좀 쓴다는 원어민이라면 다음처럼 문장 구조를 바꿨을 겁니다.

Edited They left remarkable pieces with little record about the artists, forcing(= and it forced) researchers to piece together what remained.

창작자에 대한 기록이 거의 없는 상태에서 그들은 놀라운 작품들을 남겼기 때문에 연구자들은 별수없이 남은 작품들을 짜맞출 수밖에 없었다.

전치사 with로 앞선 두 문장을 연결했고, as a result의 의미를 살릴 수 있는 and(그래서)와 앞 문장 전체를 가리키는 대명사 it을 「force+A+to 부정사(A가 ~하도록 강제하다)」 형태의 분사구문으로 표현했습니다. 두 문장의 의미 관계를 더 명확하게 나타내고 싶다면 forcing 앞에 부사 thus를 넣어도 되죠. 이런 연결 방식은 문어체에서 내용을 덧붙일 때 주로 쓰는 패턴입니다.

그런데 여기서 한 가지 의문이 드는군요. 왜 원어민은 이런 패턴을 쓸까요? 한국인은 왜 이런 패턴을 쓰지 않고 종속접속사와 접속부사를 선호할까요? 답은 간단합니다. 의미를 정확히 파악하고 자연스러운 영어 패턴으로 바꿔야 하는데, 이런 영어식 패턴을 학교 교육에서 제대로 배우지 못했기 때문이죠. 그래서 생각나는 우리말 문장을 영어로 그대로 옮기는 거고요. 그러다 보니 우리말에서 자주 쓰는 접속사와 접속부사를 남발하게 되는데, 이를 바로잡으려면 원어민이 쓰는 패턴을 익히고 암기해야 합니다. 영어식 사고에 상응하는 패턴을 떠올려 영문으로 바로바로 옮길 수 있도록 말이죠. 그중 효과적인 패턴이 원어민에겐 자연스럽지만 우리에게는 익숙지 않은 분사구문입니다. 이 사고의 간극을 좁히려면 문장 구조를 재배치하고 분사로 연결시키는 구문을 많이 만들어 봐야 하죠.

단, 한 가지 유념할 사항이 있습니다. 종속접속사(또는 접속부사)를 분사구문으로 바꿔 보는 연습은 권할 만하지만 종속접속사로 문장을 연결하는 것과 분사구문으로 문장을 연결하는 것은 기능상 분명 차이가 있다는 점이죠. 따라서 글쓴이의 의도를 훼손하지는 않는지 잘 살펴야 합니다. 같은 내용을 다른 형태로 나타낸 다음 예시를 보면서 어떤 차이가 있는지 좀 더 알아볼까요?

수요가 급격히 증가함에 따라 회사는 생산량을 늘렸다.

ⓐ As the demand grew rapidly, the company increased its production.

수요가 급격히 증가하자 회사는 생산량을 늘렸다.

ⓑ The demand grew rapidly and it led the company to increase its production

수요가 급격히 증가했고, 그래서 회사의 생산량이 늘어났다.

ⓒ The demand grew rapidly, leading the company to increase its production.

세 문장 모두 '수요가 급격히 증가했다'와 '회사가 생산량을 늘렸다'라는 두 내용이 한 문장을 이루고 있습니다. 종속접속사 as로 연결된 ⓐ는 '수요가 급격히 증가하다'가 수식어이고, '회사가 생산량을 늘렸다'가 중심 문장인 반면, 대등접속사 and로 연결한 ⓑ는 앞뒤 절의 무게가 대등해 보이죠. 하지만 뒤 절의 주어가 앞 절 전체를 가리키기 때문에 앞 절에 주도권이 있다는 인상을 줍니다. 앞 절의 결과, 또는 그로 인한 후속 사건을 현재분사를 써서 열거한 ⓒ처럼 바꾸면 앞선 내용의 주도권은 더 커지죠. 이렇게 세 문형에서 방점이 찍히는 위치와 무게에는 분명 차이가 있습니다.

영어식 사고가 스며든 분사

다음 문장을 영어로 한번 옮겨 볼까요?

기차가 가까이 다가오면서 소리가 커지고 멀어지면서 소리가 줄어드는 것이 이 효과를 설명할 수 있는 일반적인 예이다.

머릿속이 갑자기 하얘지죠? 주어인 '기차가 가까이 다가오면서 소리가 커지고 멀어지면서 소리가 줄어드는 것'에 들어가는 동사만 무려 4개군요. 이 문장을 즉석에서 통역하라고 하면 시쳇말로 '멘탈이 붕괴될' 겁니다. 하지만 우리를 살려줄 구세주가 있으니, 바로 분사죠.

분사로 동사의 의미를 전달할 수 있다? 우리말 구조만 떠올리면 불가능하다고 생각하겠지만 영어라면 당연히 가능합니다. 분사는 동사에 뿌리를 두고 있다고 했죠? 따라서 분사 형태로도 얼마든 동사의 의미를 전달할 수 있습니다.

The increasing sound of a train as it approaches and the decreasing sound as it departs is a common example that can explain this effect.

'증가하다', '감소하다'는 분사형으로 흔히 나타내는 동사 중 하나입니다. 여기서는 '소리가 증가하고 감소한다'를 '증가하는 소리와 감소하는 소리'라는 수식 구조의 분사로 나타낸 거죠. '가까이 오면서'와 '멀어지면서'를 부사절로 만들어 수식어로 처리했고요. 그럼 다음 문장은 어떨까요?

케인즈 모델이 실패했다는 생각이 널리 받아들여져 왔다.

이 문장을 영어로 바꿔 보라고 하면 대다수가 A thought that ~으로 시작합니다. 이 문장을 예로 든 이유는 '생각'이라는 명사를 영어로 표현할 때 분사로 나타낼 수 있다는 걸 보여주기 위해서죠. 무슨 말이냐고요? 다음 문장을 보면서 좀 더 자세히 살펴볼까요?

The perceived failure of Keynesian model has become widely accepted.

'실패했다는 생각'을 '생각되는 실패(the perceived failure)'로 나타냈군요. 우리말에는 없는 패턴이죠? 영어에서는 분사의 활용도가 매우 높은 데다 다양한 형태로 쓰입니다. the perceived failure가 술술 나오려면 이처럼 다양한 분사 형태로 표현하는 훈련을 꾸준히 해야 하죠. 이와 유사하게 동사를 분사형으로 바꿔 the assumed failure(실패했다는 근거 없는 생각), the presumed failure(실패했다는 추정) 등으로 얼마든 응용할 수 있으니 정말 유용한 용법이죠?

그럼 직접 영문을 만들어 보면서 분사를 완전히 소화시켜 볼까요? 다음 TASK의 지문들은 유학 시절 인류학 대학원 세미나 수업 자료로 쓴 문헌에서 발췌한 글들입니다. 우수 학술 논문을 비롯해 인류학 분야의 고전으로 꼽히는 글이 다수 포함돼 있어 고급 분사 문형을 익히는 데 매우 유용한 자료라 할 수 있죠.

「명사 + 분사」 구조로 표현해 볼까요?

TASK 1 인류학 법

많은 타자기와 컴퓨터 키보드 사용자들에게는 이런 도구들이 마크 트웨인(Mark Twain)이 투덜대며 말한 "호기심을 낳는 작은 익살꾼"과는 완전히 다른 것이었다. 키보드로 유발된 상처는 1980년대에 '유행병'의 지위를 획득하여 1990년의 대중화된 — 그리고 정치화된 — 소송 물결로 확산되었다. 신문과 학회지들은 먼저 호주의 키보드 사용자에게 고통을 안겨주고 영국과 북미로 '이주해 온' 다양한 피부 조직 손상을 유행병으로 주류화했다.

분사구문을 써 보세요.

"호기심을 낳는 작은 익살꾼"이라니? 이 표현을 보는 순간 「명사 + 분사」를 떠올려야 합니다. '호기심'은 curiosity, '낳다'는 breed, '작은'은 little, '익살꾼'은 joker라고 하면, 이미 답은 나왔네요. 네, the curiosity-breeding little joker입니다. 생각보다 쉽죠? '키보드로 유발된 상처'도 같은 방식으로 나타내면 됩니다. '키보드'는 keyboard, '유발하다'는 instigate, '상처'는 injury, 그렇다면 답은 keyboard-instigated injuries가 되겠죠? 이번만큼은 우리말과 어순이 일치하니 왠지 반가울 겁니다.

위 글에서 알아두면 유용한 용법이 바로 접속사를 살린 분사 구문입니다. '호주의 키보드 사용자에게 고통을 안겨주고 영국과 북미로 '이주해 온"은 '다양한 피부조직 손상'을 수식하는 관계사절이죠? 이 관계사절의 공통 주어는 '부상'이고요. 따라서 접속사 before를 넣어 전후 관계를 드러내는 게 좋겠군요. '~한 후에'는 주로 접속사 after를 쓰지만 이렇게 시간 순서대로 서술하고 나서 그 사이에 before를 쓰는 방법도 있습니다.

a variety of skin tissue injuries as an epidemic that first afflicted keyboard operators in Australia before 'migrating' to the UK and North America

From many typewriter and computer keyboard users, these tools were a far cry from the "curiosity-breeding little joker" Mark Twain complained of. Keyboard-instigated injuries attained the status of an "epidemic" in the 1980s and proliferated as a publicized—and politicized—litigation wave of the 1990s. Newspapers and journals mainstreamed a variety of skin tissue injuries as an epidemic that first afflicted keyboard operators in Australia before "migrating" to the UK and North America.[5]

Best Written

a far cry from 달라도 너무 다른 것

'완전 딴판이다'라는 우리말 표현이 있죠? 어떤 대상들의 '차이'를 강조할 때 쓰는 이 말과 닮은 표현이 바로 「A+be동사+a far cry from+B」 형태입니다. 이와 유사한 의미의 관용 표현으로 「A+be동사+far removed from+B」가 쓰이기도 하죠. cry와 remove 둘 다 의미상 '차이'와는 무관해 보이지만 다른 말과 함께 쓰이면 이렇게 의외의 뜻을 나타내기도 합니다.

complain of '어떻게 말하느냐'가 문제다

어떤 식으로 말하느냐에 따라 '말하다'도 다양한 영어 단어로 표현할 수 있습니다. 투덜대며 말할 때는 complain of, 불만스럽게 중얼거릴 때는 mutter(He muttered something about his mother and left. 그는 엄마에 대해 뭐라고 중얼거리더니 나가 버렸다), 더듬거리며 말할 때는 stutter(Mike stutters a little, so be patient. 마이크가 말을 약간 더듬으니 양해해 주세요), 입을 벌려 소리 내 말할 때는 utter(She sat through the whole day without uttering a word. 그녀는 한마디도 하지 않은 채 하루 종일 앉아 있었다)를 쓰죠.

attain 어떤 것을 얻어내는 방법

'획득하다'를 한영사전에서 찾아보면 attain, gain, acquire 등이 제시됩니다. 물론 뉘앙스는 조금씩 다르죠. attain은 오랜 노력이나 작업 끝에 얻어낼 때(She has attained the highest grade in the exam. 그녀는 시험에서 최고점을 받았다), gain은 원하고 바라던 것을 얻어낼 때(The lawmaker has gained support from voters. 그 국회의원은 유권자들의 지지를 얻었다), acquire는 돈을 지불하거나(I acquired these books. 나는 이 책들을 (돈을 주고) 얻게 됐다) 배워서(I acquired the skill. 나는 기술을 (배워서) 습득했다) 얻어낼 때 씁니다.

litigation 소송은 lawsuit 아닌가요?

이 문맥에서는 litigation이 적절합니다. lawsuit은 소송 사건 하나하나를 가리킬 때 쓰는 말이죠. 그래서 '소송을 제기하다'를 file a lawsuit이라고 합니다. 반면 litigation은 일련의 소송 과정을 가리키죠. 여기서도 법적 조치를 취하기 위한 일련의 과정을 뜻하기 때문에 litigation을 쓴 거고요. sue A for B(B에 대해 A를 상대로 소송을 제기하다)도 참고로 알아 두세요.

TASK 2 | 인류학 | 재난 | 분사로 연결해 볼까요?

1986년 4월 26일 우크라이나에서 체르노빌 핵원자로 4호기가 폭발하여 인간의 면역력과 세포의 유전자 구조를 손상시키고, 토양과 물길을 오염시켰다. 헬리콥터 조종사들은 불길을 잡으려는 노력으로 5천 톤 이상의 모래, 진흙, 납을 투하했다. 하지만 이는 원자로심의 온도를 높여 방사능 물질을 더 빠르게 상승시켰고, 북반구의 다른 지역으로 퍼져나가는 방사능 구름을 만들어 냈다.

분사구문으로 절을 연결해 보세요.

원자로 폭발이 있은 후 발생한 사건들이 연속적으로 나열되는 구조군요. 원자로 폭발을 원인으로 두 가지 사건이 일어난 겁니다. 이때는 and를 써서 뒤에 오는 절이 앞 절 전체를 주어 it으로 가리키는 구조가 자연스럽죠. and는 '그래서, 그리고, 그러므로' 등의 뜻으로 쓰여 인과, 열거, 순접 관계를 모두 나타낼 수 있으니 다방면으로 유용한 접속사죠? 여기서 and it을 생략하고 동사를 분사 형태로 바꾸면 다음과 같은 문장이 됩니다.

Unit Four of the Chernobyl nuclear reactor exploded in Ukraine, damaging(= and it damaged) human immunities and the genetic structure of cells, contaminating(= and it contaminated) soils and waterways.

마지막 문장에서도 이와 유사한 열거 형태가 반복됩니다. (1) '이것이 원자로심의 온도를 높였다', (2) '그래서 방사능 물질을 보다 빠르게 상승시켰다', (3) '북반구의 다른 지역으로 퍼져 나가는 방사능 구름을 만들어 냈다'는 내용의 인과 관계로 표현해야 하죠.

This led the temperature of the nuclear core to increase, causing (= and it caused) radioactive substance to ascend more rapidly, forming (= and it formed) a radioactive cloud that spread over other areas of the Northern Hemisphere.

분사 형태 외에 주목해야 할 대목이 한 가지 더 있습니다. '온도를 높였다'라고 하면 대부분 increase the temperature라고 표현할 겁니다. 하지만 위 문맥에서는 온도가 의도치 않게 상승한 것이기 때문에 lead A to increase 구문을 쓰는 게 자연스럽죠. '방사능 물질을 보다 빠르게 상승시켰다'도 ascend만 쓰는 게 아니라 온도 상승이 그런 결과를 초래했기 때문에 cause A to ascend 구문을 쓰는 게 좋습니다. 우리말과 다른 이런 표현법에는 더 유의해야겠죠?

Best Written

On April 26, 1986, Unit Four of the Chernobyl nuclear reactor exploded in Ukraine, damaging human immunities and the genetic structure of cells, contaminating soils and waterways. Helicopter pilots dropped over five thousand tons of sand, clay, and lead in an attempt to suffocate the flames. However, this led the temperature of the nuclear core to increase, causing radioactive substance to ascend more rapidly, forming a radioactive cloud that spread over other areas of the Northern Hemisphere.[6]

Writer's Words

drop 수직으로 떨어뜨리다[떨어지다]

drop은 주로 '무언가가 수직으로 떨어지다, ~을 떨어뜨리다'를 뜻합니다. 정도, 수준 등이 갑자기 약화될 때도(We dropped the voice. 우리는 목소리를 확 낮췄다) 쓸 수 있죠. 무언가를 폐기할 때나(a garbage drop-off site 쓰레기 버리는 곳) 누군가를 배제시킬 때도(dropout 조직 이탈자, 퇴학생) drop을 씁니다.

suffocate 산소를 제한해 질식시키다

suffocate는 '산소의 유입을 막아서 질식시킨다'를 의미합니다. 위 문맥의 '불길을 잡다'도 산소를 차단한다는 뜻과 일맥상통하죠. I feel suffocated by stress.(스트레스 때문에 숨막혀 죽겠다)처럼 비유적으로 쓰기도 합니다. stifle도 '~을 숨막히게 하다'라는 뜻이지만 '억누르다, 억제하다'를(A growth was stifled by little precipitation. 낮은 강수량으로 인해 성장이 저해됐다) 뜻하기도 하죠. '~을 숨막히게 하다, 불을 끄다'라는 뜻의 유의어인 smother은 '~을 (덮어 씌워서) 끄다'라는 전제를 강조할 뿐(They used a blanket to smother the fire. 그들은 담요로 불을 껐다) 상징적인 의미로는 쓰이지 않습니다.

ascend 위로 올라갈 때

'올라간다'에 해당하는 단어로는 ascend, climb, rise가 있죠. ascend는 주로 '위로 올라가다(go up)'라는 뜻으로 쓰이지만 He ascended to the throne.(그는 왕위에 올랐다)' 같이 비유적인 의미로도 쓰입니다. 유의어인 climb은 꾸준함과 더불어 힘에 부친다는 뉘앙스가 있기 때문에 They began to climb the hill.(그들은 언덕을 올라가기 시작했다)이라고 하면 힘겹게 올라가고 있는 모습을 나타냅니다. '낮은 위치에서 높은 위치로 이동하다'를 뜻하는 rise는 자동사로 쓰이지만 쓰이는 맥락은 이보다 다양하죠.

rapidly 빠른 속도를 강조할 때

한국인의 성향을 나타내는 표현인 '빨리빨리'를 영어로는 뭐라고 할까요? fast? quickly? rapidly? swiftly? 결론부터 말하면, 상황에 따라 다릅니다. fast는 속도가 빠를 때, quickly는 행동이 빠를 때, rapidly는 빠른 속도를 강조할 때, swiftly는 머뭇거리지 않고 재빨리 움직일 때 쓰죠. 여기서는 상승하는 속도가 빠르다는 점을 강조하기 위해 rapidly를 썼습니다. 특히 fast와 quickly는 속도가 빠른지 행동이 빠른지에 따라 가려 쓸 줄 알아야 하죠.

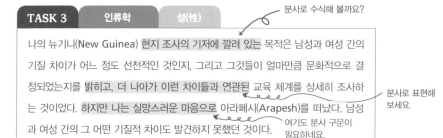

TASK 3 　인류학　성(性)

분사로 수식해 볼까요?

나의 뉴기니(New Guinea) 현지 조사의 기저에 깔려 있는 목적은 남성과 여성 간의 기질 차이가 어느 정도 선천적인 것인지, 그리고 그것들이 얼마만큼 문화적으로 결정되었는지를 밝히고, 더 나아가 이런 차이들과 연관된 교육 체계를 상세히 조사하는 것이었다. 하지만 나는 실망스러운 마음으로 아라페시(Arapesh)를 떠났다. 남성과 여성 간의 그 어떤 기질적 차이도 발견하지 못했던 것이다.

분사로 표현해 보세요.

여기도 분사 구문이 필요하네요.

현지 조사의 목적이 크게 두 가지군요. 두 가지 목적을 같은 형태의 구로 나타내면 될 듯합니다. '기저에 깔려 있는', '이런 차이들과 연관된' 등의 수식어를 보니 분사로 수식해야겠다는 생각이 번뜩 들죠? 사실 여기서 까다로운 대목은 '어느 정도 선천적인지'와 '얼마만큼 문화적으로 결정되었는지'를 영어로 표현하는 게 아닐까 싶습니다. 《부록》에서 설명했듯 의문사는 명사절을 만들 수 있습니다. to what extent, how many books, to what degree, in which city처럼 의문사가 포함된 어구도 명사절이 될 수 있고요. 이제 쉽게 해결할 수 있겠죠?

The underlying purpose of my field studies in New Guinea was to discover to what degree temperamental differences between the sexes were innate and to what extent they were culturally determined, and furthermore to inquire minutely into the educational mechanisms connected with these differences.

현재분사 underlying이 주어 purpose를 수식하고, 과거분사구 connected with these differences가 educational mechanisms를 수식하는 구조군요. 두 가지 목적은 to부정사를 쓴 동일한 형태(to discover, to inquire)로 나타냈습니다. 다음 문장의 '실망스러운 마음'은 disappointed feeling으로 표현할 수 있죠. disappoint가 '~을 실망시키다'라는 뜻이고 실망시킨 원인은 따로 있으니 수동의 의미를 나타내는 disappointed를 쓴 겁니다. 원래 인간의 감정이란 게 외부의 요인으로 인해 '일어나는' 기분이니 '수동'을 뜻하는 과거분사형을 쓰는 거죠.

Best Written

The underlying purpose of my field studies in New Guinea was to discover to what degree temperamental differences between the sexes were innate and to what extent they were culturally determined, and furthermore to inquire minutely into the educational mechanisms connected with these differences. I left the Arapesh with a disappointed feeling. I had found no temperamental differences between the sexes.[7]

Writer's Words

temperament disposition과 어떻게 다를까?

'기질'을 뜻하는 단어로 temperament, disposition이 있죠? temperament는 행동에 영향을 미칠 만큼 영구적인 감정적 기질(He seems to have an artistic temperament. 그는 예술가의 기질이 있는 듯하다)을 의미하고, disposition은 그 사람이 타고난 성향(This place is not suitable for people of a cheerful disposition. 이곳은 활기찬 성향의 사람에게는 적합하지 않다)을 가리킵니다. 여기서는 남녀의 행동에 영향을 미치는 기질을 가리키니 당연히 temperament의 형용사형을 써야겠죠?

extent 특정 지점까지의 범위

'범위'를 뜻하는 대표 단어로 range, scope, extent가 있죠? 하지만 뉘앙스는 조금씩 다릅니다. range는 최고 지점과 최하 지점 사이에서 변화하는 범위를(The price range will be from $1 to $5. 가격대는 1달러에서 5달러 정도가 될 겁니다), scope는 특정 활동 및 행위의 범위를(They have extended the scope of the investigation. 그들은 수사 범위를 확대했다), extent는 특정 지점까지의 범위를(We are all indebted to our parents to some extent. 우리 모두는 어느 정도 부모님께 빚지고 있다) 나타낼 때 쓰이는데, 여기서는 '어떤 지점까지'라는 한도를 나타내니 to what extent가 적절하겠군요.

determine decide와 어떻게 다를까?

decide는 보통 당사자가 무언가를 선택하거나 결정하거나 판단한다는 의미를(We decided that it was better to leave now. 우리는 지금 떠나는 것이 좋겠다고 판단했다) 나타냅니다. determine은 쓰임새가 이보다 다양한데요. 단단히 마음을 먹을 때(He determined to quit his job. 그는 일을 그만두기로 결심했다), 연구 등을 통해 어떤 사실을 알아낼 때(Our task was to determine the cause of his death. 우리의 업무는 그의 사망 원인을 알아내는 것이었다), 앞으로 일어날 일을 예정할 때(Your attitude will determine your future. 당신의 태도가 당신의 미래를 결정한다) 주로 쓰이죠.

feeling 감성적인 인간애

사람의 감정, 심리, 심성, 생각 등을 아우르는 우리말인 '마음'에 해당하는 단어로 mind, heart, feeling이 있습니다. 하지만 다 똑같은 '마음'은 아니죠. mind가 이성적인 정신에 가깝다면(My mind was full of thoughts. 내 마음은 생각들로 가득 했다), heart는 사랑, 의리 같은 호의의 감정(The sad news broke my heart. 그 슬픈 소식에 마음이 아팠다)이라고 볼 수 있죠. feeling은 이 둘의 중간쯤으로, 감각과 관련된 느낌, 기분, 감상을 나타내는 말(I do not want to hurt your feelings. 나는 네 마음을 상하게 하고 싶지 않아)이라고 알아두면 좋겠군요.

| TASK 4 | 심리학 | 스트레스 |

비록 이 이론들이 삶의 스트레스에 대한 수천 편의 연구에 방향을 제시해 주었지만, 여러 문제들이 어렵지 않게 발견된다. 첫째, 몇몇 사소한 유사점을 제외하고 이 이론들은 왜 특정한 스트레스 요인들이 가장 강력한 영향을 미치는지에 대해 매우 다른, 너무나 일치하지 않는 설명을 제시한다. 둘째, 인간에 대한 광범위한 생물학적 데이터를 수집하는 데 얼마나 많은 비용이 들고 힘든지 아는 상황에서, 이 이론들은 주로 행위, 임상 데이터에 기초하게 되는데, 그 결과 연구자들은 어떻게 다양한 요인들이 기저의 생물학적 과정에 영향을 미칠까 짐작만 하게 된다.

분사로 수식해 볼까요?

분사구문에서 비롯된 관용 표현을 생각해 보세요.

With + 목적어 + 분사의 구조가 가능합니다.

기존 연구들의 문제점 중 하나로 '왜 특정한 스트레스 요인이 가장 강력한 영향을 미치는지 매우 다른, 너무나 일치하지 않는 설명을 제시'하는 것이라고 하네요. 이때 '일치하지 않는'은 기존의 이론들 간 서로 겹쳐지는 부분이 없다는 의미로, 'nonoverlapping'을 제안합니다. 물고기 비늘처럼 일부가 다른 일부에 겹친다는 동사 overlap을 현재분사로 바꿔 형용사로 활용하는 거죠.

'아는 상황에서'를 한국말 그대로 knowing that을 쓰는 경우가 있을 겁니다. 이것은 한국말이죠. 그럼 이 문맥을 살릴 수 있는 영어 표현은 무엇이 있을까요? '아는'보다는 '상황'에 초점을 두면 'Given'이 생각 날지도 모르죠. Given은 원래 분사구문의 수동 형태로 '~이 주어진 조건/상황에서'의 뜻을 가집니다. 예를 들어 Given (the fact) that he is only five years old, he is likely to make more progress.라고 하면 '그가 단지 5살이라는 점(주어진 상황)에서 볼 때 그는 앞으로 더 발전할 가능성이 있다'로 해석할 수 있죠. Given은 이제 전치사로 분류되고 있습니다.

Given how expensive and difficult it is to collect extensive biological data on humans, these theories are largely based on behavioral and clinical data…

마지막으로 가장 주목해야 할 부분은 '결국에 ~하게 되다'입니다. 대등 접속사와 접속 부사, 혹은 부정사의 결과적인 용법 등으로 다양하게 표현할 수 있습니다. 하지만 위 문맥은 '~한 채로,' '~함에 따라', '~하는 상황에서'와 같은 동시성과 부대상황을 나타낼 수 있는 'with + 목적어 +분사'와 접속부사 in turn을 함께 사용하면 좋을 듯하네요. 즉, 'with researchers in turn assuming how different stressors might affect underlying biological process'라고 할 수 있죠. 여기서 '결과적으로는' 원인의 결과가 아닌 대응의 결과이기 때문에 as a result가 아니라 in turn 을 써야 합니다.

Best Written

Although these theories have guided thousands of studies on life stress, several problems are readily evident. First, with the exception of some minor similarities, these formulations provide very different, largely nonoverlapping explanations for why certain stressors are most impactful. Second given how expensive and difficult it is to collect extensive biological data on humans, these theories are largely based on behavioral and clinical data, with researchers in turn assuming how different stressors might affect underlying biological process.[8]

Writer's Words   readily   어렵지 않게?

'어렵지 않게'는 easily, effortlessly, readily 등의 다양한 부사를 쓸 수 있습니다. Easily는 말 그대로 '어려움이 없다'(This item is easily obtainable, so you can order anytime. 이

물건은 어렵지 않게 구할 수 있으니 언제든지 주문하세요)를 의미하고, effortlessly는 고생을 하거나 수고를 들이지 않음(She balanced herself effortlessly for hours. 그녀는 힘들이지 않고 몇 시간 동안 균형을 잡고 있었다)을 뜻하죠. Readily는 즉각성과 자발성이 가미된 (My children readily accepted new rules that I suggested. 아이들은 내가 제안한 새로운 규칙을 거리낌 없이 받아들였다) 표현입니다.

nonoverlapping 겹치는 부분이 없다

'일치하다'는 다양한 문맥을 가집니다. 서로 유사하거나 맞아떨어진다고 할 때는 congruent (The company will select a plan that is congruent with its goal. 회사는 자신들의 목적과 일치하는 계획서를 선정할 것이다), 시기적으로 일치한다고 할 때는 coincidental(It was simply coincidental that she and I went to the same school. 나와 그녀가 같은 학교를 다닌 것은 단지 우연의 일치였다)을 쓰죠. Overlapping은 기왓장처럼 일부가 다른 일부와 겹쳐져 일치한다(There are overlapping interests among anthropologists, computer scientists, and psychologists. 인류학자, 컴퓨터 과학자, 심리학자 간의 일치되는 관심사가 있다)는 뜻입니다. Nonoverlapping은 반대말입니다.

collect 정돈하여 모으기

'모으다'의 뜻을 가진 단어는 gather, collect, assemble 등이 있습니다. Gather는 여기저기 흩어져 있는 것을 모은다는 뜻(He told his kids to gather twigs to build a fire. 그는 불을 피우기 위해 아이들에게 잔가지를 모아오라고 했다)을 가지며, collect는 주의를 기울여 원칙에 따라 모은다는 뜻(He has collected hundreds of books on gardening. 그는 정원관리에 관한 책 수백 권을 수집했다)을 가지죠. Assemble은 주로 특정한 목적을 위해 사람이나 물건을 모은 다는 의미(A rescue team was assembled three days after the accident happened. 사고 발생 3일이 지나서야 구조팀이 만들어졌다)를 가집니다.

assume 사실이라고 짐작하기

짐작은 어림잡아 헤아림을 뜻합니다. Assume은 어떤 것을 사실이라고 짐작한다는 의미(I assumed he was my age because he looked so old. 그가 너무 늙어 보여서 내 나이 또래로 봤다)인 반면, estimate는 가치나 비용들을 짐작한다는 의미 (He estimated about 20 percent increase in sale, but the actual number was much lower. 그는 약 20퍼센트 정도의 판매 증가를 예상했지만 실제 수치는 훨씬 낮았다), surmise는 여러 가능성 중에 어떤 사실을 결론적으로 짐작한다는 의미 (We surmised that he was dead. 우리는 결국 그가 죽었다고 추정했다)를 가집니다. 일반적으로 알려진 guess는 상대방에서 질문을 던지는 특정한 문맥(Why don't you ask her to guess my nationality? 그녀에게 나의 국적을 짐작해 보라고 하는 게 어떨까?)에서 자주 사용되기 때문에 위의 단어들과는 성격이 다소 다릅니다.

A 디테일한 수식을 담당하는 분사

분사는 동사를 형용사처럼 쓸 수 있게 바꾼 형태를 말한다. 동사를 수식하는 부사와 동사의 주체인 명사가 결합된 분사 형태를 쓰면 대상을 구체적으로 수식할 수 있다.

말라리아를 옮기는 모기에 물린 남자가 죽었다.

The man bitten by malaria-carrying mosquitoes died.

B 문장의 품격을 높이는 분사구문

대등접속사 and를 생략해 만든 분사구문에서는 반복되는 주어를 생략하는 경우가 많지만 앞 문장 전체를 가리키는 it을 주어로 받아 생략한 분사 형태가 더 흔하다.

올해는 이례적으로 많은 양의 비가 내려 도로 공사를 제때 완료하기가 어렵게 됐다.

An unusually large amount of rain has fallen this year, making(= and it makes) it difficult to complete the road projects on time.

C 영어식 사고가 스며든 분사

우리말 구조상 '동사'에 해당하는 말을 영어에서는 분사로 나타내 명사를 수식하는 구조로 표현하는 경우가 흔하다.

케인즈 모델이 실패했다는 생각이 널리 받아들여져 왔다.

The perceived failure of Keynesian model has become widely accepted.

CHAPTER 3

간결한 미문을 만드는 균형감 익히기

빨갛게 상기된 얼굴로 너나없이 밖으로 뛰쳐나오는 한 무리의 사람들,
혼란과 두려움에 찬 목소리로 처절하게 절규하다

만약 제가 후기 인상파 화가였다면 당시 상황을 이렇게 묘사했을 겁니
다. 유학 시절 학습조교(Teaching Assistant)로 배정받았던 첫 과목의 강의
실 풍경이 딱 이랬죠. 한국 대학으로 치면 교양 필수와 비슷했던 이 과목
은 수강생이 600명에 육박해 TA도 30명에 달했습니다. 각 TA가 30개
세션을 하나씩 이끌면서 과제를 평가하고 토론을 진행하며 학점까지 주
는 시스템으로 운영되던 대규모 수업이었죠. 교수님은 강의만 하면 그
만이었지만 정작 문제의 발단은 강의였습니다.

지금도 교수님 모습이 생생하게 기억나네요. 양복 바지는 늘 가슴께
로 올려 입고 발목 부근에는 새하얀 양말이 살짝 드러나 보이던 단벌 신
사셨죠. 책이 산더미로 쌓여 있는 연구실에 들어가면 책더미 너머 들리
는 목소리로 겨우 교수님의 존재를 확인할 수 있을 만큼 연구를 무척 즐

기시던 분이었습니다. 하지만 가르치는 일은 너무 두려워하셨던 나머지 한번은 사석에서 "나를 지켜보고 있는 600명의 눈이 너무 공포스럽다"고 조심스럽게 고백하실 정도였죠. 하지만 만사는 상대적인 법, 수업이 두렵긴 학생들도 마찬가지였습니다. 왜냐고요? 하나도 이해가 안 된다는 게 문제였거든요. 하물며 인류학을 전공하지도 않았고 모국어가 영어도 아닌 저는 오죽했을까요.

첫 번째 세션에 들어갔을 때 학생들의 눈은 적대감으로 가득했습니다. 이해 못하는 바는 아니었죠. 강의도 가뜩이나 어려운데 조교도 외국인이라니요. 첫 세션이 끝났을 때는 어디든 달아나고 싶은 심정이었습니다. 동시에 이 상황을 어떻게든 헤쳐 나가야 한다는 절박감도, 학생들에 대한 동정심도 일었죠. 얼마나 답답할까? 영어도 부족하고 인류학 지식도 부족한 내가 이 학생들을 어떻게 도울 수 있을까? 일주일 내내 이고민에 시달렸습니다.

강의 교재는 인문사회 분야 고전들이었습니다. 문장도 복잡한데 화려한 수사가 많아 현지인도 배경지식이 없으면 이해하기 힘들 만했죠. 저는 어떻게 하면 학생들에게 도움을 될 수 있을지를 고민하다 급기야 그 주에 다룰 교재와 관련된 문헌을 도서관에서 사전 조사하고 분석해 수업 내용을 도식으로 만들어 나눠줬습니다. 공들여 유인물을 만들다 보니 영어도 자신 있게 구사할 수 있게 됐죠. 도서관에 붙박여 학술 서적만 파고들고 있으니 지식은 속성으로 쌓여 갔고요. 얼마 지나지 않아 학생들이 저를 바라보는 눈에서도 애정이 느껴지더군요.

원어민이라고 다 글을 잘 쓰는 긴 아니있습니다. 성적을 평가하는 기준은 출석 10퍼센트, 수업 참여 20퍼센트, 과제 70퍼센트였는데, 언젠가 한 학생이 사무실로 찾아와 자긴 한 번도 결석한 적이 없다며 왜 B를 줬는지 따진 적이 있었죠. 문제는 과제였습니다. 논리라곤 찾아볼 수가 없는 허술한 글이었거든요. 저로서는 후한 학점을 줄 수 없는 노릇이었죠. 어쨌든 저의 끈질긴 노력은 효과가 있었습니다. 학기가 끝난 후 추천서를 써 달라고 찾아오거나 "최고의 TA예요!"라는 평가를 남겨 저를 우쭐하게 만든 학생도 있었으니 말이죠.

미국 대학생들마저 끙끙댔던 고전 텍스트는 대체 어떤 문장 구조로 쓰인 걸까요? 도서관에서 이 고전들을 거듭해 읽다 보니 처음에는 이해가 잘 안 되던 난해한 문장들도 차차 편하게 느껴지더군요. '이래서 고전으로 평가받는구나'라는 생각도 들었고요. 그런데 왜 편하게 느껴지는 건지는 도통 알 수 없었습니다. 문장 구조를 집요하게 파고든 결과 핵심은 바로 '문장의 균형(Balanced Sentence)'에 있다는 걸 알게 됐죠. 대다수 학생들은 글을 쓰는 데 급급해 구조를 잘 보지 못합니다. 하지만 간결하고 설득력 있는 글의 핵심에는 이 '문장 균형의 원리'가 자리하죠. 이 장에서는 바로 이 핵심 원리를 살펴보려 합니다.

균형미가 돋보이는 대칭 구조

우선 다음 문장부터 읽어 볼까요?

Example English is not a mere language, but a condition that must be met in order to enter an advanced school, normally university.

영어는 단순한 언어가 아니다. 영어는 상급 학교, 주로 대학을 가기 위해 갖춰야 할 조건이다.

한 학생이 제출한 에세이에서 발췌한 문장입니다. 우리말로 해석했을 땐 별 문제가 없어 보이는군요. 하지만 좋은 영문이라고는 할 수 없습니다. 대칭을 이뤄야 하는 not A but B 구조에서 A와 B가 형태로 보나 무게로 보나 균형을 이루지 못하기 때문이죠. 그럼 어떻게 고쳐야 할까요?

Edited English is not a mere tool for communication but a measurement for qualification.

영어는 단순한 의사소통 수단이 아니라 자격 요건의 측정 도구다.

문장을 만들 때는 자신의 생각을 어떻게 하면 효과적으로 표현할 수 있을지를 고민해야 합니다. 이를 위한 전략 중 하나가 '문장의 균형 잡기'죠. 쉽게 말해 주제나 주장의 주요 개념들을 균형 있게 배치하는 겁니다. 가령 ⓐ가 주장을 거칠게 표현한 문장이라면, ⓑ는 tool, communication, measurement, qualification이라는 핵심 개념들을 추려서 균형 있게 배치한 문장으로 볼 수 있죠. 균형을 맞추려면 각 어구의 길이도 대등하게 조절해야 할 뿐 아니라 구체적인 어휘를 쓸 것인지 추상적인 어휘를 쓸 것인지를 판단해 하나로 통일하는 게 좋습니다. 구체적인 내용은 되도록 별도의 문장으로 분리시키는 것이 자연스럽고요.

치밀하게 균형을 맞춘 문장은 메시지가 한눈에 들어옵니다. not A but B 구조는 같은 형태의 두 어구를 짝지은 일종의 대구법으로, B를 부각시켜 설득력을 높여주는 효과가 있죠. 균형 맞추기는 모든 문장에 적용되는 원칙이긴 하지만 not A but B처럼 균형의 효과를 배가시키는 문형이 따로 있기도 합니다. 이를테면 대등접속사와 상관접속사를 쓴 문형, 동일한 구조를 써야 하는 비교 문형, 균형을 맞춘 어구가 동반되는 부사·대명사를 쓴 문형이 여기에 해당하죠.

대칭 구조와 어울리는 접속사

대등접속사로는 and, but, or, so, for 등이 있고, 상관접속사는 both A and B, either A or B, neither A nor B, not only A but also B 등이 있습니다. 우리가 무턱대고 쓰는 and, but 등도 사실 문장의 균형을 고려해 세심하게 배치해야 하는 접속사죠.

궁극적인 결과는 버려지는 경식지의 증가와 지방 정부의 세수 감소였다.

The end results were increasing abandonment of arable land and diminished tax revenues for the local governments.

and 앞뒤 어구가 딱딱 맞아떨어지니 박자를 맞춘 듯한 경쾌한 느낌이 드는군요. 둘 이상의 개념을 균형 있게 배치했을 때 나타나는 대표적인 효과죠. and를 축으로 increasing abandonment/diminished tax revenues가, of arable land/for the local governments가 대칭을 이루고 있죠? 「분사＋명사＋전치사＋형용사＋명사」 형태로 문법 구조가 균형을 이루는 것도 눈에 띕니다. 이처럼 글을 쓸 때는 and, but 등을 단순히 문장을 연결해 주는 말로만 생각할 것이 아니라 수사적 효과까지 염두에 둘 필요가 있습니다. 이번엔 학생이 직접 쓴 문장을 살펴볼까요?

Example This service lowers the barrier for drivers and passengers, and creates different forms of consumption and jobs rather than breaking the current industry.

어쩐지 우리말 그대로 영어로 옮긴 것 같죠? 우리말과 영어의 일대일 대응이야말로 문장의 균형을 깨뜨리는 가장 큰 원인인 만큼 우리말 구조에서 벗어나 영어식 구조로 사고를 전환하려는 의식적인 노력이 더더욱 필요합니다. 이때 명심해야 할 원칙이 '균형'이죠. 여기서는 운전기사와 승객 모두를 부각시키는 강조법이 필요하네요. '소비'와 '직업'은 어떤가요? 두 개념은 동급일까요? rather than은 이럴 때 써도 될까요?

Edited This service lowers barriers both for drivers and passengers and creates new forms of demand and supply without destroying the current market.

이 서비스는 운전기사와 승객 모두의 장벽을 낮추고, 기존 시장을 훼손하지 않으면서 새로운 수요와 공급의 형태를 만들어 낸다.

위 교정문에서는 운전기사와 승객 둘 다 강조하기 위해 상관접속사 both A and B를 썼습니다. '소비'와 '직업'이라는 두 개념을 '수요'와 '공급'이라는 대등한 개념으로 바꿔 표현했고요. 비교를 나타내는 rather than(~라기보다는) 대신 without을 써서 잘못된 표현도 바로잡았죠. 여러분이 보기에는 글쓴이의 의도를 최대한 살린 것 같나요?

균형 감각이 필요한 비교급

두 대상을 비교할 때는 비교급(more~ than)과 원급(as~ as) 형태의 비교

구문에 형용사나 부사를 써서 나타내죠? 이때 주의할 점은 두 비교 대상을 나타내는 구조가 동일해야 하고, 생략과 도치가 일어나는 경우가 많다는 겁니다. 다음 예문을 영작해 보면서 좀 더 살펴볼까요?

이 종은 산소를 저장할 수 있는 수용력이 인간보다 약 30퍼센트 높다.

'종'은 species, '수용력이 높다'는 have higher capacity, '산소 저장'은 oxygen storage입니다. 이 어휘를 써서 문장을 한번 만들어 볼까요? 비교 기준은 산소 수용력의 차이가 30퍼센트라는 거죠?

ⓐ This species has about 30 percent higher capacity for oxygen storage than human blood has.

than을 기준으로 두 비교 대상이 대칭을 이루고 있군요. capacity for oxygen storage는 has 뒤에서 반복하지 않고 생략했고요. than 뒤의 절을 다음처럼 도치시킬 수도 있습니다.

ⓑ This species has about 30 percent higher capacity for oxygen storage than has human blood.

than 이하의 절에 일반동사가 아닌 조동사 have[has]나 do[does] 등이 쓰일 때는 이렇게 주어와 동사를 도치하기도 하죠. 그럼 원급 비교 문장은 어떨까요? 마찬가지로 대칭을 이루는 게 가장 중요합니다. 이번에도 우리말 문장을 영작해 보면서 살펴볼까요?

이 지역의 공중보건은 유럽과 북미 같은 선진국만큼 선진화된 것은 아니다.

'공중보건'은 public health, '선진국'은 developed countries, '선진화된'은 advanced를 쓰면 되니 어휘가 그다지 어려운 편은 아니군요. 하지만 정확한 문장을 만들어 내기는 쉽지 않을 겁니다. 비교 대상이 '이 지역'과 '선진국'이 아니라 그곳의 '공중보건'이라는 점에 유의하면 다음처럼 영작이 가능하죠.

The public health in this region is not as advanced as it is in developed countries such as Europe and North America.

public health를 it으로 지칭했고, it is 뒤에는 advanced가 생략된 구조군요. 이번엔 생략, 삽입, 비교 구문이 모두 들어간 최고난도 문장을 한번 만들어 볼까요?

처음 충돌보다 규모가 더 크진 않더라도 그만큼 치명적인 또 다른 충돌이 일어날 수 있다.

'~만큼 치명적인'과 '~보다 규모가 크진 않더라도'를 뜻하는 두 가지 비교 구문이 필요하군요. 어떻게 표현하면 될까요? 일단 '치명적인'은 fatal, '충돌'은 crash, '처음'은 initial, '발생하다'는 arise입니다. 이번에도 어려운 어휘는 없는데 문장이 쉽게 떠오르질 않네요.

Another crash as fatal, if not more, as the initial one could arise.

'~만큼 치명적인'은 A as fatal as B, '~보다 크진 않더라도'는 if A is not more B로 나타냈군요. 반복되는 말은 생략하고 뉘앙스는 최대한 살릴 수 있도록 if not more를 중간에 삽입했습니다. 글쓴이의 의도를 파악해 적재적소에 개념을 삽입하고 불필요한 내용은 생략한 거죠. 이렇게 독자가 한눈에 이해할 수 있도록 최대한 간결하게 나타낸 맛깔진 비교 표현, 당장 써 보고 싶지 않나요?

형태와 의미의 균형 잡기[9]

반드시 균형을 맞춰야 하는 어구들도 있습니다. 일부 대명사와 부사가 여기에 해당되죠. one/the other(하나는/다른 하나는), some/others(어떤 사람은/다른 사람은)처럼 짝으로 쓰이는 대명사는 너무 당연해 보이네요. 반면 부사는 문장 앞뒤에서 대칭을 이루는 형태로 쓰입니다. in some cases/in other cases(어떤 경우에는/다른 경우에는) 같은 수식 구문도 있고, verticall/horizontally(수직적으로/수평적으로)처럼 의미상 대칭을 이뤄야 할 때도 있죠. 한 학생이 쓴 문장을 예로 들어 볼까요?

Example At first glance it seems very simple, but its feature has revolutionized unimaginably.

at first glance(언뜻 보기에)와 unimaginably(상상할 수 없을 정도로)라는 부사를 써서 의미를 강조하고 싶었던 듯하네요. 하지만 역접을 나타내는 두 구문의 균형이 안 맞는다는 게 문제군요. simple과 has revolutionized의 문법적 기능도 전혀 다릅니다. revolutionize는 목적어가 필요한 타동사로만 쓰이니 문법 오류까지 보이고요. 주어도 균형이 맞지 않습니다. 의미를 훼손하지 않고 두 개념의 무게와 형태를 되도록 동일하게 나타내려면 어떻게 고쳐야 할까요?

표면적으로 보면 간단하지만 심층적으로 보면 혁신적이다.

Edited On the surface it is simple, but in depth it is revolutionary.

on the surface/in depth가 구조뿐 아니라 의미상으로도 정확히 대구를 이루죠? 주어도 it으로 통일했고, 보어도 simple/revolutionary라는 동일한 품사(형용사)로 나타냈습니다. 적절한 어휘를 선택해 대조되는 내용의 균형을 맞추면서 글쓴이의 의도가 더 살아난 거죠. 이번엔 대명사를 쓴 문형을 살펴볼까요?

어떤 사람들은 그 주제가 주류 학계에 대한 일시적인 반응이라고 보지만, 다른 사람들은 이것이 주류 학계 못지않게 일반적이라고 주장한다.

Some believe that the thesis is a brief reaction to a mainstream academy, but others argue that it is no less conventional.

some/others가 대칭 구조를 이끌고 있고 비교구문인 no less than(~ 못지않은)에서 비교 대상을 나타내는 than a mainstream academy이 생략됐군요. 이와 유사한 형태의 one/the other도 대칭을 이루는 전형적인 대명사 짝이죠.

the rope with one end attached to the car and the other to the pole

한쪽은 자동차에, 다른 쪽은 기둥에 연결된 밧줄

균형 맞추기는 메시지에 힘을 실어주는 효과적인 수사 전략 중 하나입니다. 그런 만큼 문장 배치 원칙에서는 균형의 원리가 큰 비중을 차지하죠. 자신의 영문이 어딘가 어색해 보인다면 이렇게 메시지의 핵심 개념을 선별해 대칭 구조로 재배치하는 연습을 꾸준히 해 보세요.

이제 미국 대학생들도 혀를 내두른 문형을 직접 만들어 볼까요? 다음 TASK의 지문으로 제시된 글들은 주로 대학 교양수업에서 참고하는 이론서의 발췌문입니다. 훌륭한 저작으로 평가받지만 어려운 이론을 다루는 만큼 난해한 문장들도 많죠.

| TASK 1 | 인류학 | 원시 친족 관계 |

인간은 생물학적 존재이면서 사회적 개인이다. 외부 혹은 내부의 자극물에 대한 인간의 반응 중에 어떤 것은 인간의 타고난 특성에, 어떤 것은 인간의 사회적 환경에 전적으로 좌우된다. 문화는 단순히 생명과 나란히 비교되는 것도, 생명과 겹쳐지는 것도 아니고, 어떤 면에서는 생명의 대체물로 활용되고, 또 다른 면에서는 삶을 이용, 변형시켜 새로운 질서의 종합을 가져온다.

동급 개념을 배치하려면?

some/others 대명사 대칭 구조가 어울리겠네요

not A nor B를 써 볼까요?

in one way/in the other 부사구문을 쓴 대칭 구조는 어떨까요?

균형을 맞춰야 하는 문형으로 이루어진 글이군요. 그래서인지 핵심 개념들이 군더더기 없이 제시되고 있습니다. '인간은 생물학적 존재이면서 사회적 개인이다'라는 첫 문장부터 '생물학적 존재 vs. 사회적 개인'이라는 동급의 두 개념이 대칭 구도로 배치돼 있죠. 둘 다 해당된다는 의미니까 both를 쓰는 게 적합해 보이네요.

Man is both a biological being and a social individual.

참고로, 최근에는 중성적 단어를 선호하는 추세지만 위 글은 1949년에 출판된 도서의 발췌문이기 때문에 man이 쓰였습니다. 두 번째 문장의 '어떤 면에서는/또 다른 면에서는'을 표현할 때는 대구법이 필요한 대명사 짝인 some/others가 자연스럽게 떠올라야 하죠.

Some are wholly dependent upon his nature, others upon his social environment.

upon his nature/upon his social environment 대칭 구조가 보이나요? 뒤 문장에서는 주어를 살리되 중복되는 말인 wholly dependent는 생략했습니다. 이어지는 문장의 '~도 아니고 …도 아니다' 역시 균형을 맞춰야 하는 상관접속사 not/nor 구문을 쓰면 되겠군요.

Culture is not merely juxtaposed to life nor superimposed upon it.

다음으로 이 문단의 종지부를 찍는 글귀가 등장합니다. in one way/in the other 부사구를 써서 영어로 옮겨 볼까요?

in one way, (culture) serves as a substitute for life, and in the other, uses and transforms it, to bring about the synthesis of a new order

이 문장도 and를 중심으로 앞뒤가 동일한 구조를 이루고 있군요. 덧붙여 알아두면 유용한 문형도 하나 등장하네요. '(문화가) 삶을 이용, 변형시켜 새로운 질서의 종합을 가져온다'를 (culture) uses and transforms it, to bring about the synthesis of a new order로 옮긴 대목에서 대다수는 bring about the synthesis of a new order를 쓴 뒤 수단을 나타내는 by ~ing를 이용해 by using and transforming it으로 마무리할 때가 많지만 여기에서처럼 to부정사의 결과적 용법을 활용하는 방법도 있죠.

Man is both a biological being and a social individual. Among his responses to external or internal stimuli, some are wholly dependent upon his nature, others upon his social environment. Culture is not merely juxtaposed to life nor superimposed upon it, but in one way serves as a substitute for life, and in the other, uses and transforms it, to bring about the synthesis of a new order.[10]

wholly　통으로

원래 whole은 '한 덩어리'를 의미합니다. 우리말의 '통으로'라는 표현에 들어맞겠네요. 그럼 언제 이 단어를 쓸까요? 바로 강조하고 싶을 때 씁니다. wholly의 사촌격인 entirely도 유사한 의미를 나타내지만 주로 정도와 범위에 초점을 둔다는 점이(The class is entirely composed of teenage girls. 이 반은 십 대 소녀로만 구성되어 있다) 다르죠. 또 다른 유의어인 completely는 '전적으로'(His idea is completely wrong. 그의 생각은 완전히 틀렸다)라는 뜻이며, '완전히, 충분히'를 뜻하는 fully는 철저하고 자세하다는 뉘앙스가(I fully understand your concern. 당신의 우려를 충분히 이해합니다) 강합니다.

nature　타고난 특성

여기서는 '타고난 특성'을 nature라고 옮겼죠? '타고난'을 뜻하는 다른 말인 inherent를 쓴 사람도 있을 듯하네요. 하지만 nature 자체가 '타고난 특성'을 가리키기 때문에 굳이 inherent를 쓸 필요가 없죠. '특성'을 뜻하는 단어로는 nature, feature, quality, characteristic이 있습니다. nature는 타고난 특성, feature는 다른 것과 구분되는 특성(Salient feature of this building is elaborate decoration 이 건물의 두드러진 특징은 화려한 장식이다), quality는 사람의 자질이나 사물의 속성(She has the right qualities to be an artist. 그녀는 예술가가 될 만한 자질을 가지고 있다), characteristic은 전형적인 특성 (A big mouth is a characteristic of my family. 큰 입은 우리 가족만의 특성이다)을 가리키죠.

juxtapose　나란히 놓고 비교하다

생소한 단어죠? 하지만 학술적인 글에서는 꽤 자주 등장합니다. juxtapose의 pose는 '포즈를 취한다'고 할 때 그 '포즈'를 말하죠. 말 그대로 표현하면 'juxta하게 포즈를 취한다'라는 뜻인데, juxta는 라틴어 iuxta에서 파생된 말로 '비교할 만한(comparable)'을 뜻합니다. 특정 대상(주로 유사한 것들)을 나란히 놓고 비교한다는 의미로 고급 문형에 자주 쓰이는 단어죠.

superimpose　위에 겹쳐 두다

이 단어도 낯설 겁니다. superimpose의 impose는 '원하지 않는 것을 강압적으로 부과하다'를 뜻하죠. 여기서 '위압감을 주는'이라는 뜻의 형용사 imposing이 파생됐고, impose A on B

형태로 쓰이면 'A에게 B을 부과하다'라는 뜻이 됩니다. 여기에 super-가 붙으면서 '위에(above, over)'라는 의미가 더해져 'A를 B 위에 겹쳐 두다'라는 뜻이 된 거죠. 유의어로 overlap을 들 수 있는데, superimpose는 겹쳐져도 두 면이 다 보이는 상태를 묘사한다면 overlap은 겹쳐진 아랫면은 보이지 않는다는 차이가 있죠.

TASK 2 사회학 문화 자본

상품은 (나와 다른 사람을) 구별하는 표시로 전환된다. 이것이 상대적으로 인식되는 순간 탁월함의 표시뿐만 아니라 천박함의 표시가 될 수도 있어, 결국 개인과 집단이 자신의 행동과 습성을 통해 불가피하게 투사하는 표상이 사회적 현실의 중요한 부분임을 알게 된다. 계급은 존재 자체만큼이나 인식되는 존재로도 정의되는 것이다.

not only A but also B 구문을 써 볼까요?

as much as 구문이 어울리겠네요.

'탁월함의 표시뿐만 아니라 천박함의 표시가 될 수도 있다'는 균형을 맞춰야 하는 구조군요. but also는 not only 없이 독립적으로 쓰일 수 있습니다. 반복되는 부분은 생략하면 되겠죠? '탁월함'은 distinction으로 나타내는데, 이 단어는 주로 '차이점'을 의미하지만 '어떤 사람이나 사물을 차별화시키는 뛰어남'이라는 뜻으로도 쓰입니다.

(Signs) may be signs of distinction but also of vulgarity

여기서 유용하게 활용할 수 있는 방법이 하나 더 있습니다. 바로 to부정사의 결과적 용법이죠. 두 번째 문장의 '결국 ~임을 알게 된다'는 어떤 일의 '결과'를 나타내니 to부정사로도 충분히 표현할 수 있겠죠? to부정사의 결과적 용법은 '목적'과 구별하기 위해 앞에 쉼표를 찍는 경우가 많다는 것도 잊지 마시고요.

, to see that the representation which individuals and groups inevitably project through their practices and properties is an integral part of social reality

'계급은 존재 자체만큼이나 인식되는 존재로도 정의되는 것이다'는

'~만큼이나'를 쓴 비교구문입니다. 영어로는 A class is defined as much by its perceived-being as by its being으로 옮길 수 있겠네요. much는 전치사구 by its perceived-being을 수식하는 부사로 쓰였고 뒤에 as를 첨가해 비교 구문으로 만든 문장이죠. 비교 대상은 당연히 동일한 형태로 나타내야 되니 by its perceived-being과 by its being으로 표현했습니다.

Goods are converted into distinctive signs, which may be signs of distinction but also of vulgarity, as soon as they are perceived relationally, to see that the representation which individuals and groups inevitably project through their practices and properties is an integral part of social reality. A class is defined as much by its being-perceived as by its being.[11]

project 명사로만 쓰이는 게 아니다

우리가 '프로젝트'라는 외래어로 쓰는 project는 명사로도, 동사로도 쓰입니다. 주로 액수 등을 '추정[예상]하다'(Spending is projected at 23 million won. 비용은 2천 3백만원으로 추정된다)라는 뜻으로 쓰이고, '물리적으로 돌출되다'(A slip of paper projects from the drawer. 종이 한 장이 서랍에서 튀어나와 있다)라는 의미로도 쓰이죠. '비추다, 투사[투영]하다'(Shadows were projected to the wall. 그림자가 벽에 비춰졌다)라는 뜻도 있어서 위 문맥처럼 사물이 아닌 생각이나 이미지를 다른 것에 반영시켜 나타낼 때도 쓰입니다.

practice 습관적으로 하는 행동

practice는 '습관적으로 하는 행동'을 의미합니다. 보통 '연습'으로 알고 있지만 '오래전부터 굳어진 행동이나 습관', 즉 '관습'이나 '관례'도 practice라고 하죠(It is common practice to tip in a restaurant. 레스토랑에서 팁을 주는 것은 관례). 이에 반해 action은 목적을 달성하기 위해 취하는 행동이나 조치(The action was taken to combat corruption. 부패 척결을 위한 조치가 취해졌다), behavior는 행동 방식(His insulting behavior humiliated me. 나는 그의 무례한 행동이 창피했다)을 나타냅니다.

property '부동산'만 가리키는 건 아니다

보통 건물이나 토지 등의 부동산을 뜻하긴 하지만 원래 '개인이나 단체가 소유한 것'을 property라고 합니다. 그래서 Elasticity is a typical property of rubber.(탄력성은 고무가 가진 전형적인 성질이다)에서처럼 타고난 성질이나 속성, 자질을 뜻할 때도 property를 쓸 수 있죠. 여기서는 '고유한 습성'을 나타냅니다.

integral은 '완전체가 되는 데 없어서는 안 될'이라는 의미입니다. 그래서 integral part of ∼
는 '∼의 본질[필수 요소]'이라는 뜻으로 숙어처럼 쓰죠. 이와 유사하게 '(없어서는 안 될 정도로)
가장 중요한'이라는 의미를 뜻하는 단어로 paramount, overriding이 있습니다. paramount는
'그 어떤 것보다 중요한'이라는 의미를 강조할 때(Safety is paramount. 안전이 가장 중요하다),
overriding은 어떤 관심 사항이나 고려 사항이 상대적으로 더 중요해 '최우선'이라는 의미를
강조할 때(The overriding concern of the parents was the health of their children.
부모들의 최우선 사항은 아이들의 건강이었다) 주로 쓰이죠.

TASK 3　　인류학　　　사회 발전

> between A and
> B를 쓰면 되겠죠?
>
> 근대화는 비록 문화와 자연의 완벽에 가까운 전체성을 강압과 유형로 파괴했지만
> 분명한 목적이 있었다. 근대화가 결국 외부의 자연 법칙들과 사회 관습들을 구별하
> 는 것을 가능하게 만든 것이다. 승자들은 모든 분야에서 이런 분할에 나섰고, (자연
> 과 문화의) 복합물들을 사물 영역이나 사회 영역에 위임해 버렸다.
>
> either A or B 구문을 써 보세요.

　　우선 '외부의 자연 법칙들과 사회 관습들을 구별하다'에는 between
A and B 구조를 쓸 수 있겠네요. A와 B에 해당하는 구문을 대등한 형
태를 써서 to distinguish between the laws of external nature and the
conventions of society로 표현하면 되겠군요.

　　두 번째 문장은 문법 설명이 좀 필요합니다. '∼을 구별하는 것을
가능하게 하다'라는 의미를 그대로 옮기면 「make + to distinguish ∼
possible」 형태가 되죠? 하지만 이런 5형식 구문에서 목적어 자리에는
구나 절이 올 수 없고 단어만 올 수 있다고 했습니다. 의미상 구나 절이
와야 할 때는 목적어 자리에 가목적어 it을 쓰고 구나 절은 뒤로 보내면
된다고 설명했고요.

　　Modernizing finally made it possible to distinguish between the
laws of external nature and the conventions of society.

마지막 문장에서는 either A or B를 쓰면 딱이겠네요. A와 B가 대칭을 이루는 이 구조에서 반복되는 표현이 the domain이죠? 그런데 or 뒤에 the domain을 생략하는 대신 대명사 that을 써도 됩니다. 균형을 딱 맞추고 싶을 때는 이처럼 대명사를 활용하는 것도 방법이죠.

Modernization, although it destroyed the near-totality of cultures and natures by force and bloodshed, had a clear objective. Modernizing finally made it possible to distinguish between the laws of external nature and the conventions of society. The conquerors undertook this partition everywhere, consigning hybrids either to the domain of objects or to that of society.[12]

undertake 착수하다

여기서는 '～에 착수하다'라는 의미로 undertake를 썼습니다. 비슷한 의미의 다른 말로는 commence, initiate, launch 등이 있죠. undertake가 '(주로 힘들고 어려운 일을) 책임지고 진행한다'에 방점이 있다면, commence는 단순히 '시작하다'를 뜻하는 동사로(Construction workers commenced their work. 공사장 인부들이 작업을 시작했다), begin과 동의어입니다. initiate는 '무언가를 시작해 이끌다'(John initiated a heated debate about the school policy. 존이 학교 정책에 대한 열띤 토론을 주도했다)라는 의미이고, launch는 원래 '(배를) 진수시키다[물에 띄우다]'를 뜻하지만 '어떤 큰일을 본격적으로 시작하다[착수하다]'(The company has launched a new campaign. 회사는 새로운 캠페인에 착수했다)라는 뜻으로 자주 쓰이죠.

partition 칸막이로 나뉜 공간

partition은 분할된 공간을 강조할 때 씁니다. 물리적인 의미가 강해 '영토[토지] 분할'(the country's partition into separate territories 일부 영토가 분할된 국가)를 뜻하기도 하죠. 이에 비해 segment는 '세세한 구획'이라는 의미에(The market is segmented into a several categories 시장은 여러 개의 범주로 세분화된다) 가깝고, division은 큰 조직을 분할한 '부문'이라는 뉘앙스가 강합니다. 그래서 관청이나 기업의 각 사업부를 division이라고(The personnel division is on the second floor. 인사부는 2층에 있습니다) 하죠.

consign 잘 보살펴 주길 바라며 맡기다

consign은 주로 '(보관을 위해) ～을 인도하다, ～을 위탁하다[맡기다]'를 뜻합니다. 짐을 맡길 수도 있고(The package was consigned to you by air. 짐은 항공편으로 너한테 보냈어)

사람을 맡길 수도(He consigned his son to the care of his parents. 그는 아들을 부모님의 손에 맡겼다) 있죠. 중요한 건 상대방이 안전하게 보살필 것을 전제로 한다는 겁니다. 하지만 의외의 뜻도 있습니다. 옥스퍼드 사전에 따르면 put someone or something in (a place) in order to be rid of it or them(사람이나 물건을 없애기 위해 어떤 장소에 두다)를 의미하기도 하는데, 바로 위 문맥에서 쓰인 뜻이죠.

domain 명확히 분리된 영역

'영역'을 한영사전에서 찾아보면 area, sphere, domain 등이 제시될 겁니다. area는 rural area(시골 지역), dining area(식사 장소)처럼 특정 목적을 가진 영역을 의미하기 때문에 어떤 활동이나 관심 영역을 말할 때도(the area of agricultural science 농업과학 분야) 쓰이죠. sphere도 이와 유사하지만 주로 전문 분야나 사회 분야에(the effect of economic reforms on the political sphere 경제 개혁이 정치 영역에 미치는 영향) 많이 쓰이는 편이고요. domain은 '통치 영역, 세력 범위'라는 뜻이 확장돼 '명백히 분리된 특정 소유지[영토]'(the British domains of India 영국령 인도)라는 의미로도 쓰입니다.

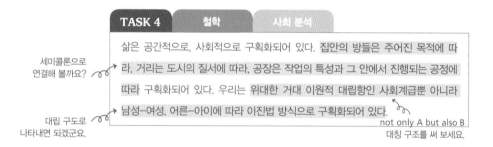

TASK 4 　철학　　사회 분석

삶은 공간적으로, 사회적으로 구획화되어 있다. 집안의 방들은 주어진 목적에 따라, 거리는 도시의 질서에 따라, 공장은 작업의 특성과 그 안에서 진행되는 공정에 따라 구획화되어 있다. 우리는 위대한 거대 이원적 대립항인 사회계급뿐 아니라 남성–여성, 어른–아이에 따라 이진법 방식으로 구획화되어 있다.

세미콜론으로 연결해 볼까요?

대립 구도로 나타내면 되겠군요.

not only A but also B
대칭 구조를 써 보세요.

　　두 번째 문장은 같은 형태의 구문이 반복되는 전형적인 패턴이군요. 이 경우 이 구문들을 어떻게 연결할 것인지, 반복되는 내용은 어떻게 처리할 것인지, 균형을 어떻게 맞출 것인지를 고민해야 합니다. 예시를 구체적으로 나열해 보충 설명하고 있으니 세미콜론이 제격일 테고 반복되는 부분은 당연히 생략해야겠죠. 마지막으로 각 문장을 동일한 구조로 나타내 균형을 맞춰야 합니다.

　　The house is segmented according to its rooms' assigned purposes; streets, according to the order of the city; the factory, according to the nature of the work and operation performed in it.

중복되는 is segmented는 모두 생략했고, according to는 강조를 위해서 살렸습니다. 세미콜론을 써서 문장을 연결했고요. 여기서 한 가지 의문이 생길지도 모르겠네요. according to가 '출처'를 나타낸다고 알고 있을 텐데 이 문맥에서는 그렇게 쓰이지 않았거든요. according to는 여기에서처럼 '합의된 방식에 따라'라는 뜻으로도 쓰입니다.

다음 문장에서도 not only, but also 구문의 균형을 맞춰야 되는데 구조가 좀 복잡합니다. '위대한 거대 이원적 대립항'과 동격인 '사회계급'을 어떻게 배치할지 생각해 봐야죠? '~따라'는 분사 구문으로 표현하는 게 어떨까요?

We are segmented in a binary fashion, following the great major duality oppositions: social classes, but also men-women, adults-children, and so on.

'위대한 거대 이원적 대립항에 따라'는 분사구문을 써서 following the great major duality oppositions로 옮겼고, 콜론을 써서 '사회계급' 이하의 내용을 구체적으로 열거했습니다. social classes 앞에 not only 는 생략했고요. social classes 대신 the haves/the have-nots(가진 자와 못 가진 자)의 대립 구도로 표현하는 게 언뜻 적절해 보이지만 학계에서 일반적으로 통용되는 용어인 social classes를 쓰는 게 이 문맥에는 더 적합해 보입니다.

Life is spatially and socially segmented. The house is segmented according to its rooms' assigned purposes; streets, according to the order of the city; the factory, according to the nature of the work and operation performed in it. We are segmented in a binary fashion, following the great major duality oppositions: social classes, but also men-women, adults-children, and so on.[13]

**Best
Written**

assign 특정 목적을 위해 분배하거나 할당하다

'할당하다' 하면 떠오르는 allocate는 구체적으로 '자원이나 역할을 특정한 목적을 위해 분배[할당]하다'(The government has allocated enough funds to road maintenance. 정부는 도로 보수에 충분한 자금을 할당했다)를 의미합니다. 이에 반해 assign은 지시를 통해 할당한다는 뉘앙스가 있죠. 여기서는 어떤 목적인지 정하고 지시했다는 의미로 assigned purpose로 옮겼습니다. '특정 목적을 위해 따로 챙겨 놓다'라는 뜻도 있어서 He has assigned large sums for his old age.(그는 노후를 위해 큰돈을 따로 챙겨 두었다)처럼 쓰이기도 하죠.

operation 원래 목적에 따라 작동하다

operation의 용법은 폭넓습니다. 주로 '원래의 목적에 따라 작동하는 것'을 의미하고 기계 등의 물리적 대상이나 어떤 일이나 형편 등 추상적인 대상의 '작용'을 가리킬 때도 두루 쓰이죠. 그래서 the operation of factory machines(공장 기계의 작동)처럼 쓰기도 하고, the operation of market forces(시장 힘의 작용)처럼 쓰기도 하죠. 의료 수술(a heart transplant operation 심장이식 수술)이나 특정 목적의 작업(rescue operation 구조 작업)에도 operation을 씁니다.

fashion 실행 방식

여기서는 '방식'을 fashion으로 표현했죠? fashion 하면 '옷'을 떠올리기 쉬운데요, 물론 '유행, 패션'이라는 뜻으로 주로 쓰이지만 '방식'이라는 뜻으로도 곧잘 쓰입니다. 비슷한 말로는 method, way가 있죠. method는 체계적이고 구조화되어 있는 방식을 가리킬 때(We have adopted new production methods. 우리는 새로운 생산 방식을 채택했다), way는 '그들만의 방식', 즉 다른 방식과 구분되는 나름의 방식을 강조할 때(The British way of life is difficult to define. 영국식 생활 방식을 정의하기는 어렵다) 쓰인다는 차이가 있죠. 이에 반해 fashion은 무언가를 '실행하는' 방식(He led the discussion in a rather casual fashion. 그는 다소 비격식적으로 토론을 이끌었다)을 가리킬 때가 많습니다.

opposition '반대'와 '맞은편'

opposition은 '반대'라는 뜻으로 알고 있죠? 맞습니다. 형용사형인 opposite은 명사, 부사, 전치사로도 쓰이죠. 명사는 '반대(하는 것)[사람]'(The negative is the opposite of positive. 부정은 긍정의 반대다), 부사는 '반대편에'(We were sitting opposite. 우리는 마주보고 앉아 있었다), 전치사는 '~이 맞은편에'(the building opposite the station 역 맞은편에 있는 건물)를 뜻합니다.

A 대칭 구조와 어울리는 접속사

both A and B(A와 B 둘 다), either A or B(A이거나 B인), not only A but also B(A뿐만 아니라 B도), not A but B(A가 아니라 B인), not A nor B(A도 아니고 B도 아닌)...

This service lowers barriers both for drivers and passengers and creates new forms of demand and supply without destroying the current market.

이 서비스는 운전기사와 승객 모두의 장벽을 낮추고, 기존 시장을 훼손하지 않으면서 새로운 수요와 공급의 형태를 만들어 낸다.

B 균형 감각이 필요한 비교급

A is more[less] ~ than B(A는 B보다 더[덜] ~하다), A is as ~ as B(A는 B만큼이나 ~하다)...

This species has about 30 percent higher capacity for oxygen storage than has human blood.

이 종은 산소를 저장할 수 있는 수용력이 인간보다 약 30퍼센트 높다.

C 형태와 의미의 균형 잡기

one/the other(하나는/다른 하나는), some/others(어떤 것[사람]은/다른 것[사람]은), in some cases/in other cases(어떤 경우는/다른 경우는), vertically/horizontally(수직으로/수평으로)...

The rope with one end attached to the car and the other to the pole

한쪽은 자동차에, 다른 쪽은 기둥에 연결된 밧줄

CHAPTER 4

글맛을 살리는 3가지 수사법

저는 국제대학원에서 한국학을 공부하기 전까지 우리나라를 외부의 시선으로 바라본 적이 없었습니다. 안에서 보는 한국과 밖에서 보는 한국은 사뭇 다르더군요. 처음에는 한국을 공부하는 외국학자들의 낯선 시선이 마냥 신기하게 느껴졌죠. 한국학은 외국에서 주로 한국, 일본, 중국을 아우르는 동아시아학의 일부로 다뤄지는데, 한류 덕분에 세계적으로 어느 정도 알려진 지금과는 달리 제가 공부할 때만 해도 한국을 제대로 아는 외국인은 많지 않았습니다.

그런 상황에 눈을 뜬 계기는 대학원 시절 우연한 기회로 떠나게 된 미국 배낭 여행이었습니다. 하루는 친구를 통해 미국의 한 공공단체가 현지 여름방학 청소년 캠프에서 국제 카운슬러로 일할 외국인을 모집한다는 소식을 듣게 됐죠. 비행기표도 무료고 수고비도 준다는 말에 귀가 솔깃했던 저는 그 돈으로 한 달간 미국을 여행하기로 하고 모집 공고에 지원했습니다. 미국에서 건너온 관계자와의 인터뷰를 무사히 통과한 후 드디어 미국 땅을 밟을 수 있게 됐고요.

제가 카운슬러로 일한 곳은 북동부 캐나다 접경 지역에 위치한 버몬트 주의 걸스카우트 캠프였습니다. 기회가 된다면 그곳에 꼭 다시 가 보고 싶을 정도로 웅장한 자연과 적막한 고요함이 정말 좋았죠. 캠프에 온 아이들이 밤만 되면 울면서 "I want to go home!(집에 가고 싶어요)"이라고 외치는 통에 힘들기도 했지만, 지금은 좋은 추억으로 남아 있습니다. 특히 평생 잊을 수 없을 만큼 강렬한 기억으로 남은 한 장면이 아직도 생생하게 떠오르는군요. 실제로 본 것인지, 아니면 상상력이 만들어 낸 것인지 확실치 않을 정도로 압도적이었던 그 장면은, 허리케인이 몰아쳐 캠프장 중앙에 있는 호수 물을 하늘 위로 끌어올리는 모습이었습니다. 그 장면을 바라보며 벌어진 입을 다물지 못하고 한동안 붙박인 듯 서 있었던 생각이 나네요.

캠프장에서 보낸 '자연인의 삶'을 마무리한 후 저는 동부에서 서부까지 한 달간 여행을 떠났습니다. 캠프장은 워낙 외진 곳이라 한국에 대해 잘 모르는 현지인들을 봐도 그러려니 했지만 공항 직원이 여권을 보고 북한 사람이냐고 물었을 때는 정말 말문이 막히더군요. 북한이 미국 언론에 더 자주 등장해서인지 대다수가 북한은 알아도 남한은 잘 몰랐던 거죠. 당시 유학을 생각하던 터여서 대학 도시를 중심으로 여행을 다니던 중이었는데, 각 대학의 한국학도 사정은 비슷했습니다. 중국학의 확장세는 가공할 만했고, 일본학의 인프라는 훨씬 견고했죠. 한국학은 이 두 학문에 비해 취약한 편이였고요.

'학문 언어로서의 영어'를 처음 접하게 된 건 아이러니하게도 한국학을 통해서였습니다. 학술서에 나오는 영어는 이전에 읽었던 영어책보다 훨씬 더 복잡해 보였죠. 문장 구조부터 잘 파악되지 않으니 문맥도 쉽게 이해되지 않았습니다. 문제의 원인이 뭔지 찾아볼 요량으로 텍스트를 자세히 들여다보니 한 가지 특징이 보였죠. 고급 학술 영어에서는 도치, 생략, 동격과 같은 수사법을 흔히 사용한다는 사실을 알게 된 겁니다. 수사학을 빌리면 자신의 주장을 매력적이면서도 간결하게 만들 수 있거든요. 물론 다양한 수사법을 이미 문법책으로 배운 바 있지만 실제로 원서에서 마주치니 책에서 배운 이론과는 차원이 달라 보였습니다. 이 장에서는 수사학의 '최고봉'으로 꼽히는 도치, 생략, 동격에 대해 살펴볼까 합니다.

어순을 뒤바꾸는 강조법

도치는 문장의 어순이 뒤바뀌는 것을 말합니다. 주로 특정 구문을 강조하고 싶을 때, 어법상 필요할 때, 문장의 균형을 맞춰야 할 때 문장이 도치되죠. 우선 강조하는 대상을 문장 맨 앞에 두고 주어와 동사의 위치를 바꾸는 경우부터 살펴보죠. 간단하게 들린다고요? 다음 문장을 영어로 옮기라고 하면 아마 생각이 달라질 겁니다.

그는 하루 종일 한마디도 하지 않았다.

이 문장에서 강조점은 '한마디도 안 함'입니다. 이 부분을 부각시켜야 글쓴이의 의도가 살아나는데, 대다수는 문장을 만드는 데 급급해 강조 구문은 엄두도 내지 못하죠. He did not utter a syllable for a day. 정도로 문장을 완성하면 흡족해하곤 펜을 내려놓고 맙니다. 하지만 진정한 '프로'라면 여기서 멈추면 안 됩니다. 한 발 더 나아가 제대로 된 강조문을 만들어 내야 하죠.

Not a syllable did he utter for a day.

강조하려는 대상인 not a syllable을 문두에 놓고 주어와 동사를 도치해야 하는데, 일반동사의 과거형이 필요하니 조동사(did)가 대신 주어 앞으로 왔습니다. 이 유형은 부정어와 목적어를 강조하는 도치 형태인데, 보통 목적어만 강조할 때는 도치가 일어나지 않습니다. 다음처럼 부정어와 주어를 함께 강조할 때도 주어를 문두에 보내야 하기 때문에 동사와 도치되지 않죠.

Not all members were fortunate enough to be allocated
prime locations.

이처럼 부정어와 목적어 또는 주어가 함께 강조될 때도 있지만, 부
정어만 강조하기 위해 도치하는 경우가 더 일반적이죠. 특히 seldom,
hardly, never, rarely, scarcely, not only A but also B, no sooner ~ than
등의 부정부사가 쓰인 문장에서 주로 주어와 동사가 도치됩니다.

Seldom have I heard such wonderful music.

이번에는 보어를 강조하기 위해 주어와 동사를 도치하는 구조를 살
펴볼까요? 매우 유용한 용법이지만 한국인의 영작문에서는 거의 찾아
보기 힘든 문형이기도 하죠. 먼저 다음 문장을 보어를 강조하는 영문으
로 옮겨 볼까요?

상대적으로 부족한 것이 식수이다.

어디서 어떻게 시작해야 할지 막막하죠? 주어가 '~하는 것'이니 일단
관계대명사 what으로 시작하려는 경우도 있을 테고요. 하지만 고수의
문장은 아닙니다. 보어인 '상대적으로 부족하다'를 문두에 놓고 강조할
수 있어야 진정한 고수라 할 수 있죠.

Relatively scarce is drinking water.

생각보다 쉽죠? Drinking water is relatively scarce.라는 문장의 보
어를 강조하기 위해 문두로 옮기면서 주어와 동사의 자리가 바뀌었습니
다. 이때 보어 scarce를 수식하는 부사 relatively도 당연히 따라가야 하
고요. 다만 주어가 대명사라면 도치는 일어나지 않습니다.

한편 장소를 나타내는 부사구를 강조할 땐 어떻게 할까요? 가령 '성

이 언덕 위에 있다'라는 문장에서 성의 위치를 강조해 '언덕 위에 성이 있다'라고 바꿔야 할 때도 주어와 동사는 도치됩니다.

On the hill is a castle.

단어 배열을 바꾸는 문형

어법상 반드시 도치해야 하는 문형으로 「so/neither/nor + 동사 + 주어」 형태가 있습니다. '~ 또한 그러하다(so)/그렇지 않다(neither/nor)'를 뜻하는 이 문형은 부정이면 neither/nor, 긍정이면 so를 쓴다고 알고 있지만 고급 영문에서는 이보다 다양한 형태로 변주되죠. 다음 문장을 예로 들어 볼까요?

엄마가 책을 읽을 때, 아이도 책을 읽는 경우가 많다.

'엄마가 책을 읽을 때, 아이도 책을 읽는다'라면 어렵지 않게 When a mother reads a book, so does her child.라고 하면 되지만 '읽는 경우가 많다'라고 했으니 머리가 좀 복잡해집니다. 이럴 땐 다음처럼 나타내죠.

When a mother reads a book, so does her child more frequently.

「so/neither/nor + 동사 + 주어」 도치구문을 무작정 암기했다면 이런 구조를 만들어 내긴 어렵습니다. 대명사 so가 목적어 역할을 하고, does 가 동사로 쓰인 이 문장은 목적어를 강조하기 위해 도치시킨 예죠. 이처럼 '~하는 경우가 많다'라는 서술어를 '더 자주'라는 부사로 표현하는 방법도 있습니다.

If 가정법도 도치할 때가 있습니다. 서술어 자리에 were, had가 오면 if 를 생략하고 주어와 동사를 도치하는 거죠. 문어체에서 자주 쓰이는 도치 문형이라 알아두면 고급 텍스트를 독해할 때 유용합니다.

ⓐ If she were my girlfriend(= Were she my girlfriend), I would be really happy.

그녀가 내 여자친구라면 난 정말 행복할 텐데.

ⓑ If you had driven carefully(= Had you driven carefully), you would not have been in trouble.

네가 조심해서 운전했으면 문제가 생기진 않았겠지.

뒤집은 어순으로 균형 잡기

독해 수업 중에 낯선 문장이 눈에 띈 적이 있습니다. '~에 대해 문제를 제기하다'라는 뜻의 call A into question가 call into question A구조로 쓰여 있었던 거죠. 이유를 알고 싶어 구글로 영어권 문서에 나온 관련 문장을 샅샅이 찾아봤더니 오히려 call into question A로 쓰는 경우가 더 많았습니다. 목적어와 into question을 왜 도치한 걸까요? 바로 A의 내용이 길다는 공통점 때문입니다. 예문을 통해 설명해 볼까요?

그는 환경 개선에 이용되는 몇몇 전문가들의 임의적 계획의 타당성에 문제를 제기했다.

여기서 A에 들어갈 내용은 '환경 개선에 이용되는 몇몇 전문가들의 임의적 계획의 타당성'입니다. 목적어가 길어도 너무 길죠? 그러면 call 과 into question의 거리가 너무 멀어집니다. 이럴 때 의미를 제대로 전달하기 위해서나 문장의 균형을 맞추기 위해서 '도치'라는 규칙을 따르는 거죠.

He has called into question the legitimacy of some experts' discretionary tactics used for the improvement of environment.

이번엔 비즈니스 이메일 등 서신에서 자주 볼 수 있는 enclosed(동봉된)가 쓰인 문장을 살펴볼까요?

Please find an application form and the company's job
requirements information enclosed.

목적어(an application ~ information)가 목적격 보어(enclosed)에 비해 너
무 길어 도치가 필요해 보이네요. 이때는 주로 목적어와 목적격 보어를
도치해 다음과 같이 ⓐ처럼 나타냅니다. 좀 더 격식을 갖추고 싶다면 ⓑ
처럼 enclosed를 문두에 두기도 하죠.

ⓐ Please find enclosed an application form and the company's
job requirements information.

ⓑ Enclosed please find an application form and the company's
job requirements information.

간결한 문형을 만드는 동격

'동격' 하면 대다수가 My friend, Brian, has just found a job.(내 친구 브
라이언이 직장을 구했다)처럼 쉬운 문형만 떠올립니다. 문법책에 주로 나
오는 단순한 구조거든요. of, that을 쓴 동격도 배웠을 텐데요, 가령 I did
not have the intention of bothering you.(너를 성가시게 할 생각은 없었어)에
서는 of를 써서 bothering you가 intention을 동격 수식하고, I forgot the
fact that you had married him.(네가 그와 결혼한 사이라는 걸 깜빡했네)에서
는 that을 써서 you had married him이 the fact를 동격 수식하죠. 하지만
고급 문형에 나타난 동격은 이렇게 단순하지만은 않습니다. 다음 문장
을 영자해 보면서 좀 더 자세히 살펴볼까요?

비록 상품 가격은 치솟았지만 수요가 공급을 앞질렀고, 이 문제는 정
부의 적극적인 개입으로 해결되었다.

영어로 옮기려니 어휘 선택부터 쉽지 않군요. '상품 가격'은
commodity price, '치솟다'는 skyrocket, '앞지르다'는 outpace, '개입'은

interventions를 쓰면 됩니다. 관건은 앞 문장 전체를 가리키는 '이 문제'를 어떻게 표현하느냐죠. 다시 말해 앞 문장과 '이 문제'가 동격 관계인 겁니다. 물론 ⓐ처럼 대등접속사 and로 연결하고 this problem을 주어로 써도 되지만 세련된 문장으로 볼 순 없죠.

ⓐ Although commodity prices skyrocketed, demand outpaced supply and this problem was solved by the government's active interventions.

ⓑ Although commodity prices skyrocketed, demand outpaced supply, a problem solved by the government's active interventions.

ⓑ에서는 a problem이 앞 문장을 동격 수식하고, 뒤에 오는 분사구문 (solved ~ interventions)이 이를 수식합니다. 불필요한 대등접속사와 be동사를 없애 문장이 간결해졌고, 앞 문장을 하나의 개념으로 요약해 의미를 효과적으로 전달하고 있죠. 다음 문장은 어떨까요?

그는 질소를 이용한 실험을 계속했는데, 이 실험으로 인해 그의 집에서 폭발이 일어났다.

이번에는 앞 문장 전체를 '이 실험'으로 지칭했습니다. '이 실험으로 인해'라는 어구에 포함돼 있고요. '~로 인해'는 due to which로 나타낼 수도 있지만 다음처럼 쓰면 더 효과적인 문장이 되죠.

He continued his experiments with nitrogen, one that resulted in the explosion in his house.

앞 문장의 목적어(his experiemnts with introgen)와 one을 동격 관계로 표현했고, 그로 인해 어떤 결과가 나타났는지는 result in(~한 결과를 가져오다)으로 해결했습니다. which를 쓰면 뒤로 단순 부연 설명이 이어지는

데 반해, one that을 쓰면 하나의 개념으로 앞선 내용을 요약한 다음 부연 설명을 한다는 차이가 있죠.

군더더기를 없애는 생략법

잘 쓴 문장의 미덕은 뭐니 뭐니해도 불필요한 군더더기를 제거한 간결함입니다. 문장이 길어진다 싶을 땐 과감하게 생략하는 게 최선이죠. 문장이 간결해지면 메시지도 더 효과적으로 전달할 수 있거든요. 의미만 통한다면 서술어, 주어, 보어, 부정사구 등 다양한 성분이 생략될 수 있습니다.

피터는 열차를 타고
브라이언은 버스를 탈
것이다.
Peter is going to take the train and Brian (is going to take) the bus.

반복을 피하기 위해 뒤 문장의 is going to take를 생략했군요. 언뜻 틀린 문장처럼 보일 수 있지만 불필요한 반복 표현을 없앴기 때문에 오히려 바람직한 문장이라 할 수 있죠.

존은 바쁜 것 같고,
마이크는 확실히 바쁘다.
John seems busy, and Mike certainly is (busy).

위처럼 보어를 생략할 수도 있습니다. 여기서는 반복을 피하려고 busy를 생략했군요. 한편 to부정사에서 동사원형을 생략한 형태인 '대부정사'를 써서 반복을 피하기도 합니다.

피자가 먹고 싶으면
먹어도 돼.
You can eat the pizza if you want to (eat the pizza).

이렇게 차근차근 설명하고 예문으로 확인하니 생략 용법이 무척 쉽게 느껴지죠? 하지만 다음과 같은 우리말을 막상 영어로 바꾸려 하면 이 용법이 그리 쉽지만은 않다는 것을 알게 될 겁니다.

그가 새로운 여성과 사랑에 빠진 것은 놀라운 일이 아니지만 결혼까지 했다는 것은 놀라운 일이다.

어떻게 하면 우리말의 뉘앙스를 살린 영어로 표현할 수 있을까요? 우선 '놀라운'이 반복되고 있으니 생략해야겠군요. '역접'을 뜻하는 but을 쓰려니 왠지 딱딱하게 느껴지고요. 그렇다면 유연한 세미콜론을 써 보는 건 어떨까요?

That he fell in love with a new girl is not surprising; that he married the girl is (surprising).

접속사 that을 써서 '그가 새로운 여성과 사랑에 빠진 것'을 명사절로 만들었습니다. 세미콜론을 기준으로 두 문장의 균형을 맞춰 메시지 전달 효과를 높였고, 반복되는 보어인 surprising도 생략했죠. 가주어 it을 쓰면 어떨까 싶겠지만 가주어가 항상 정답은 아닙니다. 가주어를 썼다면 not surprising과 surprising을 대칭 구조로 표현할 수 없었을 테고, 따라서 생략도 불가능했을 테니까요.

이제 도치, 동격, 생략 용법을 써서 직접 영작을 해 볼까요? 다음 TASK 지문들은 대학원 시절에 읽은 한국학 문헌들의 발췌문으로, 한국을 단순히 소개하는 자료부터 한국의 정치, 역사, 문화를 심도 깊게 분석한 글까지 다양하게 제시돼 있어 우리나라를 외국에 알릴 때 참고할 만한 자료로 활용해도 좋겠군요.

TASK 1 한국학 정치

한국 정치 전통의 조성 환경은 이례적일 뿐 아니라, 그 결과도 예측불허라고 말할 수 있을지도 모른다. 표면적으로 한국은 자국의 통합, 민족과 문화의 동질성, 강력하고 중앙집권적인 관료제를 일찍이 획득한 듯했다. 하지만 한국은 이런 이점을 서양과 접촉이 이루어진 초기 수십 년간 자국의 정치, 경제, 혹은 군사적 문제를 해결하는 데 이용하지 못했다. 이것들은 또한 이후 한국의 진로를 순탄하게 하는 데도 결정적인 도움을 주지 못한 듯했다.

not only A but also B는 'A뿐만 아니라 B도'라는 의미로, 한국인이 자주 쓰는 상관접속사 구문이죠. 지나치게 자주 쓰는 경향이 있어 문장의 흐름을 방해할 때도 있지만, 여기서만큼은 첫 문장에서 이 접속사를 쓴다면 영작의 묘미를 훌륭하게 살릴 수 있겠네요. not only를 도치하면 강조 효과를 극대화할 수도 있고요.

Not only is the setting of Korea's political tradition atypical, but the results might be called unexpected.

도치 구문이 하나 더 필요하네요. 바로 '~도 아니고 …도 아니다'라는 의미의 not A nor B 구문이죠? nor를 문두에 두고 주어와 동사를 도치시켜야 두 번째 부정문을 부각시킬 수 있습니다.

She failed to use these advantages to solve the political, economic, or military problems of the nation in the initial decades of Western contact. Nor have they seemed to be decisive help in easing her path since.

눈에 띄는 점은 앞 문장에서 부정부사를 쓰지 않고 일반동사 fail을 써서 부정의 의미를 나타냈다는 건데요, 그렇더라도 nor을 그대로 살려 반복 부정할 수 있습니다.

Not only is the setting of Korea's political tradition atypical, but the results might be called unexpected. On the surface, it would seem that Korea early gained national unity, ethnic and cultural homogeneity, and strong, centralized bureaucratic rule. Yet, she failed to use these advantages to solve the political, economic, or military problems of the nation in the initial decades of Western contact. Nor have they seemed to be decisive help in easing her path since.[14]

result 어떤 활동 및 과정의 최종 결과

'결과'의 양대 산맥은 outcome과 result입니다. 여기서는 outcome이 아니라 result를 택했군요. 이유가 뭘까요? result가 '원인에 따른 직접적인 결과'라는 성격이 더 강하기 때문입니다. result in(~을 초래하다)과 result from(~에서 비롯되다) 형태로도 자주 쓰이죠. 이에 반해 outcome은 '어떤 활동이나 과정을 통해 만들어 낸 최종 결과'라는 뉘앙스가 강합니다. 여기서는 result를 써서 '조성 환경에 따른 직접적인 결과'를 강조하고 있군요.

centralize 통제하에 하나로 집결시키다

'집중시키다'라고 하면 대부분이 concentrate를 떠올립니다. concentrate는 '(관심이) 집중되다'라는 뜻의 자동사로 쓰이기도 하고, '~을 한 곳으로 모으다'라는 뜻의 타동사로 쓰이기도 합니다. centralize도 '~을 한 곳으로 모으다'라는 뜻으로 쓰이지만 한 가지 조건이 있습니다. 바로 권한을 가진 주체의 통제하에 집결한다는 것이죠. 그래서 '중앙집권화'가 갖는 무게감이 centralized로 해결된 거고요. 참고로 center는 단순히 '~을 중심에 놓다'라는 의미입니다.

decisive 결론을 바꿀 만한 '결정타'

'결정적인'을 뜻하는 단어로는 decisive, crucial, definitive 등이 있습니다. decisive는 명사형 decision에서 알 수 있듯 이견이 있는 상황에서 결론을 이끌어낼 정도로 결정적이라는 점을 (The result of the survey could play a decisive role. 설문 결과는 결정적인 역할을 할 수 있다) 강조합니다. 이에 반해 crucial은 어떤 사안의 성공과 실패를 좌우할 수 있을 정도로 결정적일 때(This campaign will be crucial to your political career. 이번 캠페인은 당신의 정치 생명에 결정적인 역할을 할 것이다), definitive는 의문의 여지가 없을 정도의 확고함을 나타낼 때(There is nothing like a definitive answer. 결정적인 해답 같은 건 없다) 쓰이죠.

path 코스대로 따라가야 하는 길

path는 '길'을 뜻합니다. 정확히 말하면 정해진 '코스'가 있어서 따라가야 할 길을 가리키죠. 그래서 '사람이나 사물이 나아가는 방향[길]'을 뜻하는 '진로, 행로'라는 의미로도 쓰입니다. 가장 일반적으로 쓰이는 way와는 어떤 차이가 있을까요? way는 '찾아가는' 길의 뉘앙스가 강해서 '방법'이라는 의미로도 쓰이기 때문에 path와 way는 문맥에 따라 가려 써야 하죠. 가령 '길을 찾아가다'라고 하면 make one's way를 쓰지만, '누군가가 앞서 간 길을 좇다'라고 하면 follow one's path라고 합니다.

TASK 2 | 한국학 | 지정학

동쪽에는 과거 식민 지배국이며 수십 년간 서양의 상상력을 자극하고 있는 문화강국 일본이 있다. 그리고 바로 북으로는 이른바 조선민주주의인민공화국이 도사리고 있는데, 이 나라는 자국의 핵무기 프로그램과 기이하고 군주제적인 통치로 전 세계 언론에서 한국을 완전히 무색하게 만든다.

이번에도 부사구를 도치시키는 게 좋겠네요.

위치를 나타내는 부사구를 도치시켜 볼까요?

장소를 나타내는 부사구가 어떻게 도치되는지 익힐 수 있는 예시군요. '동쪽에는', '바로 북으로는' 등이 부사구를 도치시키는 대표적인 표현이죠. 우선 첫 문장을 해결해 볼까요?

To its east lies Japan, the former colonizer and cultural powerhouse that has been exciting Western imagination for decades.

핵심 내용은 Japan lies to its east입니다. 여기서 lie는 '거짓말하다'가 아니라 '눕다'라는 뜻으로 쓰였죠. 주어가 사람이 아니라면 '(놓여) 있다'로 해석하면 되고요. 나머지는 일본을 설명하는 수식어들이군요. 장소를 나타내는 부사구 to its east를 강조하기 위해 문두로 보내면서 주어와 동사가 도치돼 lies Japan으로 바뀌었습니다. 독자 입장에서는 일반동사든 be동사든 주어와 동사의 자리가 바로 바뀌기 때문에 문장 구조가 한눈에 들어오지 않을 수 있죠.

두 번째 문장은 어떨까요? 원래 어순은 The so-called Democratic People's Republic of Korea looms directly to the north이지만 부사구를 강조하려면 이번에도 directly to the north를 앞으로 보내고 주어인 The so-called Democratic People's Republic of Korea와 동사 looms의

위치를 바꿔야 하죠.

> directly to the north looms the so-called Democratic People's Republic of Korea

이후 어구들은 앞의 주어를 수식하는 내용으로 배치하면 됩니다. 여기서는 그다음 문장에서 which로 수식했지만 one that 구조로 바꿔 동격으로 표현한 후 뒤에서 수식하는 구조를 쓰는 방법도 있죠.

> which, thanks to its nuclear weapons program and bizarre, monarchical leadership, utterly overshadows South Korea in the world's media

Best Written

To its east lies Japan, the former colonizer and cultural powerhouse that has been exciting Western imagination for decades. And directly to the north looms the so-called Democratic People's Republic of Korea, which, thanks to its nuclear weapons program and bizarre, monarchical leadership, utterly overshadows South Korea in the world's media.[15]

Writer's Words

lie 거짓말하다? 눕다? 놓다?

lie는 '거짓말하다'라는 뜻도 있지만 '눕다'라는 뜻도 있습니다. 물건이 주어일 때는 '(놓여) 있다'라는 의미로도 쓰이고요. 이외에도 다양한 맥락에서 쓸 수 있습니다. '어떤 상태로 있다'라는 의미의 불완전자동사로 쓰이거나(My house lies empty. 우리 집은 비어 있다) 주로 전치사 in과 함께 쓰여 사실·생각·문제 등의 추상적인 개념이 '~에 있다[발견되다]'(The solution lies in his acceptance of criticism. 해결책은 그가 비판을 수용하는 데 있다)를 뜻하기도 합니다.

excite 어떤 반응을 일으키다

exciting을 보는 순간 머릿속에 곧바로 '흥미진진한'이 떠오를 것 같군요. exciting은 원래 동사 excite에 뿌리를 두고 있습니다. 따라서 '~을 흥분시키다', '(어떤 기분이나 반응이) 일어나도록 자극하다'라는 뜻이 있죠. '상상력을 자극하다'라는 우리말을 보고 대다수는 stimulate를 떠올렸을지도 모르겠네요. stimulate는 모종의 행동이나 활동을 부추긴다는 뉘앙스가(The government has taken actions to stimulate the economy. 정부는 경제 활성화를 위해 조치를 취했다) 강합니다.

loom　수상한 일이 가까이 닥쳐오다

loom을 보면 저는 영화 〈조스〉가 생각납니다. 특히 긴장감 넘치는 효과음에 맞춰 물밑에서 긴 지느러미를 위협적으로 흔들며 서서히 다가오는 상어가 떠오르죠. 이처럼 loom은 주로 위협적인 어떤 것이 나타나거나 도사리고 있을 때 씁니다. 위의 글쓴이도 이런 뉘앙스를 살리고 싶었던 것 같군요. 물리적인 형상의 등장을 나타내거나(The dark clouds are looming throughout the sky. 먹구름이 하늘을 뒤덮고 있다) 원하지 않는 사건이나 일이 점점 임박하는 상황을 묘사할 때도(The math test is looming. 수학 시험이 다가오고 있다) 흔히 쓰이죠.

bizarre　별나고 이상한

'일반적이지 않은'이라는 뜻의 단어로 unusual, uncommon, abnormal 등이 있습니다. unusual은 발생 빈도가 낮을 때, uncommon은 발생 범위가 제한적일 때, abnormal은 비정상으로 느껴질 만큼 일반적이지 않을 때 쓰죠. bizarre은 굳이 분류하면 abnormal에 가깝습니다. 이상해서 일반적이지 않은 거죠. 그래서 '기이한'이라는 말을 쓴 거고요.

TASK 3　한국학　역사

운동 단체를 동격으로 수식할 대명사가 필요하죠?

식민 지배는 국내외에서 수많은 민족주의 단체를 비롯해 조선의 적극적, 소극적 저항운동 단체를 양산했고, 이들 각각은 그들 나름의 역사, 독자적인 연출, 정치적인 과제를 가지고 있었다. 식민 지배는 또한 다양한 친일파를 낳는데, 드러내 놓고 일본의 지배를 적극 지지하는 조선인, 어쩔 수 없이 묵묵히 따르는 자, 그리고 그 중간에 있는 모든 범주의 사람들이 바로 그들이다.

콜론을 쓰면 되겠군요.

　첫 문장의 핵심 내용은 '식민 지배가 저항운동 단체를 양산했다'입니다. '이들 각각'으로 시작되는 뒤 문장이 앞선 '저항운동 단체'를 수식하는 구조죠. 이 경우 대다수는 and they each had their own history, personal connections, and political agenda라고 대등접속사를 씁니다. 하지만 동격을 활용하면 더 수준 높은 문장을 만들 수 있죠. 앞에서 주절의 내용을 '이 문제'로 동격 수식하는 용법을 배웠죠? 여기서는 주절을 '이들 각각'으로 지칭하고 있군요. 따라서 대명사 each를 쓰면 의미를 살리면서도 앞말을 동격 수식할 수 있습니다.

Colonialism had spawned both an active and passive Korean resistance, including numerous nationalist groups, both in Korea and abroad, each with its own history, personal connections, and political agenda.

each가 active and passive Korean resistance를 동격으로 수식하고, with가 이끄는 전치사구가 each를 수식하네요.

두 번째 문장의 핵심은 '식민 지배가 또한 다양한 친일파를 낳았다'입니다. '친일파'를 여러 부류로 나눠 부연 설명하고 있죠. 여기서는 콜론을 사용하는 게 적절하겠군요. 콜론이 앞선 내용을 구체적으로 보충 설명하는 역할을 하니 동격 수식과 얼마간 유사하다고 볼 수 있겠죠?

It had also created a variety of collaborators: Koreans who had openly and enthusiastically supported Japanese rule, those who had unwillingly acquiesced, and a whole range of people in between.

Colonialism had spawned both an active and passive Korean resistance, including numerous nationalist groups, both in Korea and abroad, each with its own history, personal connections, and political agenda. It had also created a variety of collaborators: Koreans who had openly and enthusiastically supported Japanese rule, those who had unwillingly acquiesced, and a whole range of people in between.[16]

Best Written

spawn 갑자기 많은 양을 생산해 낼 때

Writer's Words

spawn은 '알을 낳다'(This fish has not spawned yet. 이 물고기는 아직 알을 낳지 않았다)라는 뜻으로 알고 있지만 '생산하다'라는 의미로 훨씬 더 많이 쓰입니다. 이외에도 '생산하다'를 뜻하는 동사로 produce, generate가 있죠. produce는 물리적으로 생산해 낼 때(This village is famous for producing quality wines. 이 마을은 고급 와인 생산지로 유명하다), generate는 없던 것을 만들어 낼 때(The news has generated a lot of excitement. 그 소식은 큰 반향을 일으켰다), spawn은 한꺼번에 많은 것을 생산해 낼 때

(A startup boom has spawned countless new small businesses. 창업 열풍은 무수한 신생 중소기업들을 양산했다) 주로 쓰입니다.

agenda   앞으로 해결해야 할 과제

agenda는 회의 때 다루는 '안건, 의제'라는 뜻으로 주로 알고 있지만 앞으로 해결해야 할 '과제'라는 뜻도 있습니다. '과제' 하면 보통 task, assignment, agenda를 떠올리는데, agenda가 앞으로 해결해야 할 과제(Gender equality should be placed at the top of our agenda. 성 평등이 우리의 과제 중 가장 중요한 현안이 돼야 할 것이다)라면, task는 주어진 일로서의 과제(He was given the task of developing a new program. 그에게는 새로운 프로그램 개발이라는 과제가 떨어졌다), assignment는 주어진 일이지만 특정 직업 혹은 특정 교육 과정에서 할당된 과제(We have a lot of reading assignments for the next seminar. 다음 세미나를 위해 읽어야 할 과제가 많다)라는 뉘앙스가 강하죠.

collaborate   cooperate와 어떻게 다를까?

'협력하다'를 뜻하는 단어로는 collaborate와 cooperate가 대표적입니다. 유의어긴 하지만 차이점은 있죠. collaborate는 '하나의 공유된 목표를 위해 여러 주체가 협력하다'(These nations are collaborating on peaceful settlement. 이들 국가는 평화로운 타결을 위해 협력하고 있다)를 뜻한다면, cooperate는 개별 이익이 아닌 상호의 이익을 위해 협력한다는 뉘앙스가(They must cooperate if they want to keep it safe. 이것을 안전하게 유지하려면 그들은 반드시 협력해야 한다) 강하다는 미묘한 차이가 있습니다. collaborate는 '나라를 점령한 적과 협력하다'라는 뜻도 있어서 매국노나 친일파 같은 사람들을 collaborator라고 하죠.

acquiesce   묵묵히 따르다

'수용하고 따르다'라는 뜻의 단어로 conform, acquiesce, submit이 있습니다. conform은 규칙, 법, 사회적인 기준과 관습을 따를 때(He could not bear the pressure to conform to social norms. 그는 사회 규범을 따르라는 압박을 참아낼 수가 없었다), acquiesce는 마지못해 따를 때(They had to acquiesce to his decision. 그들은 그의 결정을 따를 수밖에 없었다), submit은 더 강한 권력 주체를 강제로 따를 때(Aboriginal people were forced to submit to the British rule. 원주민들은 영국의 지배를 따르라고 강요받았다) 주로 쓰이죠.

〔TASK 4〕 한국학 종교

> 유교는 종교가 아니라 서양에서 공자로 알려진 사상가인 '공부자'(Kong Fuzi, 기원전 558–471)의 가르침에서 유래한 도덕 철학의 체계라고 할 수 있다. 유교는 중국뿐 아니라 한국, 일본, 베트남, 그리고 다른 동아시아 국가들에도 상당한 영향력을 발휘해 왔다. 이것의 핵심은 수양과 도덕적 행위를 통해 인간이 개선될 수 있고, 전체적으로는 모든 구성원들이 하지 않으면 안 되는 특정 의무를 완수할 때 조화로운 사회가 만들어질 수 있다는 믿음이다.   도치 구문을 써서 보어를 강조해야겠군요.

동격 관계로
나타내 볼까요?

첫 문장의 요지는 '유교는 종교가 아니라 도덕 철학의 체계이다'로, '도덕 철학의 체계'를 꾸며주는 수식어들로 이루어진 구조죠. '서양에서 공자로 알려진 사상가의 가르침'은 앞서 배운 동격을 써서 다음처럼 완성할 수 있겠네요.

the teaching of Kong Fuzi(558-471 BCE), a thinker known in the West as Confucius

마지막 문장 중 '이것의 핵심은 ~라는 믿음이다' 구문에서 '핵심'을 근사하게 표현하고 싶은데, 적절한 어휘가 잘 떠오르지 않는다고요? 이럴 때 heart를 씁니다. 심장이 없으면 숨이 끊어지듯 heart는 어떤 것의 '핵심, 정수'를 뜻하죠. 그래서 'A가 B의 핵심이다'는 A is at B's heart로 표현할 수 있습니다. 보어인 at B's heart를 문두로 보내고 주어인 A와 is를 도치시켜 강조하는 방법도 있고요.

At its heart is a belief that humans are improvable through cultivation and moral action, and that collectively, a harmonious society can be created when all members fulfill certain obligations.

주어와 동사를 도치시켜 핵심을 강조하면서도 긴 주어를 기피하는 영어의 특성을 고려해 두 개의 that절이 수식하는 긴 주어(belief ~)를 뒤쪽에 배치했군요. '하지 않으면 안 되는 의무'를 뜻하는 obligation을 쓴

것과 동사 improve의 형용사형인 improvable을 응용해 '개선할 수 있는'
이라는 의미를 나타낸 것도 눈여겨봐 두세요.

Best Written Confucianism is not a religion but rather a system of moral philosophy
that originated in the teachings of Kong Fuzi (558-471 BCE), a thinker
known in the West as Confucius. It has exerted considerable influence
over not just China but also Korea, Japan, Vietnam, and other East
Asian states. At its heart is a belief that humans are improvable through
cultivation and moral action, and that collectively, a harmonious
society can be created when all members fulfill certain obligations.[17]

Writer's Words

moral ethics와 어떻게 다를까?

moral(s)는 옳고 그름의 원칙과 관련된 개인의 자발적 행동 기준(He has no morals and
cannot be trusted. 그는 부도덕해서 믿을 수가 없다)이라면, ethics는 외부 시스템에 의해
개인에게 부과된 도덕적 원칙(The company has been accused of violating its business
ethics. 그 회사는 사업 윤리를 위반하여 비난받고 있다)이라 할 수 있죠. 여기서는 moral이
'도덕(상)의'라는 의미의 형용사로 쓰였습니다.

exert 영향력이나 권력을 행사하다

힘이나 권력 등을 '발휘[행사]하다'를 뜻하는 말로는 exert, exercise, wield가 있습니다.
exert는 어떤 일이 일어나도록 영향력이나 권력, 또는 강제력을 행사할 때(How much
influence can a manager exert over his staff's promotion? 직원의 승진에 관리자가
얼마나 영향력을 행사할 수 있나요?), exercise는 정신적 힘이나 육체적 힘, 또는 권리를 행사할
때(He exercised his political rights by voting in the election. 그는 선거에서 투표를
통해 자신의 정치적 권리를 행사했다), wield는 권력을 마음대로 휘두를 때(He still wields
considerable power in the fashion industry. 그는 패션업계에서 여전히 엄청난 권력을
행사하고 있다) 쓰이죠.

collectively 개인들이 모여 이루는 '전체'

'전체적으로'를 뜻하는 단어로는 collectively, overall, as a whole이 있습니다. collectively는
개인들이 한데 모이거나 연합한 '집합'을 가리킬 때(The members of this group collectively
earn almost $ 500,000 per year. 이 모임의 회원들은 일괄적으로 연 5십만 달러를 번다),
overall은 통틀어서 '전부' 또는 '전반'을 가리킬 때(He has overall responsibility for
managing this organization. 그는 이 조직을 관리하는 데 있어 전반적인 책임을 지고
있다), as a whole은 낱낱의 부분이 아닌 여러 가지를 한데 포괄하는 '전체'를 강조할 때(The

population as a whole is living better than before. 전체 인구는 이전보다 좀 더 나은 생활을 누리고 있다) 쓰인다는 차이가 있죠.

certain　'특정한' 대상인데 구체적으로 밝히지 않는다고?

'특정한'을 뜻하는 단어로는 particular, certain, specific이 있습니다. particular는 전체 대상 중 특정한 것을 부각시킬 때(He wanted a particular type of coat. 그는 특정 종류의 외투를 원했다), certain은 특정한 것을 구체적으로 밝히지 않을 때(We have certain reasons for not coming today. 우리가 오늘 갈 수 없는 이유가 좀 있다), specific은 '다른 어떤 것도 아닌 바로 그것'을 꼭 집어 표현할 때(The virus attacks specific cells. 바이러스는 특정 세포를 공격한다) 주로 쓰이죠.

초간단 정리

A 도치

어순을 뒤바꾸는 강조법

특정 어구를 강조하고 싶을 때 강조하는 말을 문두에 두고 주어와 동사의 위치를 바꾼다.

Not a syllable did he utter for a day.

그는 하루 종일
한마디도 하지 않았다.

단어 배열을 바꾸는 문형

문장 구조상 또는 어법상 도치해야 하는 경우로, 「so/neither/nor + 동사 + 주어」,
If 가정법 도치 등이 있다.

When a mother reads a book, so does her child more frequently.

엄마가 책을 읽을 때,
아이도 책을 읽는
경우가 많다.

Were she my girlfriend, I would be really happy.

그녀가 내 여자친구라면
난 정말 행복할 텐데.

뒤집은 어순으로 균형 잡기

문장의 균형이 깨지기 쉬운 문형인 경우, 각 문장 성분(필수어, 수식어)의 무게를 고려해 도치 등으로 자리를 재배치할 때가 있다.

그는 환경 개선에 이용되는 몇몇 전문가들의 임의적 계획의 타당성에 문제를 제기했다.

He has called into question the legitimacy of some experts' discretionary tactics used for the improvement of environment.

B 간결한 문형을 만드는 동격

명사, that절, 전치사 of 등으로 명사를 수식하는 동격 용법을 쓰면 문장을 간결하게 만들 수 있다.

그는 질소를 이용한 실험을 계속했는데, 이 실험으로 인해 그의 집에서 폭발이 일어났다.

He continued his experiments with nitrogen, one that resulted in the explosion in his house.

C 군더더기를 없애는 생략법

서술어, 주어, 보어, 부정사구 등은 굳이 밝히지 않아도 의미를 짐작할 수 있는 경우 생략 가능하다.

그가 새로운 여성과 사랑에 빠진 것은 놀라운 일이 아니지만 결혼까지 했다는 것은 놀라운 일이다.

That he fell in love with a new girl is not surprising; that he married the girl is (surprising).

핵심어와 수식어의 앙상블

저는 요즘 음악에 빠져 있습니다. 정확히 말하면 성악에 심취해 있죠. 대학 시절, 친구들과 함께 찾은 낙산 해수욕장의 눈 내리는 바다를 바라보며 저도 모르게 고등학교 때 배운 이탈리아 가곡을 목청껏 부른 적이 있습니다. 웅장한 파도 소리를 뚫고 나아가는 제 목소리에 귀를 귀울이다 보니 마음속에 쌓여 있던 무언가가 빠져나가는 듯한 카타르시스가 느껴지더군요. 그때부터 성악에 대한 로망을 품기 시작했습니다. 유학을 마치고 한국에 돌아온 후에는 그 감동을 다시 느끼고 싶어 본격적으로 성악 이론을 공부했죠.

저는 오페라에 등장하는 아리아를 특히 좋아합니다. 솔로이스트의 독창곡인 아리아는 극중 인물의 상황과 심리 상태를 탁월하게 표현하죠. '오페라의 꽃'이라 할 수 있는 아리아는 곡의 정서를 정확히 전달하기 위해 셈 여림과 조성을 종종 바꿀 때가 있습니다. 완벽한 앙상블을 창조하기 위해 각 부분들이 제 역할을 다할 수 있도록 재조정하는 거죠. 그런데 아리아를 깊이 공부할수록 글쓰기와 닮았다는 생각이 강하게 들더군요. 글을 쓸 때도 각 요소를 제 역할에 맞게 적재적소에 배치해야 한다는 점이 공통점처럼 느껴졌던 겁니다.

이런 깨달음을 얻게 된 건 생계를 위해 어쩔 수 없이 해야 했던, 하지만 개인적으로는 큰 발전을 가져다 준 번역일 덕분이었습니다. 저는 대학원 시절 아르바이트를 손에서 놓은 적이 없었고, 그중에서도 인터넷 영문판에 올릴 신문 기사를 번역하는 아르바이트를 4년 가까이 했었죠. 매주 정해진 시간에 컴퓨터 앞에 대기하고 있다가 한국판 기사가 뜨면 그 기사를 받아 즉시 영역한 다음, 곧바로 미국에 있는 현지 전문가에게 번역본을 보내 교정을 의뢰하는 단계로 진행되던 일이었습니다. 시간은 제한돼 있고 기사 내용은 종잡을 수 없으니 마감 스트레스가 이루 말할 수 없었죠. 지금 앓고 있는 위장병이 이때 생긴 건지도 모르겠네요.

그래도 직접 영역한 글이 한층 업그레이드돼 돌아오면 그 자체가 보상처럼 느껴졌습니다. 이때 집중적으로 익힌 영작문 스킬이 '개념의 논리적 배치'였죠. 자연스러운 영문을 쓰려면 우리말에 대응시킨 단어와 문장의 배치에서 자유로워져야 한다는 걸 그때 깨달은 겁니다. 우리말 구조가 아닌 영어식 논리 구조로 단어를 배치하려면 일종의 앙상블처럼 논리적 연결 고리를 드러내는 개념을 전략적으로 배열해야 합니다. 핵심 개념과 핵심을 보조하는 부수적인 개념을 기준 없이 나열해 버리면 논리가 흐트러진 글이 되고 말죠. 이 장에서는 개념의 경중을 가리고 핵심 개념과 수식어에 해당하는 보조 개념을 배열하는 방법을 집중적으로 살펴보려고 합니다.

개념의 중요도로 결정되는 자리

이 책에 수록된 《부록 - 영어 글쓰기 맞춤 문법》을 먼저 읽었다면 지금쯤 '자리'라는 말이 익숙할 겁니다. 영어 문장을 만들어 내는 과정은 퍼즐 게임처럼 정해진 자리에 조각을 끼워 넣어 하나의 그림을 완성해 내는 것과 같다고 했었죠? '자리'는 문장의 틀을 만드는 데 필수적인 주어, 서술어,

목적어, 주격 보어, 목적격 보어 자리와 부수적인 수식어 자리로 나뉩니다. 중요한 건 필수 자리에 들어가야 할 핵심 개념이 수식어 자리에 들어가면 안 된다는 거죠. 핵심 개념과 보조 개념을 분류하지 않고 글을 쓰면 논리도 사라져 버립니다. 한 학생이 쓴 에세이의 발췌문을 보면서 좀 더 설명해 볼까요?

> **Example** There are few diseases that are determined by single gene, so what can be provided by genomic testing is the degree of predictability of disease and this result is insufficient to make medical decisions.

위 글의 중심 내용은 세 가지입니다. 첫째, 한 개의 유전자로 결정되는 병은 거의 없다. 둘째, 그래서 유전자 검사로 알 수 있는 것은 질병의 예측 가능성이다. 셋째, 따라서 유전자 검사는 의학적 결정을 내리는 데 불충분하다. 첫째가 가장 핵심적인 내용이고, 둘째와 셋째는 형식상 대등하게 연결돼 있긴 하지만 의미상 첫째에 종속돼 있습니다.

그런데 글쓴이가 진정 주장하고 싶은 내용이 '한 개의 유전자로 결정되는 병은 거의 없다'일까요? 아닙니다. 유전자 검사가 의학적 결정을 내리는 데 불충분하다는 사실이죠. 첫째는 근거에 해당합니다. 개념을 제대로 배치하지 못해 의도와는 달리 논리가 사라진 글이 된 거죠. 그럼 어떻게 고쳐야 글쓴이의 의도를 살린 논리적인 문장으로 바뀔까요?

> **Edited** Genetic testing does not provide sufficient information for medical decisions, simply helping predict disease outbreaks, because there are few diseases that can be determined by single gene.

유전자 검사는 의학적 결정을 내리는 데 충분한 정보를 제공하지 않으며 그저 발병을 예측하는 데 도움이 될 뿐이다. 단 하나의 유전자로 결정되는 질병은 거의 없기 때문이다.

'유전자 검사는 의학적 결정을 내리는 데 충분한 정보를 제공하지 않는다'라는 핵심 내용을 전면에 배치하고, 부수적인 내용을 이하 분사구문과 because가 이끄는 부사절을 써서 수식어로 나열했습니다. 개념의 중요도에 따라 배치를 달리해 논리를 강화한 거죠.

수식어를 옮기는 뜻밖의 변수

수식어는 수식하는 대상 가까이에 두는 게 원칙입니다. 이 원칙을 무시하고 수식어를 배치하면 전체 문장의 자연스러운 질서가 깨질 수 있죠. 하지만 문장 구조상 수식하는 어구와 수식받는 어구가 멀어지는 때도 있습니다. 다음을 영작해 보면서 더 자세히 살펴보죠.

천만 명 이상의 주민이 거주하는 서울은 가장 큰 도시이다.

주어는 '서울'이고, '천만 명 이상의 주민이 거주하는'이 '서울'을 수식합니다. 이 문장 그대로 영작하면 주어가 너무 길어져 무게가 주어에 쏠릴 수밖에 없죠.

ⓐ Seoul with more than ten million inhabitants is the largest city.

영어는 긴 주어를 싫어한다는 말을 자주 들었을 텐데요, 문장의 핵심이랄 수 있는 동사와 주어가 멀찍이 떨어져 있으면 내용을 즉각 파악하기 힘들기 때문이죠. 이럴 땐 다음 문장처럼 수식어의 위치를 서술어 쪽으로 옮기면 됩니다.

ⓑ Seoul is the largest city with more than ten million inhabitants.

핵심 내용인 '서울이 가장 큰 도시다'가 한눈에 들어오죠? 주어와 동사가 가까워 주제를 재빨리 파악할 수 있고, 수식어는 뒤쪽으로 옮겨가 이해하기가 수월해졌습니다. 이처럼 문장 성분들이 갖는 무게감을 고려하지 않고 주어에 수식어를 지나치게 많이 덧붙이면 문장의 간결성과 가독성이 떨어지게 되죠. 예문을 하나 더 살펴볼까요?

열악한 근무 조건에도 불구하고 왜 많은 사람들이 그 회사에서 일하려고 하는 건지 의문이 든다.

주어는 '의문'이고 동사는 '든다'입니다. 주어를 수식하는 말은 '열악한 근무 조건에도 불구하고 많은 사람들이 왜 그 회사에서 일하려고 하는지'이고요. 읽는 것만으로도 숨이 차네요. 이 문장을 영작하라고 하면 주로 다음과 같은 영문이 나옵니다.

ⓐ The question of why, despite poor working conditions, people want to work for this company arises.

of를 써서 question과 why가 이끄는 절을 동격으로 만든 구조네요. 이대로 둬도 될까요? 안 될 말이죠. 이번에도 이산가족이 된 주어와 동사를 빨리 만나게 해 줘야 합니다.

ⓑ The question arises of why, despite poor working conditions, people want to work for this company.

배경 설명 없이 이 문장을 처음 읽었다면 arise 뒤에 바로 of가 오는 이 문법 구조가 단번에 이해되지 않을 수도 있습니다. 하지만 잊지 마세요. 문장의 핵심 개념을 간결하게 표현할 수 있다면 수식어를 과감히 옮길 줄도 알아야 합니다.

자유롭게 변신하는 수식어

수식어는 다양한 형태로 나타낼 수 있습니다. 형용사는 부정사구, 전치사구, 분사, 관계사절 형태로 나타낼 수 있고, 부사는 부정사구, 전치사구, 종속접속사 형태로 나타낼 수 있죠. 보통 수식어를 형용사와 부사로만 한정해 생각하는데 이처럼 다양한 형태의 구와 절도 수식어 기능을 할 수 있다는 걸 알아야 풍부한 표현이 돋보이는 글을 쓸 수 있습니다.

학생들이 쓴 에세이를 읽다 보면 불필요하게 남용하는 수식어가 눈에 자주 띕니다. 바로 종속접속사죠. 특히 우리말을 그대로 옮기려고 할 때 이런 습관이 나타납니다. 예를 들어 볼까요?

만약 이런 변화의 근본적인 원인을 안다면 고급 브랜드들은 이 분야에서 가장 혁신적이고 미래지향적인 회사가 될지도 모른다.

ⓐ If they understand the underlying causes of this change, luxury brands may become the most innovative and future-oriented companies in the field.

우리말을 그대로 옮긴 문장이라는 게 한눈에 보이죠? 우리말에서는 부사절이 자주 쓰이고 어순상 주로 문두에 등장합니다. 반면, 영어에서는 강조할 때가 아니라면 부사절을 문장 뒤쪽에 두는 게 일반적이죠. 이 원칙을 기억해야 불필요하게 부사절을 강조하는 실수를 피할 수 있습니다. 고쳐 쓴 문장은 어떨까요?

이런 경향의 기저 원인을 이해하려는 노력은 명품 브랜드가 더욱 혁신적이고 미래지향적으로 변하게 할 것이다.

ⓑ An effort to understand the underlying causes of this trend will enable the luxury brands to become more innovative and future-oriented.

부사절을 주어로 바꿨군요. If they understand the underlying causes of this change에서 주어를 an effort라는 개념으로 바꾸고, 구체적인 내용은 뒤쪽에 수식어로 배치했고요. 주어를 understanding the underlying causes of this trend라는 동명사구로 표현할 수도 있습니다. enable A to do B(A로 하여금 B하게 하다)를 써서 부사절과 주절을 주술 관계로 연결하니 핵심 내용이 주어로 옮겨가면서 메시지를 효과적으로 전달할 수 있게 됐네요. 종속접속사를 무분별하게 쓰고 싶지 않다면 전치사구를 활용하는 방법도 있습니다.

내각 총리대신이 병합에 조인하고 항복을 선언했을 때 이 나라는 식민지가 되었다.

ⓐ This country became a colony when Prime Minister signed the treaty of annexation and declared its surrender.

위 문장을 좀 더 세련되게 다듬고 싶다면 동시동작을 나타내는 with를 쓴 「with + 목적어 + 수식어구(주로 분사)」 전치사구를 활용해도 됩니다. '동시동작'이라는 말 때문에 '동작'만 나타낸다고 오해하기 쉬운데 실제로는 용법이 광범위해 고급 영문에서 자주 쓰이죠.

ⓑ This country became a colony with Prime Minister signing the treaty of annexation and declaring its surrender.

이 나라는 내각 총리대신이 합병에 조인하고 항복을 선언하면서 식민지가 되었다.

영어에서는 전치사를 쓴 수식어구가 생각보다 많이 쓰입니다. 하지만 우리말에는 없는 표현법이라 한국인이 쓴 영문에서는 전치사구를 찾아보기가 어렵죠. 우리말에 '다정하게'는 있지만 '다정을 가지고'는 없는 것처럼요. 이런 언어 차이를 의식해야 '다정을 가지고' 같은 표현법을 자연스럽게 구사하는 경지로 올라설 수 있습니다.

이번에는 관계사절로 나타낸 수식어구에 대해 살펴보죠. 관계사를 지나치게 남발하면 문장의 간결성을 떨어뜨린다는 견해도 있지만 관계사를 효과적으로 쓰면 더 세련된 문장을 만들 수 있습니다. 다음 문장을 예로 설명해 볼까요?

전반적인 정치 지형이 대중의 요구에 중점을 두어 변화했고, 그 영향은 국가 복지 체계에 지속적인 반향을 일으켰다.

여기서 중요한 대목은 '그 영향'입니다. '그(것의)'는 앞 문장 전체를 가리키고요. '영향력'을 소유한 건 '그것'이죠? 따라서 '소유'의 의미를 표현할 방법을 찾아야 합니다.

The entire political landscape was altered to focus on the need of the public, the impact of which has had continuous reverberations on the welfare system of the country.

몇 가지 까다로운 어휘가 보이는군요. landscape는 '경관, 조경'이라는 뜻으로 주로 쓰이지만 '(전체적으로 본) 지형, 형세'를 나타내기도 합니다. reverberations는 '(소리의) 반향'을 뜻하지만 비유적으로 '(주로 나쁜 사건·현상 등이 사람들에게 미치는) 반향[파문]'을 뜻하죠.

이 문장은 원래 The entire political landscape was altered to focus on the need of the public.와 The impact of it has had continuous reverberations on the welfare system of the country.로 나뉜 두 문장을 하나로 연결한 겁니다. 그래서 앞 문장 전체를 가리키는 it과 두 문장을 연결해 주는 접속사가 결합해 the impact of which가 된 거죠. 뒤 문장의 주어가 the impact of it이 아니라 its impact였다면 impact of which가 아닌 whose impact를 썼겠죠? 다음 문장은 어떨까요?

그들은 방대한 토지를 소유하게 되었는데, 그 권한은 세습적이고 영속적이었다.

'그'가 의미하는 건 '토지 소유'입니다. '토지 소유에 대한 권한'이지, '토지가 소유한 권한'은 아니죠. 그러니 '소유'를 나타내는 of를 쓰면 안 됩니다. 그럼 어떤 전치사를 넣어야 할까요?

They came to possess vast estates, the rights to which were hereditary and perpetual.

바로 전치사 to가 필요합니다. They came to possess vast estates.와 The rights to them were hereditary and perpetual.으로 문장을 나눠 보면 쉽게 이해될 겁니다. 이처럼 관계사를 수식어로 구사할 수 있다면 얼마든 고급 문장으로 바꿀 수 있죠. 물론 문맥에 맞는 전치사를 골라 관계사를 폭넓게 활용하는 것도 중요하고요.

수식어는 되도록 다양한 형태로 만들어 보는 연습을 해야 합니다. 무

조건 다양성을 추구하라는 게 아니라 한 가지 패턴을 반복해서 쓰고 있다면 다양한 패턴을 실험해 보라는 말이죠. 균형 잡힌 조화로운 문장을 만들어 내려면 핵심 개념과 부수적인 개념들을 제자리에 배치할 수 있어야 할 뿐 아니라 다양한 형태의 수식어도 구사할 줄 알아야 합니다.

이제 직접 문장을 만들어 볼까요? 다음 TASK에 제시된 지문들은 통번역일을 하며 접한 자료들의 발췌문으로, 국제 단체의 보고서와 언론 기사가 주를 이룹니다. 일반 대중이 독자이기 때문에 이해하기 쉽도록 문장을 효과적으로 배치하는 전략을 중시하는 글들이죠. 수식어도 평이하지만 한국인이 쉽게 만들어 낼 수 없는 세련된 표현법이 풍부해 영작 스킬을 익히기에 좋은 모범적인 예시들입니다.

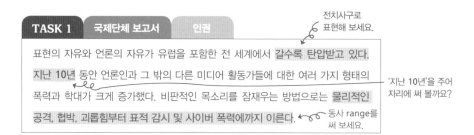

TASK 1 국제단체 보고서 인권

전치사구로 표현해 보세요.

표현의 자유와 언론의 자유가 유럽을 포함한 전 세계에서 갈수록 탄압받고 있다. 지난 10년 동안 언론인과 그 밖의 다른 미디어 활동가들에 대한 여러 가지 형태의 폭력과 학대가 크게 증가했다. 비판적인 목소리를 잠재우는 방법으로는 물리적인 공격, 협박, 괴롭힘부터 표적 감시 및 사이버 폭력에까지 이른다.

'지난 10년'을 주어 자리에 써 볼까요?

동사 range를 써 보세요.

영작이 쉽지 않은 첫 번째 표현이 아마 '갈수록 탄압받고 있다'일 겁니다. 설마 gradually receive attack이라고 옮기진 않았겠죠? 표현 및 언론의 자유가 공격의 대상이니 '공격을 받는'이라는 뜻의 전치사구 under attack을 쓰는 게 자연스럽겠네요. under attack은 be동사와 함께 쓰여 '공격을 받다'를 뜻합니다. 우리말 문장에 동사가 쓰였다고 해서 영어로 옮길 때도 동사만 고집할 필요는 없습니다. 이처럼 같은 의미를 나타내는 전치사구 관용어를 알아두면 좀 더 풍부한 표현을 구사할 수 있죠.

Freedom of expression and freedom of the press are under increasing attack around the world, including in Europe.

'갈수록'은 more and more(점점)로 옮겨도 되지만 명사인 attack을 수식하는 구조로 나타내는 게 좀 더 영어답죠. 따라서 '공격이 증가한다'는 능동의 의미를 나타내는 분사 형태의 형용사 increasing을 쓰는 게 좋습니다.

그다음의 '지난 10년 동안 ~ 증가했다'는 대부분 For the last decade로 문장을 시작했을 겁니다. 이 부사구를 주어로 만들어 보면 어떨까요?

The last decade has seen a significant increase in different forms of violence and abuse against journalists and other media actors.

'기간'을 주어로 표현하고 동사 see를 쓴 구문은 고급 문형에서 자주 보이는 패턴 중 하나입니다. '역사적으로 보면'을 부사구로 표현하지 않고 History has shown으로 표현하는 것도 같은 맥락이죠.

마지막 문장도 만만치 않네요. 대부분 as ways to ~라는 부사구를 앞세우고 주절을 there are로 시작하는 경우가 많은데요, 동사 range의 용법을 알면 이럴 때 유용하게 써먹을 수 있습니다. 어휘를 암기할 때 품사를 정확히 알아 두면 부사구를 지나치게 남발하지 않고도 간결한 문장을 만들 수 있죠.

Tactics to silence critical voices range from physical attacks, intimidation and harassment to targeted surveillance and cyber-bullying.

Best Written Freedom of expression and freedom of the press are under increasing attack around the world, including in Europe. The last decade has seen a significant increase in different forms of violence and abuse against journalists and other media actors. Tactics to silence critical voices range from physical attacks, intimidation and harassment to targeted surveillance and cyber-bullying.[18]

freedom 원하는 대로 행동하고 말하고 생각하는 자유

우리는 '자유'라고 하면 freedom을 먼저 떠올립니다. 그런데 '자유의 여신상'은 왜 the Statue of Freedom이라고 하지 않고 the Statue of Liberty라고 할까요? 이유는 단순합니다. 자유라고 다 똑같은 자유는 아니기 때문이죠. freedom은 '원하는 대로 행동하고 말하고 생각하는 자유'를 의미합니다. 그래서 '표현의 자유'와 '언론의 자유'에 freedom을 쓰죠. 반면 liberty는 '정부나 타인의 억압을 받지 않을 자유'를 말합니다.

tactic 목적 달성을 위한 전략적 방법

'방법'에도 여러 가지가 있습니다. tactic은 '특정한 목적을 달성하기 위해 전략적으로 고안한 방법[전술]'을 말합니다. '어떤 일을 꾸미는 교묘한 꾀나 책략'을 뜻하기도 하죠. 이와 유사한 단어로는 ploy, ruse가 있습니다. ploy는 상황을 자신에게 유리하게 바꾸기 위한 '술책'(The committee has dismissed the plan as a ploy to buy time. 위원회는 그 계획을 시간을 벌기 위한 술책이라며 일축했다)을 뜻하고, ruse는 남을 속이기 위한 '계략'(It was a ruse to deceive his partner. 그건 그의 동업자를 속이기 위한 계략이었다)을 뜻합니다.

intimidation 겁을 주며 강요하는 행위

'위협' 하면 threat가 먼저 생각날 겁니다. 하지만 여기서는 intimidation을 썼군요. 왜일까요? threat와 intimidation은 위협하는 목적과 수단이 다르기 때문입니다. threat는 요구 사항을 받아들이지 않으면 수를 쓰겠다고 말로 위협하는 것(He said that he would set fire to the church, but it was an empty threat. 그는 교회에 불을 지르겠다고 했지만 공갈에 지나지 않았다)이고, intimidation은 본인이 원하는 대로 상대방이 움직이도록 행동으로 위협하는 것 (Those bullies intimidated me into handing over my money. 그 불량배들은 내게 돈을 넘기라고 위협했다)을 말합니다.

surveillance 의심스러운 사람에 대한 밀착 감시

'감시'에 해당하는 단어로 surveillance와 supervision이 있습니다. 물론 뉘앙스는 다르죠. surveillance는 의심스러운 스파이나 범죄자 등을 밀착 감시할 때(Surveillance cameras have been installed to prevent car accidents. 교통 사고를 예방하기 위해 감시카메라가 설치되었다), supervision은 관리자가 작업이나 활동이 제대로 진행되는지를 관찰할 때(Students are under the supervision of a teacher. 학생들은 선생님의 관리 감독하에 있다) 씁니다.

TASK 2 | **연구보고서** | **성**

> 성 고정관념은 우리가 남성을 평가할 때는 업무 성과에, 여성을 고려할 때는 사회적
> 관계에 중점을 둔다는 것을 보여준다. 강한 자기주장과 실적은 남성의 더 높은 실행
> 력의 지표로 간주되고, 온화함과 돌봄은 여성의 더 높은 공동체성의 표시로 간주된
> 다. 실행력 대 돌봄에 다른 방점을 두는 것은 남성과 여성이 행동하는 방식과 이들
> 이 하는 삶의 선택에서도 실제로 나타난다. 남성들이 보이는 행위성과 과도한 자신
> 감은 더 위험한 선택을 하게 하는 반면 여성들은 이 분야에 있어 보다 더 신중하다.

소유격을 써도
될까요?
소유격을 써도
될까요?

첫 번째 문장은 논리적 배치를 분석할 수 있는 모범적 예시라 할 수
있군요. 핵심 개념은 무엇이고 이를 보조하는 부수적 개념은 무엇일까
요? 해당 문장을 영작해 보면 아래와 같은 두 가지 가능성을 생각할 수
있습니다.

ⓐ Gender stereotypes reflect that we attach the primary importance
to task performance when judging men and to social relationships
when considering women.

ⓑ Gender stereotypes reflect the primary importance we attach to
task performance when judging men and to social relationships when
considering women.

ⓐ는 목적어 자리에 that 절(we attach the primary importance.)을 넣어 처
리했고, ⓑ는 목적어 자리에 the primary importance를 두고 we attach
를 관계사를 이용한 형용사절, 즉 수식어로 처리를 했습니다. 둘 중 어
느 쪽이 더 바람직한 구조일까요? 한국어 문장 구조와 유사한 ⓐ를 선택
하는 경우가 아마도 대부분일 겁니다. 하지만 ⓑ가 훨씬 더 논리적인 문
장이죠. 명사절에서 주어의 자리는 구조적으로 중요한 개념이 들어가야
합니다. 성 고정관념은 남성과 여성에 따라 다르게 '중점을 두는 것'이지
여기에 '우리가' 둔다는 것은 중요하지 않죠. 당연히 수식어로 처리하는
것이 맞습니다.

'남성의 더 높은 실행력의 지표,' 또한 수식어에 대한 고민이 필요합니다. Indicators of men's greater agency일까요? Indicators of greater agency in men일까요? 답부터 말씀드리면 후자가 더 정확합니다. 남성이 적극적으로 취하는 실행력이라면 전자가 맞겠지만 타인에 의해 주어진 고정관념을 설명하는 문맥에는 'in men'이 올바른 선택이죠. '여성의 더 높은 공동체성의 표시'도 같은 이유로 'signs of greater communality in women'이라고 합니다.

Best Written

Gender stereotypes reflect the primary importance we attach to task performance when judging men and to social relationships when considering women. Assertiveness and performance are seen as indicators of greater agency in men, and warmth and care for others are viewed as signs of greater communality in women. Differences in the emphasis placed on agency versus care are, indeed, visible in the way men and women behave and the life choices they make. Action tendencies and overconfidence in men result in more risky choices, whereas women are more cautious in these domains.[19]

Writer's Words

attach 중점을 두다?

Attach는 어떤 것을 다른 것에 붙이거나 연결, 첨부한다는 뜻(He attached labels to every item he had bought. 그가 구매한 물건 하나하나에 라벨을 붙였다)을 가집니다. 이외에도 어떤 가치나 성질을 부착시킬 경우에도 쓸 수 있어, '중점을 두다'를 'attach the primary importance to'로 표현할 수 있죠. 유사 표현으로는 'lay more stress' (Western societies lay more stress on individual freedom. 서양 사회는 개인의 자유에 더 큰 비중을 둔다), 'give priority to' (Why don't you give priority to those who need help. 도움이 필요한 사람들에게 우선권을 주는 것이 어떨까요?) 등이 있습니다.

judge 의견 제시를 위한 평가

'평가하다'를 표현할 수 있는 단어는 evaluate, assess, judge 등이 있습니다. Evaluate는 결론을 내기 위한 평가 (The expert groups evaluated five different detergents and ranked them according to cleaning power. 전문가 그룹은 다섯 개의 세제 제품을 평가하여 세척력에 따라 순위를 매겼다), assess는 보통 자료를 도출하기 위한 평가(They assessed the cost of the earthquake that hit the island. 그들은 이 섬을 강타한 지진의

피해 규모를 평가했다)로 볼 수 있죠. Judge는 근거에 기반한 의견 제시를 위한 평가(We judged the situation too dangerous. 우리는 상황이 매우 위험하다고 평가했다)로 볼 수 있습니다.

Performance 실적?

Performance는 공연이나 연주 혹은 연기의 뜻(The audience was greatly impressed by his superb performance. 청중들은 그의 최고의 연기에 깊은 인상을 받았다)을 가집니다. 즉 보여주기 위한 행동이나 능력을 뜻하죠. 이와 같은 맥락에서 특정 업무나 일의 능력을 보여주는 실적(This year's performance has surpassed the figures projected last year. 올해 실적이 지난해 예상치를 능가했다)을 말하기도 합니다. 불필요한 방식으로 과장된 행동(Affectionately hugging is such a performance. 애정에 찬 포옹은 연기에 불가하다)을 할 때도 쓸 수 있습니다.

agency 실행할 수 있는 능력

Agency는 보통 대리점이나 대행사를 뜻(A travel agency made all arrangements for our trip to Osaka last month. 지난달 오사카 여행은 여행사를 통해 다녀왔다)하는 단어로 알려져 있죠. 이 밖에도 특정 업무를 수행하는 정부 기관(She has dreamed of working for the Central Intelligence Agency (CIA) in the United States. 그녀는 미국 CIA에서 일하는 꿈을 가지고 있다)에도 agency를 쓸 수 있습니다. 생각이나 계획을 주체적으로 실행할 수 있는 능력(A sense of agency can help children to be more independent. 실행 의식을 가지면 아이들은 더 독립적으로 될 수 있다)이라는 다소 의외의 뜻도 가지고 있죠.

TASK 3 **언론** **경제**

'통합과 분열을 초래하다'를 형용사로 표현해 보세요.

1999년 1월 1일 유로화의 탄생은 **통합과 분열을 동시에 초래했다**. 이는 달러화에 필적하는 통화를 구축한다는 생각으로 더 단단한 결속과 용이한 무역, 더 빨라질 성장의 새 시대를 환호하는 유럽 지도자들을 하나로 통합시켰다. 하지만 유로화는 경제학자들을 분열시켰는데, **이들 중 일부는** 유럽의 이질적인 경제를 하나의 통화 정책으로 묶는 것은 역사적 과오라고 경고했다. 관계사절로 수식해 볼까요?

　'유로화의 탄생은 통합과 분열을 동시에 초래했다'가 글의 핵심이죠? 그럼 어떤 현상이 동시에 일어날 때 쓰는 at once가 적절하겠네요. 문제는 '통합과 분열을 초래했다'는 표현입니다. 혹시 caused unification and division이라고 옮긴 건 아니겠죠? 형용사를 보어 자리에 써서 주어의 '상태'를 설명하는 was at once unifying and divisive가 더 적합한 표현입니다. caused unification and division은 사건의 '발생'에 초점을 둔다는 의미 차이가 있죠.

The birth of the euro on January 1st 1999 was at once unifying and divisive.

위 문장을 뒷받침하려면 통합과 분열을 각각 설명하는 문장들이 이어져야겠죠? 이때 대등접속사 but이 필요합니다. 원칙상 but은 접속사이기 때문에 한 문장 내에 있는 두 절을 연결하지만, 문장의 길이가 길 때는 편의상 두 문장으로 분리하기도 하죠.

It united Europe's leaders ~. But the euro divided economists ~.

끝으로 '경제학자들'을 꾸며주는 수식어구에서는 관계사를 쓰는 게 자연스럽습니다. '그들(경제학자들) 중 일부는'에서 목적격 관계대명사를 쓴 some of whom 구조를 떠올릴 수 있어야겠죠?

The euro divided economists, some of whom warned that binding Europe's disparate economies to a single monetary policy was an act of historic folly.

Best Written

The birth of the euro on January 1st 1999 was at once unifying and divisive. It united Europe's leaders, who hailed a new era of tighter integration, easier trade and faster growth, thinking they were building a currency to rival the dollar. But the euro divided economists, some of whom warned that binding Europe's disparate economies to a single monetary policy was an act of historic folly.[20]

Writer's Words

at once　어떤 효과가 동시에 나타날 때

'동시에'를 뜻하는 표현으로 at the same time, at a time, at once가 있습니다. 한국인이 가장 많이 쓰는 at the same time은 사실 '그럼에도 불구하고'라는 전제가(She is confident of success, but at the same time, she knows it is hard to gain. 그녀는 성공을 자신했지만 동시에 그것이 어렵다는 것도 알고 있다) 있죠. at a time은 '(주어진 시간 동안) 여러 가지를 한꺼번에'(I cannot do many things at a time. 나는 여러 가지 일을 한꺼번에 하지 못한다)라는 뜻에 가깝고, at once는 어떤 일이나 효과가 일시에 일어난다는(Everything occurred at once, so I don't know what to do first. 전부 동시에 일어난 일이라 뭐부터 해야 할지 모르겠다) 의미가 강합니다.

era　특정 사건이나 변화가 지속되는 시기

era, age, epoch 모두 '시대'를 뜻하지만 뉘앙스는 저마다 다릅니다. era는 '특정 사건이나 변화가 지속되는 시기'(This event marked the end of the cold war era. 이 사건은 냉전 시대의 종식을 고했다)를 가리키고, age는 '인생이나 역사의 한 시기'(The modern age is the most interesting period in human history. 근대는 인류 역사상 가장 흥미로운 시기다)를 가리킵니다. epoch는 era와 유사하지만 '새로운 시대로의 변화', 즉 '새 시대를 여는 시기'(He said that we were moving into a new epoch of confrontation. 그는 우리가 새로운 대결의 시대로 옮겨가고 있다고 말했다)를 뜻하죠.

disparate　본질적으로 달라 비교 자체가 불가능한

'다르다'라는 의미로 가장 많이 쓰이는 단어가 different죠? 유의어인 disparate는 본질적으로 달라 비교 자체가 불가능하다는 것을 강조할 때(The subjects were so disparate that we found it difficult to put them in the same category. 주제가 너무나 달라서 우리는 이들을 같은 범주에 두기가 어렵다는 것을 알게 되었다) 쓰입니다. 이 문맥에서도 너무 다른 나머지 통합될 수 없다는 의미를 부각시키기 위해 disparate를 쓴 거죠.

folly　어리석은 생각[행동/판단]

우리말의 '역사적 과오'에 해당하는 영어 표현이 an act of historic folly입니다. folly는 '어리석은 행동[생각/판단]'(It was sheer folly for you to be involved in this dispute. 네가 이 논쟁에 개입한 것은 전적으로 어리석은 행동이었다)을 뜻하죠. 유의어로는 absurdity와 disservice가 있습니다. absurdity는 '믿기 힘들 정도로 어리석고 비이성적인 언행이나 상황'(I laughed about the absurdity of this situation. 나는 이 상황의 황당함에 웃음이 나왔다)를 가리키고, disservice는 '공정하지 못하고 바람직하지 않은 언행'(You have done a disservice to the poor by ignoring their stories. 네가 가난한 사람들의 이야기를 무시한 건 그들에겐 몹쓸 짓이야)을 가리킵니다.

산불은 금요일 오후 약 1시 30분에 최초로 보고됐고, 초기에는 약 1에이커에 영향을 끼쳤다. 사방으로 불길을 부추기는 강력하고 변덕스러운 바람에 8시간 만에 **불이 확산되** **어** 버두고 산맥(Verdugo Mountains)의 라투나캐년공원(La Tuna Canyon Park) 지역의 2천 에이커를 에워쌌다. 헬리콥터가 아래로 물을 퍼부었고 이와 **동시에** 약 260명의 소방관이 산불 진화를 위해 밤새 사투를 벌이고 있다.

to부정사의 결과적 용법이 어울리겠네요.

접속사 while을 쓰면 되겠군요.

사건·사고를 보도하는 기사문이군요. 기사문은 사건을 시간 순서에 따라 전달하고 사실을 구체적으로 묘사한다는 특징이 있죠. 사건을 설명할 때 '~했고, 그래서 ~했다'라는 시간의 흐름에 따른 변화를 대등접속사 and으로만 연결하기보다 to부정사의 결과적 용법이나 종속접속사 before, until 등을 쓰면 좀 더 실감나게 표현할 수 있습니다. 분사로 바꾸면 훨씬 더 생생하게 묘사할 수 있고요.

두 번째 문장의 요지는 '불이 확산돼 2천 에이커를 에워쌌다'군요. to부정사의 결과적 용법이 딱이겠네요. 불이 확산된 결과 2천 에이커를 뒤덮었다는 말이니까요. 우리말 문장을 보자마자 아래처럼 to부정사의 결과적 용법을 떠올렸다면 상당한 실력자라고 자부해도 좋습니다.

It had spread to encompass 2,000 acres in the La Tuna Canyon Park area.

다음으로 분사 구문을 활용해 보죠. '(불길을) 부채질하다[부추기다/거세게 하다]'라고 할 때 단골로 쓰는 동사는 fan입니다. 불길을 거세게 한 주체는 fanned by 뒤에 써서 나타내죠.

(which was) fanned by strong erratic winds pushing it in four different directions

끝으로 '동시에'라는 의미를 옮겨야겠네요. 혹시 at the same time을 떠올린 건 아니죠? 여기서는 종속접속사 while을 써야 합니다. '두 가지 동작이 동시에 진행되고 있을 때'를 나타내는 가장 자연스러운 접속사 거든요.

Around 260 firefighters have been working through the night to put out the fire while helicopters performed water drops.

Best Written

The fire was first reported around 1:30 p.m. Friday and initially affected about one acre. Within eight hours, it had spread to encompass 2,000 acres in the La Tuna Canyon Park area of the Verdugo Mountains, fanned by strong erratic winds pushing it in four different directions. Around 260 firefighters have been working through the night to put out the fire while helicopters performed water drops.[21]

Writer's Words

report 공개적으로 알리다

report는 '보고서'를 뜻하는 외래어로 쓰이기도 하죠? 주로 '보도하다'로 해석할 때가 많은데, 의외로 용법이 폭넓습니다. report는 주로 '공개적으로 알리는 일'과 관련돼 '~을 보고[보도]하다'(It was reported that he had committed suicide. 그는 자살한 것으로 보도됐다), '~을 신고하다'(My neighbors reported me to the police for making noise. 이웃사람이 내가 소음을 유발했다며 경찰에 신고했다), '~을 떠벌리고 다니다'(The gossip flourished again as people reported the accident. 사람들이 그 사건을 떠벌리고 다니면서 소문이 다시 무성해졌다)라는 뜻으로 쓰입니다.

initially 최초로, 맨 먼저

initial과 early 모두 '처음의'를 뜻하지만 뉘앙스는 다릅니다. initial은 '최초의, 시초의, 발단의'라는 뜻이죠. 그래서 initial reports(최초 보고서), initial judgments(애초의 판단), initial surprise(처음의 경악)처럼 맨 먼저 발생한 일을 나타낼 때 쓰입니다. 반면 early는 '특정 시기보다 앞서 발생한' 즉 '이른, 초기의'를 뜻하죠. 가령 She traveled around the world at her early age.(그녀는 어린 나이에 전 세계를 여행했다)의 early age는 인생의 '초반'을 뜻합니다.

encompass 아우르다

'둘러싸다'를 뜻하는 말로 encircle, enclose, encompass가 있습니다. 이들 단어에는 '~의 안[속]에 넣다'를 뜻하는 접두사 en-이 공통적으로 들어 있죠. 따라서 이 단어들의 의미 차이도

en- 뒤에 붙은 단어의 의미에서 비롯합니다. encircle은 원형으로 둘러쌀 때(This town is encircled by a pine forest. 이 도시는 소나무 숲으로 둘러싸여 있다), enclose는 둘러싸여서 갇혀 있을 때(The entire village is enclosed with fortified walls. 마을 전체가 방비벽으로 둘러싸여 있다), encompass는 어떤 면적을 완전히 망라해 뒤덮고 있을 때(His kingdom encompassed the whole territory. 그의 왕국은 영토 전체를 아우르고 있었다) 쓰입니다.

erratic 유별나게 변덕스러운

erratic은 옥스퍼드 사전에 따르면 not even or regular in pattern or movement(패턴이나 움직임이 균일하거나 규칙적이지 않은)로 풀이돼 있습니다. 한마디로 '변덕스러운'을 뜻하죠. 변덕스러운 성격에 비유해 '엉뚱한, 별난'이라는 뜻으로 쓰이기도 하고요. 사람이나(She has been so erratic that no one could predict her reaction. 너무 변덕스러워서 누구도 그녀의 반응을 예측할 수 없었다) 통계(The behavior of the stock market is erratic. 주식 시장의 움직임이 변덕스럽다), 일정(My erratic schedule makes it difficult to fix a date. 내 변덕스러운 일정 때문에 날짜를 정하기 힘들다) 모두 '변하기 쉬운, 변덕스러운' 성격을 지닐 수 있습니다.

초간단 정리

A 개념의 중요도로 결정되는 자리

각 개념을 중요도에 따라 수식어 자리와 핵심어 자리에 구분해 배치하면 글의 논리가 강화된다.

Genetic testing does not provide sufficient information for medical decisions, simply helping predict disease outbreaks, because there are few diseases that can be determined by single gene.

유전자 검사는 의학적 결정을 내리는 데 충분한 정보를 제공하지 않으며 그저 발병을 예측하는 데 도움이 될 뿐이다. 단 하나의 유전자로 결정되는 질병은 거의 없기 때문이다.

B 수식어를 옮기는 뜻밖의 변수

수식어는 수식받는 말 가까이에 두는 것이 바람직하지만 문장 구조상 수식하는 어구와 수식받는 어구가 멀어질 때도 있다.

천만 명 이상의 주민이
거주하는 서울은
가장 큰 도시이다.

Seoul is the largest city with more than ten million inhabitants.

C 자유롭게 변신하는 수식어

to부정사, 분사, 관계사, 접속사, 전치사는 구나 절 형태로 수식어가 될 수 있다. 수식할 때는 접속사만 쓰는 습관을 버리고 다음과 같이 다양한 형태로 바꿔 쓰는 연습이 필요하다.

부사절을 주어로 바꾸기

만약 이런 변화의
근본적인 원인을 안다면
고급 브랜드들은 이
분야에서 가장 혁신적이고
미래지향적인 회사가
될지도 모른다.

If they understand the underlying causes of this change, luxury brands may become the most innovative and future-oriented companies in the field.

이런 경향의 기저 원인을
이해하려는 노력은 명품
브랜드가 더욱 혁신적이고
미래지향적으로 변하게
할 것이다.

➜ An effort to understand the underlying causes of this trend will enable the luxury brands to become more innovative and future-oriented.

부사절을 전치사구로 바꾸기

내각 총리대신이 합병에
조인하고 항복을 선언했을
때 이 나라는 식민지가
되었다.

This country became a colony when Prime Minister signed the treaty of annexation and declared its surrender.

이 나라는 내각
총리대신이 합병에
조인하고 항복을
선언하면서 식민지가
되었다.

➜ This country became a colony with Prime Minister signing the treaty of annexation and declaring its surrender.

관계사절로 세련된 수식 패턴 만들기

그들은 방대한 사유지를
소유하게 되었는데,
그 권한은 세습적이고
영속적이었다.

They came to possess vast estates, the rights to which were hereditary and perpetual.

PART 2 간결하고 명료한 영어 글쓰기:
에세이 완성하기

CHAPTER 1

치밀하고 빈틈없는 영어 글쓰기

한번은 영어 에세이 수업 도중 한 학생이 "선생님! 이건 한국말로도 못 쓸 것 같아요"라고 볼멘소리로 불평한 적이 있었습니다. 저도 거쳐 온 과정이니 그 답답한 심정을 짐작하고도 남았죠. 에세이 시험에서 요구하는 수준은 자신의 의견을 서론, 본론, 결론에 따른 논리 구조로 간결하면서도 구체적으로 개진하는 글입니다. 말이 쉽지, 글쓰기가 어디 그렇게 호락호락한 일인가요. 현실은 이상과 다르다 보니 학생들의 마음속에서도 두 가지 반응이 일어납니다. '내 의견을 굳이 밝혀야 하나, 그냥 설명만 하면 안 돼?'라는 푸념과 '안다고, 나도 간결하고 논리적이고 구체적인 글을 쓰고 싶다고, 그런데 말처럼 쉽게 안 써지는 걸 어쩌라고?'라는 탄식이죠.

글이 안 써지는 이유는 뭘까요? 첫째로, 문장을 만들어 내는 실력이 부족해서입니다. 자기 생각을 영어 문장으로 풀어내지 못하면 당연히 글이 써지지 않습니다. 이 문제를 해결하려면 앞서 익힌 고급 문형 패턴을 머릿속에 저장해 뒀다가 적재적소에 영어 문장으로 풀어내는 연습을 꾸준히 해야 하죠. 언어의 달인이라면 누구든 두말없이 동의할 테지만,

영작은 오로지 부단한 노력과 지난한 반복을 통해서만 발전합니다.

둘째로, 구성력이 부족해서입니다. 논리적인 글쓰기를 위한 방법을 모른다는 말이죠. 이를 해결하려면 서론, 본론, 결론에 어떻게 아이디어를 배치하고 단락을 연결할 것인지를 터득해야 합니다. 다행히 구성력은 문형 패턴에 비해 빨리 익힐 수 있습니다. 이 책만 열심히 읽어도 충분히 가능하죠.

셋째로, 정보력이 부족해서입니다. 쉽게 말해 주어진 주제에 대해 아는 게 없다는 말이죠. 생각보다 쉽게 해결될 수 있는 문제인데도 대다수는 이 배경지식 부족 때문에 글쓰기를 어렵게 느낍니다. 이는 비단 영어에 국한된 문제만은 아니죠. 우리말로 글을 쓸 때도 마찬가지입니다. 물론 지식으로 무장돼 있다 하더라도 이를 효과적으로 확장시키거나 발전시키는 능력이 부족하면 몇 줄만 써도 할 말이 금세 바닥나게 되죠.

글에서 자신의 주장을 꼭 밝혀야 하는지 묻는 사람이 많은데, 결론부터 말하면 '그렇다'입니다. 국내 학술 논문은 보통 '이 논문에서는 ~을 설명하고 ~을 논하겠다'는 식으로 서론을 시작하는 게 관행인데, 이런 글쓰기 방식에 익숙하면 영어식 접근에 불편함을 느낄 수밖에 없습니다. 영어 논문의 핵심은 설명이 아닌 '주장'이기 때문이죠. 논문에서만큼은 주장을 위해 설명이 존재한달까요. 주장이 명확해야 한다는 건 고급 영작에서 타협할 수 없는 원칙입니다.

하지만 주장을 피력하는 방식은 그리 간단하지 않죠. 전형적인 에세이에서는 자신의 주장을 제시하고 이에 대한 근거로 주제문(topic sentence)과 관련 예시를 단락별로 서술합니다. TOEFL 라이팅 시험과 같은 대학 '예비과정'의 글쓰기 수업에서 보통 이런 접근법을 취하죠. 하지만 '대학과정 이상'의 고급 에세이를 쓰고 싶다면 한 가지 글쓰기에서 벗어난 다양한 글쓰기 형식을 익혀야 합니다.

2부에서는 이 3가지 문제의 해결책을 살펴볼까 합니다. 우선 1장에서는 영어 에세이의 가장 기본적인 형식인 근거제시형을 참고 삼아 논리적 글쓰기와 정보력 확장을 위한 구체적인 전략에 대해 알아봅니다. 2장에서는 근거제시형, 세부분석형, 비판공격형 에세이를 분석하며 대학 과정 이상의 심화 글쓰기 형식에 대해 살펴보고, 3장에서는 한국인이 쓴 에세이에서 흔히 나타나는 잘못된 영작 습관과 좋은 영문을 구사하기 위한 전략을 소개하려 합니다.

개념 쪼개기로 시작하는 글쓰기

개념 쪼개기? 무슨 말일까요? 의사소통의 재료는 '개념'입니다. 여기서 개념은 집단의 구성원들이 공유하는 보편적인 지식이나 생각을 가리키죠. 개념들 사이에는 위계가 있고, 이 위계로 인해 문장에서 차지하는 자리도 달라지기 때문에 논리적인 글을 쓰려면 개념부터 면밀히 분석하는 단계가 필요합니다.

개념의 위계를 나누는 기준은 바로 추상성과 구체성입니다. 가령 '사랑'이라는 개념은 추상적이라 만질 수도 볼 수도 없습니다. 하지만 이 개념을 '포옹', '미소', '선물' 등의 하위 개념으로 쪼개면 만질 수 있거나 눈에 보이게 되죠. 이처럼 추상적인 개념을 구체적인 하위 단위로 세분화하는 과정을 '개념의 운용화(operationalization of concepts)'라고 부릅니다.

개념의 운용화는 주장을 증명하는 데 유용한 전략으로, 추상과 관념이 아닌 경험과 데이터에 기반한 실승적(empirical) 글쓰기의 대표격인 논리적 에세이를 쓰려면 이를 적극 활용할 수 있어야 합니다. '학교는 전 학생의 어려움을 해결하기 위해 어떤 조치를 취해야 하는가?'라는 토픽에 대해 두 학생이 쓴 글을 비교하면서 이 전략을 좀 더 자세히 살펴보도록 하죠.

A When students move to a new school they will face following problems. They don't know what public transportation to use, what has happened or is happening in the school and they don't have any friends. These problems can give sufferings to new students. In order to resolve these problems, schools can help them by following action.

First, schools can upload their public transportation data on their website on how to get to school. This will help new students to get information of ways to get to school.

Second, schools can update their news more actively on their websites. The news would contain details of ongoing events, upcoming events, school trips etc. This will help new students to catch up schools events or trips.

Finally, schools can support and invest more on afterschool activities or school club. This will give new students a chance to socialize and be friends with other students.

By ways specified above, school can help new students resolve their problems.

B I have moved to a new school five times and I go through times until I get used to it. There are tens of reasons why I had to struggle in new school, but these can be summarized into two things: friends and their atmosphere. School is a mini map of a society and the relationship between friends and I affects problems most. The key to help students, who are new to school is that relationship.

First, schools can help them by making friends with class students. Because every school has its own culture and environment. I can't say the specific way how to help to make friends, but I believe giving class leaders a responsibility to take care of the newbies is one of the effective ways in general.

Second, teachers should be aware of any violence in advance. When I was fifth grade in primary school, I was hit by classmates just because I place the first score in mid-term exam. However, I had no way to tell the truth to school and this made me crazy then.

새 학교로 전학을 가면 학생들은 다음과 같은 문제들에 직면하게 된다. 이들은 어떤 대중교통을 이용하는지도 모르고, 학교에서 어떤 일이 일어났는지 또는 어떤 일이 일어나는지를 모르며, 친구도 없다. 이런 문제들을 해결하기 위해 학교는 아래와 같은 조치로 이들을 도울 수 있다.

첫째, 학교는 어떻게 학교에 올 수 있는지에 대한 대중교통 정보를 학교 웹사이트에 올릴 수 있다. 이것은 새로 전학 온 학생들이 등굣길 정보를 얻는 데 도움이 된다.

둘째, 학교는 웹사이트에 학교 소식을 보다 적극적으로 업데이트할 수 있다. 이 소식에는 현재 진행 중인 행사, 앞으로 있을 행사, 그리고 학교 여행 등에 대한 구체적인 정보가 포함될 수 있다. 이것은 새로운 학생들이 학교 행사와 견학 소식을 얻을 수 있도록 도울 것이다.

마지막으로, 학교는 방과후 활동이나 교내 동아리에 더 많은 지원과 투자를 할 수 있다. 이것은 새로 온 학생들에게 다른 학생들과 친구가 되고 어울릴 수 있는 기회를 제공할 것이다.

위에 구체적으로 설명한 방법을 통해, 학교는 전학 온 학생들이 자신의 문제를 해결하도록 도울 수 있다.

나는 다섯 차례나 전학을 했고, 그곳에 익숙해질 때까지 힘든 시기를 보냈다. 내가 새 학교 생활에 어려움을 겪어야만 했던 데는 많은 이유가 있다. 하지만 이것들을 두 가지로 요약할 수 있다. 바로 친구와 그들의 정서이다. 학교는 사회의 축소판이고 교우 관계가 이 문제들에 가장 많은 영향을 미쳤다. 새로운 학교에 온 학생들을 돕는 열쇠는 이 관계이다.

첫째, 학교는 같은 반 학생들과 친구가 될 수 있도록 이들을 도울 수 있다. 모든 학교에는 그들만의 문화와 환경이 있기 때문이다. 나는 친구를 사귀는 것을 어떻게 도울지에 대한 구체적인 방법은 말할 수 없지만, 반장에게 새로운 학생을 돌보는 책임을 일임하는 것이 일반적으로 효과적인 방법 중 하나라고 생각한다.

둘째, 교사는 폭력 사태를 미연에 알아야 한다. 내가 초등학교 5학년 때, 중간고사에서 최고점을 받았다는 이유로 같은 반 학생들에게 구타를 당했다. 하지만 나는 학교에 진실을 말할 방법이 없었고 그것이 당시에 나를 괴롭게 했다.

두 에세이 모두 수업 도중 30분간 진행된 테스트의 결과로, 완성도가 높지는 않습니다. 하지만 전개 방식의 차이는 확연하죠. A는 '문제들'이라는 추상적 개념을 '교통', '정보', '교우 관계'라는 구체적인 3가지 개념으로 세분화했지만, B는 이 같은 개념 세분화 없이 '교우 관계 개선'만으로 글을 확장시키려다 보니 글감이 금세 바닥나고 말았습니다.

가령 '음악이 중요하다'는 주장을 하려면 '음악'이라는 개념을 '감정 표현의 수단', '타인과의 교감', '배움의 즐거움' 등의 하위 단위로 세분화해야 하고, '우리 동네에 나무를 더 심어야 한다'고 주장하려면 '나무'라는 개념을 '공기 정화', '경관 조성', '자원 활용' 등으로 세분화할 수 있어야 하며, '백화점이 들어오는 것을 반대한다'고 주장하려면 '판매 활동,' '문화 활동', '번잡함' 등의 하위 단위로 나눌 수 있어야 합니다. 그래야 글을 구체적으로 발전시킬 수 있죠.

이를 위해서는 글을 쓰기 전에 주제부터 먼저 분석해야 합니다. 주어진 주제의 핵심 개념을 파악해야 이 개념을 구체적으로 어떻게 세분화해서 운용할 것인지를 구상해 글을 전개해 나갈 수 있으니까요. 이 단계를 '브레인스토밍(brainstorming)'이라고도 하죠. 한 편의 글을 집에 비유한다면 글을 구성하는 일은 설계도면을 그리는 작업이라 할 수 있습니다. 설계에 문제가 있는 집을 허물고 다시 지어야 한다면 비용이 배가되겠죠? 글을 재구성하는 데도 그만큼의 시간이 낭비됩니다. 그러니 글을 처음부터 다시 쓰는 사태를 피하고 싶다면 사전에 치밀한 분석 작업을 거쳐야 합니다. 글쓰기 과정에서 가장 중요한 단계인 이유죠.

구성력의 시작과 끝

에세이를 구성하는 기본 단위는 서론, 본론, 결론입니다. 서론에서는 글을 쓰는 이유, 즉 글쓴이의 주장을 분명히 밝혀야 하죠. 주장에 해당하는 문장을 '논제제시문(thesis statement)'이라고 하는데, 이 제시문이 분명하지 않으면 논리적 글쓰기가 아예 불가능합니다. 본론에서는 주장의 근거가 되는 '주제문(topic sentence)'을 첫 문장으로 쓰고 관련 사례와 부연 설명으로 주제문을 뒷받침합니다. 결론에서는 주장을 한 번 더 요약해서 제시하고요. 이렇게 보면 논리적인 글쓰기가 무척 간단해 보일지 모르지만, 막상 글을 써 보면 생각이 달라질 겁니다.

여기서 에세이란 GRE/TOEFL/IELTS 등 수험용 에세이의 기본 틀을 따른 글을 말합니다. 대학과정 글쓰기 실력을 평가하는 시험이니 당연히 학술 영어에 속하죠. 이들 시험에서 요구하는 틀에는 논제제시문의 위치나 단락 구성 등에 정형화된 전개 방식이 있습니다. 그럼 한 학생이 작성한 글을 분석하면서 구성 단위를 좀 더 자세히 살펴볼까요? 이 글은 정부의 고용 정책을 비판하는 데 중점을 두고 있습니다.

서론: 자신의 주장을 반드시 밝혀라

졸업생의 실업률이 최근 급등하고 있다. 그리고 실업률을 낮추는 것은 정부의 주요 경제 정책 중 하나이다. 정부의 두 가지 주요 정책과 그 문제점을 살펴보자. 두 가지 주요 정책 중 하나는 공공 영역과 국영기업의 일자리를 확대하는 것이다. 다른 하나는 중소기업 직원들에게 소득세 감면과 고용 촉진 기금을 제공하는 것이다. 이제 우리는 위에서 언급한 정책의 문제점들을 알아볼 것이다.

서론 The unemployment rate for graduates is skyrocketing these days. And reducing unemployment is one of main economic policies of government. Let's look at the two main policies of government and also check the flaws of those. One of the two main polices is to expand job opportunities in civil sector and public enterprises. The other is to cut income tax and offer employment promotion funds for employees in small and medium-sized business. Now we would find out the drawbacks of the policies as mentioned above.

실업률을 낮출 목적으로 정부가 시행 중인 두 가지 정책을 살펴보고 문제점을 논하겠다는 내용이네요. skyrocketing, flaws 등 주제에 적합한 어휘를 썼고, 대명사 짝인 one/the other를 쓴 균형 잡힌 문장을 구사해 효과적으로 독자의 관심을 끌고 있습니다. 그런데 이런 노력에도 불구하고 글쓴이의 주장이 뭔지는 알 수 없군요. 게다가 Now we would find out ~은 '~을 살펴보려고 한다'라는 의미의 한국식 논문 표현에 가깝고요. 이 서론은 어떻게 고쳐야 할까요?

대학 졸업생의 실업률이 급등하면서 정부는 실업률을 낮추기 위한 다양한 조치를 취하고 있다. 여기에는 두 가지 주요 조치가 있는데, 하나는 공공 영역에 더 많은 일자리를 창출하는 것이고 다른 하나는 중소기업 직원들에게 소득세 감면 혜택과 더불어 고용촉진 기금을 제공하는 것이다. 이런 노력에도 불구하고 나는 정부의 이런 조치에 몇 가지 문제점이 있다고 생각한다.

Edited The unemployment rate of college graduates is skyrocketing and it has led the government to take various actions to reduce it. There are two main measures: one is to create more job opportunities in the public sector; the other is to offer employment promotion funds for workers in small and medium-sized companies with the benefits of the income tax cut. Despite this effort, I believe these government actions suffer from several drawbacks.

수정된 서론에서는 '정부 정책에 문제가 있다'라는 주장을 후반부에 분명히 명시하고 있습니다. 불필요하게 반복되는 단어를 없애면서도 문장 간 연관 관계를 드러내기 위해 첫 세 문장을 The unemployment rate of college graduates ~ the rate.라는 하나의 문장으로 통합해 간결하게 표현했고요. The unemployment ~ skyrocketing까지를 it으로 나타낸 대목이 신의 한 수라 할 수 있겠네요. 장황한 표현을 없앤 대신 세미콜론을 써서 There are two main measures: one ~ the other … 라는 핵심 문장으로 간결하게 줄인 것도 눈에 띕니다.

본론: 주제문을 명확히 제시하라

본론 ① First, expanding opportunities in public sector leads youth jobless to prepare civil service exams. Young people who prepare the exam normally study all day long to pass the exam instead of working in the private companies. They do not act to get a job at all. So they are considered as the voluntary unemployed. Not hiring the young job seekers in the private   sectors could cause the inefficiency in domestic production. And the hiring system in the public enterprises is quite different from the civil service sector. For example, public enterprises are grouped into similar fields like health care, trade, agriculture, SOC, electricity and so on and the divided groups set a same exam date. On the same day, at least 2 exams would be taken. And the exams are taken twice per year. Only one chance is given to the young jobless in a season. For this case, it means that if job seekers do not get any jobs, they have to wait another season for job at least 6 months. It pays for a large amount of opportunity costs for youth jobless. Based on the government's

우선, 공공 영역에서 기회가 확대되면 청년 실업자가 공무원 시험을 준비하게 된다. 시험을 준비하는 청년들은 민간 기업에서 일하는 게 아니라 시험에 합격하기 위해 하루 종일 공부한다. 구직 활동은 전혀 하지 않는 것이다. 그래서 이들은 자발적 실업자로 간주된다. 민간 영역에서 젊은 구직자를 고용하지 않는 것은 국내 생산성의 비효율을 초래한다. 그리고 국영 기업의 채용 시스템은 민간 서비스 영역의 시스템과는 다르다. 예를 들어, 국영 기업은 보건, 무역, 농업, 사회간접자본, 전기 등과 같은 유사 부문으로 나뉘고 각 부문은 시험일을 같은 날짜로 정한다. 같은 날 적어도 두 부문의 시험이 있고, 시험은 일년에 두 차례 실시한다. 청년 실업자들에게는 한 시즌에 오로지 한 번의 기회만 주어진다. 그렇기 때문에 구직자들이 직장을 구하지 못하면 6개월 이상 다음 시즌을 기다려야 한다. 이는 청년 구직자들이 엄청난 기회비용을 치르는 일이다. 정부의 입력으로 국영 기업이 많은 청년 구직자를 고용한다. 하지만 그들은 정규직을 고용하는 것이

pressure, the public enterprises hire many young job
hunters. They do not actually hire permanent employees,
but hire temporary employees or interns, all to no avail.
It does not help to reduce unemployment rate.

일단 한 단락이 너무 길어 읽기가 부담스럽군요. 게다가 읽을수록 핵심은 사라지고 미궁에 빠지는 느낌입니다. 뭐가 주제문이고 뭐가 부연 설명과 예시인지 구분이 잘 안 되기 때문인데요, 아마 이쯤에서 많은 독자들이 읽기를 포기할 겁니다.

그럼 어떻게 고쳐야 할까요? 이 글은 공공 영역의 취업 기회 증가로 취업 준비생들이 장기간 시험 공부에 매달리면서 해당 기간 동안 민간 기업 구직 활동을 못하기 때문에 자발적 실업자로 간주된다는 내용으로 시작하는데, 사실 이는 예시로 적합하죠. 게다가 글쓴이는 이 글의 핵심 개념인 '국내 생산성의 비효율성(inefficiency in domestic production)'을 무심코 언급하고 지나갑니다. 다시 말해 '정부의 실업률 감소 정책이 국내 생산성의 비효율성을 가져왔다'가 첫 번째 주제문으로 배치돼야 하는 거죠.

더욱이 후반부에서는 '국내 생산성의 비효율성'과 동떨어진 내용이 등장합니다. 즉, 공기업 입사 시험이 부문별로 같은 날 치러져 수험생들이 한 번 떨어지면 시험을 다시 보기 위해 오랫동안 기다려야 한다는 내용이 이어지는데, 이쯤 되면 전면 수정이 필요해 보입니다. 한 단락에 주제문이 두 개일 수는 없으니까요. 게다가 이번에도 글쓴이는 무심코 주제문을 던졌습니다. 바로 '기회비용의 증가'죠.

많은 고민 끝에 쓴 글이겠지만 개념의 운용화가 부실하다 보니 주제문과 예시문들이 위계 없이 뒤섞인 글이 돼버렸군요. 주제문과 주제문을 뒷받침하는 문장을 만들어 낼 때는 주제문을 통해 예시를 떠올리거나 반대로 예시를 통해 주제문을 생각해 내는 전략을 써야 하죠. 대체로 주제문은 '생산성의 비효율성', '기회비용의 증가'처럼 예시에 비해 추상적인 개념을 제시할 때가 많습니다. 그럼 이 글을 한번 수정해 볼까요?

Edited First, the government's measures to create more jobs in the public sector have resulted in production inefficiency in the private sector. Young people who prepare for the civil service exams study all day long, not searching for jobs in private companies. They are thus considered the voluntary unemployed.

첫째, 공공 영역에 더 많은 일자리를 창출하려는 노력은 민간 영역의 생산 비효율성을 가져왔다. 공무원 시험을 준비하는 청년들은 시험에 합격하기 위해 하루 종일 공부만 하며, 민간 기업 취업을 위한 구직 활동은 하지 않는다. 그래서 이들은 자발적 실업으로 간주된다.

Second, an unreasonable state-owned enterprise recruitment process causes a great deal of opportunity cost. Although more job openings are available in the public sector, public companies with similar specialties hold recruitment exams on the same day and thus applicants are not able to apply for multiple enterprises at a time. A failure has to wait another half year, and, even if hired, most are not regular workers – either short-term ones or interns.

둘째, 불합리한 국영 기업 채용 과정은 엄청난 기회비용을 초래한다. 공공 영역에 일자리가 더 많아진다고 해도 유사한 업종의 공기업들이 같은 날 채용 시험을 실시하여 지원자들이 한낱 다수의 기업에 지원하지 못하게 하고 있는 것이다. 시험에 떨어진 사람은 또 다시 반년을 기다려야 하고, 고용되더라도 대부분은 정규직이 아니라 단기직 노동자나 인턴에 불과하다.

우선 한 단락을 두 단락으로 나눴습니다. 각 주제문은 단락의 첫 문장으로 배치했고, 이어서 관련 예시를 제시했죠. 이렇게만 해도 글의 분량이 확 줄었죠? 원문에 불필요한 내용이 그만큼 많았던 겁니다. 이제 주제를 뒷받침할 부연 설명과 예시를 좀 더 보충하면 되겠네요. 이렇게 글을 전면 수정하는 복잡한 과정을 피하고 싶다면 글을 쓰기 전에 개념의 운용화에 공을 들여야겠죠? 이어지는 두 번째 단락은 어떨까요?

본론 ② Secondly, government's policy allows young employees to deduct income tax from their salary and also supports employment promotion funds. It's all inducement

둘째, 정부 정책은 청년 근로자들의 임금 소득세를 공제해 주고 고용지원 기금을 지원한다. 이는 모두 청년들이 중소기업에서 일하게

for the young to work in the small and medium-sized business. It's of little avail without improving working conditions. There are reasons that the young choose the conglomerate as the first job experience. For example, working 52 hours a week was conducted by the government. And working 52 hours are done in the conglomerate, because it's the obligation for the conglomerate and not for the small and medium-sized business. So the differences in the working conditions between conglomerate and small and medium-sized company are shown to the young. The young jobseekers don't need to choose to work in the small and medium-sized business. To attract the young to work in a small and medium-sized business, the government would try to change the working conditions not just being busy considering a countermeasure.

본론 ①에 비하면 주제문을 찾기가 어렵진 않군요. 이전 단락에 소득세 감면과 고용촉진 기금 제공 등의 예시가 먼저 언급되긴 했지만 '중소기업의 노동 조건 개선'이라는 주제문을 설명하기 위한 재료로 볼 수 있으니 그나마 개선된 편이라 할 수 있습니다. 주 52시간 근무제가 대기업에만 적용된다는 예시도 적절하고요. 하지만 같은 어휘를 반복해 쓴 데다 군데군데 불필요한 설명이 보인다는 문제가 있군요.

Edited Third, without improving working conditions in small and medium-sized companies, the government's effort to reduce the unemployment rate hardly achieves its objective. The reason that jobseekers want to work for large companies is more due to better working conditions than to higher monetary benefits.

Nevertheless, the government has provided special funds and income tax deductions for workers in small companies, while ignoring their poor working conditions. For example, a new 52 hour work week that has been implemented in an attempt to stop overwork is only mandatory for large companies, and not for small and medium-sized companies. Thus, the government's focus should turn to how to build better working environments in less privileged workplaces.

외면하면서 중소기업 노동자들을 위한 특별 기금과 소득세 감면을 제공하고 있다. 예를 들어, 과로를 막기 위해 시행되고 있는 주 52시간 근무제는 대기업에만 의무 사항이지 중소기업에서는 그렇지 않다. 그러므로 정책의 초점은 상대적으로 열악한 직업장의 노동 환경을 어떻게 더 개선할 것인지에 맞춰져야 한다.

우선 주제문을 단락의 첫 문장으로 배치했습니다. 소득세 감면과 기금 지원은 이미 언급했으니 the government's effort로 바꿔 반복을 피했고요. '실업률 감소'도 이미 수차례 쓰였기 때문에 achieve its objective라는 다른 표현을 썼습니다. For example로 시작하는 예시 문장 앞에는 앞뒤 내용의 반대 관계를 나타내는 접속부사 Nevertheless를 써서 구직자의 바람과 정부 정책이 어긋나는 상황을 부각시켰고, 후반부에서는 small and medium-sized company를 반복하지 않기 위해 less privileged workplaces라고 바꿔서 표현했죠.

결론: 주장과 근거를 정리하고 요약하라

결론 In conclusion, we checked the flaws of the government's policies. If fundamental solutions are conducted, the young job seekers could be offered a job that they really want. And we should monitor and evaluate the policies whether they are going into effect or not.

결론적으로, 우리는 정부 정책의 문제점을 확인했다. 근본적인 해결책이 실행된다면 청년 구직자들은 그들이 정말 원하는 직업을 제공받을 수 있을 것이다. 그리고 우리는 정책이 제대로 효과를 거두는지 그렇지 않은지 지켜보고 평가해야 할 것이다.

주장이 없으니 권고와 전망으로 마무리되는 당연한 결과가 나타났군요. '지금껏 정부 정책을 살펴봤으며, 기본적인 문제가 해결되면 청년들은 원하는 직장을 구할 것이고 우리는 정책이 제대로 시행되는지 감시

해야 한다'는 메시지는 정부정책 제안서나 관련 단체 보고서에 자주 등장하는 뻔한 내용이죠. 결론은 주장과 근거를 요약 정리해서 한 번 더 강조하는 단락인데, 서론과 본론이 제 역할에 충실하지 못했으니 결론도 이렇게 마무리될 수밖에 없습니다. 그럼 수정한 서론과 본론을 바탕으로 결론을 다시 다듬어 볼까요?

Edited In sum, I believe the current approaches to reducing the unemployment rate are wrongheaded. This goal should be achieved only through developing measures for the improvement of working conditions in small and medium-sized companies, modifying the recruitment process of public enterprises, and helping young people break out of the voluntary unemployment trap.

교정문에서는 '중소기업의 근로 조건 개선', '기회비용을 없애기 위한 공기업의 입사 절차 변경', '생산성의 비효율성을 낮추기 위한 자발적 실업 방지'라는 3가지 주제문을 정리하고 요약하면서 글쓴이의 주장을 다시금 강조하고 있습니다. 서론과 본론이 제 역할을 했기 때문에 결론도 자연스럽게 이끌어낼 수 있는 거죠. 훌륭한 설계도와 양질의 자재가 만날 때 우수한 건축물이 탄생하듯 이처럼 훌륭한 구성과 적절한 예시가 만날 때 좋은 글이 나올 수 있습니다.

원문을 쓴 글쓴이의 가장 큰 실수는 본격적인 글쓰기에 돌입하기 전에 개념의 운용화를 제대로 하지 못한 데 있습니다. 나의 주장은 무엇인지, 주장에 대한 근거로 어떤 개념들을 제시할 것인지, 주장의 근거를 어떤 예로 증명할 것인지를 사전에 계획하지 않았던 거죠. 원문에서는 예시와 근거가 무질서하게 뒤섞여 있어 글의 구조가 보이지 않았습니다. 심지어 2개의 근거가 한 단락에 들어가기도 했죠. 이런 실수는 글쓴이의 머릿속에 있는 구체적인 사례들, 가령 학생들이 공무원 시험을 준비하기 위해 취업을 포기하거나 공사의 면접 날짜가 같아 지원할 수 없는 현실에만 집중했기 때문에 나타난 결과입니다. 같은 실수를 방지하려면 이런 사례를 아우르는 더 큰 개념을 먼저 선별한 다음 이들 사례를 그 예시로 제시하는 내공이 필요하죠.

글을 쓸 때 아이디어는 두 가지 방향, 즉 추상적인 것과 구체적인 것에서 출발합니다. 가령 '한국의 경제 발전으로 국민의 생활이 윤택해졌다'라는 추상적인 아이디어가 있다면 이를 뒷받침하는 구체적인 사례를 찾아야 하죠. 반대로 앞선 예처럼 공무원 준비를 하느라 취업을 포기하는 현상 같은 구체적인 사례에서 출발했다면 이를 설명할 수 있는 추상적인 아이디어, 즉 '국내 생산성의 비효율성' 같은 개념을 찾아내야 합니다. 그래야 자신의 주장을 효과적으로 증명하고 글을 논리적으로 구성해 낼 수 있죠. 앞서 살펴본 원문과 교정문의 개요를 보고 두 글의 논리적 전개 과정을 다시 비교해 볼까요?

교정 전	교정 후
서론	**서론**
논제제시문	논제제시문
• 없음	• '실업률 감소 정책은 많은 문제점을 안고 있다'
('정책의 문제점을 알아보자'는 막연한 제안)	
본론 ①	**본론 ①**
• 두 개의 서로 다른 주제가 예시를 중심으로 설명	• 주제문 – 생산의 비효율성
• 근거가 예시 사이사이에 흩어져 있음	예 공사 시험 준비를 위한 자발적 실업의 증가
	본론 ②
본론 ②	• 주제문 – 기회비용의 증가
• 본론 ① 과 마찬가지로 예시를 중심으로 설명	예 공공 영역의 불합리한 채용 절차
• 본론 ① 에 비해 '노동환경 개선 간과'라는	**본론 ③**
근거를 비교적 상세히 밝힘	• 주제문 – 중소기업의 노동환경 개선 간과
	예 주 52시간 근무제
결론	**결론**
• 문제점에 대한 제언	• 3가지 문제점 요약 정리

CHAPTER 2 영어 글쓰기를 위한 3가지 전략

앞서 살펴본 근거제시형은 자신의 견해(논지)를 밝히고 주장을 개진할 때 유용한 글쓰기 전략이죠. 수험용 영작문 스킬을 가르치는 많은 학원에서 이런 방식에 치중하고 있고요. 그런데 대학 이상 과정에서 글을 쓸 때는 의견 개진뿐 아니라 상대방의 주장을 분석하고 비판해야 하는 경우도 있습니다. 근거제시형만으로는 한계가 있다는 말이죠.

실제로 외국에서 출판된 에세이 지침서들에서도 다양한 글쓰기 접근법을 제시하고 있습니다. 여기서는 에세이의 형태를 근거제시형, 세부분석형, 비판공격형으로 나눠 전형적인 예시를 살펴보면서 자세히 소개하려 합니다. 근거제시형은 주장을 개진하고 이를 뒷받침하는 근거를 제시할 때, 세부분석형은 주제를 영역별 혹은 주제별로 나누어 분석할 때, 비판공격형은 다른 주장을 반박할 때 유용한 글쓰기 유형으로, 모두 '분석적 글쓰기'에 속하죠.

근거제시형 글쓰기

국내 대다수 영작문 강좌에서 가르치는 전형적인 틀이 근거제시형입니다. 살펴본 대로 서론에서 주장을 명확히 밝힌 후 본문에서 근거를 제시하며 예를 덧붙이는 형태죠. 다음 예시를 한번 살펴볼까요?

TOPIC History is made by the actions of great leaders, not by daily contributions of average people. What is your view?

역사는 보통 사람들의 평범한 기여가 아니라 위대한 지도자의 활약으로 이룩된다. 당신의 의견은 어떠한가?

History has been recorded via books, documents, videos, movies, and novels. Their focus lies on the stories of great leaders and their contributions. It might deceive readers into believing that history is made out of great figures, downplaying the role of average individuals. However, it is nothing but a manipulation of history itself. My observations have proved that both great leaders and average people have played their own parts.

역사는 책, 다큐멘터리, 비디오, 영화, 소설을 통해 기록되어 왔다. 이것들은 훌륭한 지도자의 이야기와 그들의 기여에 초점이 맞춰져 있다. 이런 현실은 역사란 훌륭한 인물이 이룩하는 것이라고 독자들을 착각하게 만들고, 일반 개인들의 역할은 경시하게 할 수 있다. 하지만 그것은 역사 그 자체를 조작한 것에 불과하다. 필자의 분석에 따르면 훌륭한 지도자와 보통 사람 모두 그들 나름의 역할을 해 왔다.

We have experienced many social transitions through revolutions. Such stirring actions are remembered by leaders' touching stories including how to be grown as a leader, to overcome oppressions, and to achieve successful revolutions. They often disregard their followers as well as their stories. For instance, Argentine Marxist and revolutionary leader Che Guevara is one of the significant political figures and his life has been filmed several times. Some contemporaries even wear shirts featuring his face and still follow his political orientations. It is, of course, no doubt that he has left a great mark on history. However, it is also absurd that the revolution was made possible only by his actions and teachings. In his campaigning against

우리는 혁명을 통해 수많은 사회적 변화를 경험했다. 사회를 크게 뒤흔드는 이런 행동들은 지도자들이 어떻게 성장했고 어떻게 핍박을 이겨냈는지, 어떻게 혁명에 성공했는지를 비롯한 감동적인 이야기로 기억된다. 이런 이야기는 지도자의 추종자들은 물론 이들의 이야기에도 관심을 두지 않는 경우가 많다. 예를 들어, 아르헨티나의 마르크스주의자이며 혁명 지도자인 체 게바라는 중요한 정치적 인물 중 하나로, 그의 삶은 여러 차례 영화로 만들어졌다. 일부 동시대인들은 심지어 그의 얼굴이 그려진 셔츠를 입고 여전히 그의 정치적 성향을 따른다. 물론 그가 역사에 위대한 족적을 남긴 것은 의심의 여지가 없다. 하지만 혁명이 오로지 그의 행동과

가르침만으로 가능했다는 것은 말이 되지 않는다. 독재 정권에 대항하는 그의 캠페인에서는 분명 수만 명의 개인들이 그를 따르며 "독재자는 물러가라!"를 외쳤을 것이다. 그가 대중연설을 할 때도 장소를 마련하고, 자료를 모으고, 청중들을 모집하는 조력자들이 분명 있었을 것이다. 그 당시 역사에 더 큰 영향을 미친 것은 바로 이런 행동들이다.

the authoritarian government, there must have been tens of thousands of individuals who followed him, shouting "Go away Dictator!" in the protests. In his speeches on the public, there must have been assistants who set up the place, collected materials and recruited participants. It is such actions that make a greater impact on history at that moment.

빈곤은 지금까지 역사의 방향을 조종해 온 중요한 사안 중 하나다. 식량, 식수, 의복과 같은 생필품의 부족은 시대와 지역을 막론하고 지도자들을 괴롭혀 온 영원한 쟁점이다. 하지만 이런 사회악을 근절하기 위한 노력들은 실패로 돌아갔다. 사회복지국가의 등장은 가난한 사람들의 삶을 개선하는 데 큰 기여를 했지만 개발도상국들의 계속되는 빈곤은 여전히 미해결 상태다. 하지만 개인들의 최근 활약들이 새 역사를 만들어 내고 있다. 예를 들어, 빈곤층을 돕기 위해 자신들의 수익금을 활용하는 국제구호기금이나 구세군 같은 자선 단체들이 전 세계적으로 확산되고 있다. 개별 참여자들은 종류를 가리지 않고 자신들의 소장품을 기부하고 심지어 꼬마아이들도 세계 다른 지역의 아이들에게 나눠주기 위해 조그만 인형을 가져온다. 인터넷에 기반한 '1달러' 기부 캠페인도 부를 빈곤층에 분배하는 좋은 수단으로 각광받고 있다. 바로 지금도 아무나 웹사이트를 방문해 '1달러'를 기부하고 있다. 비록 이런 활동을 시작한 것은 소수이지만 그것을 지속 가능하게 한 것은 더 많은 수의 개인들이다.

Poverty is one of the concerns that have steered the direction of history so far. The lack of necessities such as food, water, and clothing is an ever-lasting issue that has bothered leaders regardless of places and times. But their efforts to eradicate such social evil have turned out to be a failure. Even though the emergence of social welfare states has greatly contributed to bettering the livelihood of the poor, the continuing poverty of developing countries remains unsolved. Recent movements of individuals, however, have made new history. For instance, charities, such as Direct Relief and the Salvation Army, that make a use of their income to help the poor are spreading around the world. Individual participants donate every piece of their belongings and even little kids bring tiny dolls to share with those in other parts of the world. The Internet-based one dollar donation campaign has also been spotlighted as good means to distribute wealth to the need. Every individual, as we speak now, visits the website and donate 'one dollar.' Even though it is a few that initiated such movements, it is a larger number of individuals that make it possible to sustain.

역사는 우리 몸과 같은 유기체이다. 얼마나 튼튼한 동맥과 정맥을 가지고 있든 간에 인체는 모세혈관의 세부적인 역할 없이는 생명을 지속할

History is an organism like our body. No matter how strong an artery and a vein it has, the body is not able to continue its life without the detailed function of capillary vessels. They are interactive and symbiotic. Even though history has seen many great leaders, they couldn't have been as great as we regard now without the contribution of average individuals in their times.

수 없다. 이 혈관들은 상호적이며 공생적이다. 비록 역사적으로 위대한 지도자가 많이 있었지만, 그 시대에 보통 사람들의 기여가 없었다면 그들은 우리가 지금 생각하는 것만큼 위대해질 수 없었을 것이다.

역사는 보통 사람이 아니라 훌륭한 지도자들에 의해 이룩된다는 명제에 대한 견해를 묻는 논제가 주어졌군요. 글쓴이는 서론에서 다음과 같이 자신의 주장을 분명히 밝히고 있습니다.

However, it is nothing but a manipulation of history itself. My observations have proved that both great leaders and average people have played their own parts.

글쓴이의 주제문에서 주목할 대목은 부사 however의 쓰임입니다. 주로 앞 내용과 반대되는 내용을 예고하는 역할을 하는 말로 알고 있지만, 주장을 밝히기에 앞서 쓰일 때도 많기 때문에 단순한 역접의 의미로만 남용하지 않도록 주의해야 하죠.

서론을 어떻게 전개해야 할지 잘 모르겠다면 3가지 접근법을 고려해 볼 수 있습니다. 첫 번째는 주장에 반하는 사실을 열거하면서 비판하는 방식으로 자신의 주장을 제시하는 방법이죠. 두 번째로 '과연 그럴까?'라고 주제에 의문을 제기하는 방식이 있습니다. 마지막으로 명제를 세분화해 설명하면서 본론의 내용을 미리 예고하는 방법이 있죠.

앞선 1장을 완벽하게 소화했다면 위 글에서 어떤 개념이 어떻게 구체화되고 있는지가 한눈에 보일 겁니다. 여기서는 '역사'라는 추상적인 개념을 '혁명의 역사'와 '빈곤 문제 대처의 역사'로 나눠 구체적으로 세분화했죠. 본론 첫 번째 단락에서는 역사적으로 수많은 혁명이 있었다는 내용을 주제문으로 내세우고 관련 예시로 체 게바라의 이야기를 들고 있습니다. 두 번째 단락에서는 빈곤 문제가 역사의 방향을 주도해 왔다는 내용을 주제문으로 내세워 구호 단체 활동을 예로 제시하고 있고요.

본론을 한 번 더 유심히 살펴볼까요? 구체적인 어휘가 대부분이죠? 에세이에서는 구체적인 단어가 많을수록 논리적이고 잘 쓴 글로 평가합니다. 구체적인 단어는 실질적인 증명이 가능하기 때문이죠. 글을 발전시키기에도 용이하고요. 이와 관련해 제가 수업 시간에 자주 언급하는 예문이 You should take care of yourself.(너 몸 관리 좀 해야 돼)입니다. 이 문장은 You should eat fresh vegetables and do exercise every day.(너는 매일 신선한 야채를 먹고 운동을 해야 돼)라고 고쳐 쓰는 게 좋죠. 그래야 '어떤 채소를 어떻게', '어떤 운동을 어떻게'와 관련된 내용으로 구체화해 글을 확장시킬 수 있으니까요. 반면 첫 번째 문장은 '몸 관리'에서 글이 더 나아가지 못합니다.

위 글의 결론은 능란한 글쓰기의 본보기라 할 수 있습니다. 학생들에게 이 글을 보여주면 결론에서 모두들 감탄하면서도 어떻게 저런 미국식 글쓰기가 가능한 건지 갸우뚱거리죠. 대체로 결론은 주장을 재차 강조하고 근거를 정리하는 흐름으로 전개하는데, 글의 효과를 극대화하기 위해 다양한 수사적 장치가 쓰이기도 합니다. 여기서는 역사적 지도자와 보통 사람을 인체의 동정맥과 모세혈관에 비유하는 수사법을 써서 주장의 설득력을 높이고 있죠.

세부분석형 글쓰기

이번엔 다른 유형의 글을 읽어 볼까요?

성공은 위험을 감수하는 데서 오는가, 면밀한 계획을 세우는 데서 오는가?

Where does Success in Life Come from?
: Taking Risks or Careful Planning

성공이 위험을 감수하는 데서 오는지, 아니면 면밀한 계획을 세우는 데서 오는지는 일반적으로 성공의 종류에 달려 있다. 필자의 의견으로는, 사업 영역에 있어서는 위험을 감수하는 것이 성공한

Whether success comes from taking risks or from careful planning is largely dependent upon types of success. In my view, when it comes to business sector, taking risks is a key trait for successful people; however, in the world of arts and science,

131

careful planning is a more important quality that enables one to get to the top.

With respect to business success, willingness to take risks is a merit that helps one to achieve success in life. One notable example involves Bill Gates, American businessman and founder of Microsoft, known as the richest man in the world with the estimated wealth of billions of dollars. He studied computer science at Harvard. Despite a bright future that would wait for him after graduation, he dropped out of the school and founded his own company. His willingness to enjoy risks continued even after he became the industry leader; in 1990 Microsoft released Windows – a breakthrough in operating software because it replaced prevailing text interfaces with innovative graphical interfaces. It soon became a best seller and captured the majority of market share. The boldness that characterized his leadership — although other merits supported his adventurous attitude — is a key element that made his success possible.

Meanwhile, in the area of arts, primarily concerned with human creativity and social life, such as literature, history, and language, careful planning is a prerequisite for effective achievement of success. J.K. Rowling, author of *Harry Potter* series, the best selling series in history, was living on state benefits when she began writing the book, but now is a multi-millionaire. From an early age, she had the ambition to be a writer. While working as an office worker, she always carried her notebook in case ideas for a plot popped into her head and carefully put each piece together later. Her working on *Harry*

사람들의 주요 특징이다. 반면 인문학과 과학 분야에서는 면밀한 계획이 정상에 오르게 해 주는 더 중요한 자질이다.

사업 영역으로 말하자면, 위험을 감수하려는 의지가 인생에서 성공을 거두게 해 주는 좋은 자질이다. 대표적인 예가 빌 게이츠 인데, 그는 미국인 사업가로 마이크로소프트 사의 창립자이자 수십억 달러의 재산을 가진 세계 최대의 부자로 알려져 있다. 그는 하버드 대학에서 컴퓨터공학을 공부했다. 졸업 후 밝은 미래가 기다리고 있는데도 그는 학교를 그만두고 자신의 회사를 설립했다. 위험을 즐기는 그의 성향은 그가 업계 선두주자가 된 후에도 이어졌다. 1990년에 마이크로소프트 사는 '윈도우'를 출시했다. 이것은 운영 소프트웨어의 획기적인 사건이었는데, 당시 지배적이었던 텍스트 기반 인터페이스를 혁신 적인 그래픽 인터페이스로 교체했기 때문이다. 윈도우는 곧바로 베스트셀러가 되었고 대부분의 시장을 점유했다. 다른 장점들도 그의 모험 적인 태도를 뒷받침해 주긴 했지만, 그의 리더십의 특징인 이런 대범함은 그를 성공하게 만든 가장 중요한 요소다.

한편 문학, 역사, 언어와 같이 주로 인간의 창의력 및 사회적 삶과 관련된 인문학 영역에서는 면밀한 계획이 성공을 효과적으로 이루는 데 필수적인 조건이다. 역사에 남을 베스트셀러 시리즈인 〈해리 포터〉 시리즈의 저자 J. K. 롤링은 책을 집필할 당시 정부 지원금을 받으며 살아가고 있었지만, 지금은 수백만 달러의 자산가다. 어렸을 때부터 그녀는 작가가 되려는 포부를 가지고 있었다. 사무 직원으로 일하면서도 그녀는 이야깃거리가 갑자기 떠오를 경우에 대비해 항상 노트를 가지고 다녔고, 나중에 그 단편들을

세심하게 짜맞췄다. 〈해리
포터〉 집필이 결실을 맺는
데도 여러 해가 걸렸고,
주요 출판대행사로부터
수없이 거절을 당한 후에야
출판되었다. 이런 면밀한
계획과 조직하기 없었다면,
그녀는 결코 그렇게 큰
성공을 거두지 못했을
것이다.

과학 분야 연구로 눈을
돌려 보면, 역사적으로
유사한 사건들이 많다.
에드워드 제너가 대표적인
인물 중 하나다. 그는
영국의 과학자이며 최초로
천연두 백신 실험에
성공한 인물이다. 소와
가까이 접촉하며 젖을
짜는 여성들이 천연두에
거의 걸리지 않는다는 데
흥미를 느낀 그는 위험성이
덜한 우두 바이러스를
사람에게 예방 접종하면
천연두를 막아낼 수 있다는
가설을 세웠다. 여러 번의
시행착오를 거쳐 그는
마침내 천연두 백신을
개발했고, 수많은 사람의
목숨을 구했으며 '면역학의
아버지'로 알려지게 되었다.
말할 것도 없이 철저한
계획과 지난날 노력은 그의
성공에 밑받침이 되었다.

요약하자면, 성공은 개인이
몸담고 있는 분야의 성격에
따라 위험을 감수하는
데서 올 수도 있고 면밀한
계획을 세우는 데서 올 수도
있다. 필자가 생각하기에
사업 분야에서는 주로
위험을 감수하려는 의지에
의해 성공이 가능한 반면,
인문학과 과학 분야에서는
치밀한 계획과 그것에
수반되는 노력이 위험을
감수하는 것보다 더
중요하다.

Potter took many years to come to its fruition, and it was published after repeated rejections of major agents. Without these careful planning and organization, she would never have achieved such great success.

Turning to scientific endeavors, history is replete with many similar cases. Edward Jenner is one of the great examples. He is English scientist and the first person to successfully test a smallpox vaccine. Interested in the observation that milkmaids in close contact with cows rarely contacted smallpox, he hypothesized that inoculating humans with less dangerous cowpox virus could protect them from smallpox. With a process of repeated trial-and-error, he finally created the smallpox vaccine, saving the lives of countless people and becoming known as the 'father of immunology.' A rigorous planning and tedious effort no doubt underpinned his success.

To sum up, success can come from either taking risks or careful planning, depending on the types of fields that one is involved. I think that, when it comes to business world, success can be made possible mainly through one's willingness to take risks; while, in the realm of arts and science, careful planning and its accompanying effort outweigh taking risks.

　'성공은 위험을 감수하는 데서 오는가, 면밀한 계획에서 오는가?'라는 논제가 제시된 걸 보니 하나의 선택지를 골라 자신의 의견을 개진하는 글이군요. 대부분은 'A인가, B인가'라는 질문을 받으면 둘 중 하나를 택해야 한다는 부담 때문에 주저합니다. 물론 한쪽이 전적으로 옳다면 당황할 일 없이 근거제시형으로 글을 써 내려가면 되지만 문제는 A와 B 모두 전적으로 틀리지 않은 경우도 있다는 거죠. 이럴 때 근거제시형은 적절하지 않습니다.

　논리적인 글은 공격의 여지가 없는 글입니다. 위의 경우 성공이 위험을 감수하고 기회를 잡는 데서 온다고 주장한다면 반대되는 예시와 근거들이 쏟아질 것이고, 반대로 면밀한 계획에서 온다고 해도 비슷한 상황이 발생할 겁니다. 하나만 선택할 수 없다는 말이죠. 이때 세부분석형 글쓰기가 필요합니다.

　세부분석형은 말 그대로 주제를 영역별로 구분해 각각 주장을 펼치는 전개 방식입니다. 예를 들어 '자기주도형 학습은 항상 옳은가'라는 논제일 때는 사회과학, 자연과학, 예체능 등의 영역으로 구분하고, '예술이 예술 비평보다 더 중요한가'라는 논제일 때는 영화, 미술, 음악, 무용 등의 영역으로 구분해 세부분석형으로 글을 구성할 수 있죠.

　위 글은 성공의 유형을 분류한 다음 사업 영역에서는 위험을 감수하는 것이 중요한 반면, 인문학과 과학 영역에서는 면밀한 계획이 중요하다고 주장하는 세부분석형에 속합니다. 대다수 학생들이 세부분석형으로 써야 하는 주제가 주어질 때 선뜻 글을 전개하지 못하는 이유가 이처럼 자신의 입장을 정해 영문으로 작성할 자신이 없기 때문이죠. 참고로 이럴 때 쓰면 좋은 표현으로 「whether 주어 + 동사 + is dependent upon」(~인지 아닌지는 …에 달려 있다), when it comes to(~에 관한 한), with respect to(~에 있어서는) 등이 있습니다.

　첫 번째 단락에서는 사업, 두 번째에서는 인문학, 세 번째에서는 과학 분야로 나눠 각각 빌 게이츠, J. K. 롤링, 에드워드 제너의 사례를 들어 설명하고 있습니다. 글을 읽다 보면 글쓴이가 해박한 사람이라는 인상을 받게 되죠. 좋은 글에서는 이처럼 글쓴이의 지성이 묻어납니다. 재료가 좋아야 음식이 맛있듯 글의 재료가 좋아야 글도 훌륭해지거든요. 이 글에서 글의 재료란 글쓴이의 박식함이고, 이 박식함은 정보력을 말하죠.

잘 쓴 글인지 못 쓴 글인지 판단하려면 참고문헌을 먼저 보라고 했었던 교수님의 말씀이 기억나는군요. 일반적으로 사회과학 분야의 글은 아이디어가 10퍼센트, 사례가 90퍼센트를 차지합니다. 이 사례가 바로 글쓴이가 찾아낸 정보들이죠. 자신의 주장을 뒷받침할 수 있도록 이 정보들을 논리적으로 배치해서 글을 완성해 나가는 거고요. 따라서 좋은 글을 쓰려면 엄선된 자료부터 확보해야 합니다. 에세이 시험을 앞두고 있다면 정보를 분야별로 미리미리 정리해 두는 게 좋습니다. 시험을 치르는 도중에 즉석에서 원하는 정보를 찾아볼 순 없으니까요.

영역별로 분석하고 그 차이를 밝힌 이 에세이의 결론에서도 본론을 요약 정리하는 동일한 패턴이 유지되고 있군요. when it comes to ~, depending on ~과 같은 표현 외에 똑같은 단어를 반복하지 않으려고 유사한 의미의 다른 어구들을 구사한 노력이 엿보이죠?

비판공격형 글쓰기

우선 다음 글부터 읽어 볼까요?

인터넷 연결은 관광을
사라지게 할 것인가?

Will Internet Connectivity Render Tourism Obsolete?

강연자는 인터넷 연결이
관광을 사라지게 할 것이라
주장한다. 필자가 보기에
강연자는 관광의 목적을
제대로 이해하지 못했으며,
컴퓨터의 연결성이
실제로는 관광 발전에
기여해 왔다는 사실을
완전히 놓치고 있다.

The speaker asserts that Internet connections will make tourism obsolete. In my view, the speaker fails to understand the purpose of tourism, while completely missing the point that computer connectivity has actually contributed to the development of tourism.

강연자가 한 주장은 관광의
목적이 정보를 얻는
것이라는 잘못된 전제에
기초한다. 점점 늘어나는
인터넷 연결은 해당 장소에
직접 가지 않아도 정보를
찾을 수 있게 도와주기
때문에 사업 출장이나

The claim the speaker made is based on an incorrect assumption that tourism aims to get information. While some types of traveling such as business trips or research expeditions can become obsolete because growing Internet connectivity helps them to find the information without coming to the places themselves. However, tourism is the business of providing service, such as entertainment, accommodation, and transportation, for people on holiday. Their needs are to escape familiar routines and surroundings and have sensory experience—seeing, feeling, and tasting—about something new. That is why people are willing to travel despite fatigue after hours of flights. Can you honestly claim that watching the musical, *The Phantom of the Opera* through YouTube is the same as that which you saw on Broadway? What compels us to come to see this piece of work is not to know its storyline but to experience overwhelming sounds of music, exciting atmospheres of stages, and vivid acting of famous singers.

Computer connectivity, in fact, helps tourism thrive further. Social Network Service has seen explosive growth in recent years. Individual participants share information on tour spots that otherwise can be forgotten. They upload pictures and boast about what they ate and what they saw, which, in turn, encourages the other members to visit. In addition, the cost of accommodation and travel decreases to a reasonable level, as more options are available with the emergence of new types of Internet travel services. The greatest example is Airbnb, hospitality service Brokerage Company. Through its mobile application, members use the service to offer or book lodging, home-stays, or other tourism experiences. It serves as a suitable substitute for those who seek real local experiences with affordable rates. Tourism industry no doubt becomes more competitive, but its whole market share has been more than doubled now compared to decades ago. Computer connection

답사연구 같은 형태는 사라질 수 있다. 하지만 관광은 휴가를 즐기는 사람들에게 유흥, 숙박, 교통과 같은 서비스를 제공하는 사업이다. 관광객들이 원하는 것은 익숙한 일상과 환경을 벗어나서 새로운 것들에 대해 감각적 경험을 하는 것, 즉 보고, 느끼고, 맛보는 것이다. 이것이 사람들이 몇 시간의 비행으로 인한 피로에도 불구하고 여행을 기꺼이 하려고 하는 이유이다. 유튜브를 통해 뮤지컬 〈오페라의 유령〉을 시청한 것이 브로드웨이에서 직접 본 것과 같다고 진심으로 주장할 수 있겠는가? 우리가 이 작품을 보러 가게 만드는 것은 작품 줄거리가 알고 싶어서가 아니라 음악의 압도적인 사운드와 흥미진진한 무대 분위기, 유명한 가수들의 생생한 연기를 경험하고 싶어서인 것이다.

컴퓨터의 연결성은 사실 관광을 더 번성하게 했다. SNS는 최근 폭발적인 성장을 하고 있다. 개개의 참여자들은 잊혀졌을지도 모를 관광 장소에 대한 정보를 공유한다. 그들은 사진을 올리고 먹은 것과 본 것을 자랑한다. 이것은 다시 다른 회원들로 하여금 그곳을 방문하도록 자극한다. 이와 더불어 숙박과 여행 비용이 합리적인 수준으로 내려갔다. 이는 새로운 형태의 인터넷 여행 서비스의 등장으로 선택의 폭이 넓어졌기 때문이다. 가장 대표적인 예가 여행 서비스 중개업체인 에어비앤비다. 이 모바일 앱을 통해 회원들은 숙박이나 홈스테이, 혹은 다른 관광 체험을 제공하거나 예약할 수 있는 서비스를 이용한다. 이것은 적당한 가격에 진정한 현지 경험을 추구하는 이들에게 알맞은 대체 서비스 역할을 한다. 관광 사업은 분명 경쟁이 심화되고 있다. 하지만 현재 관광 산업의 전체 시장 점유율은 수십 년 전과 비교해 두 배

actually provides a boon for tourism.

In conclusion, I strongly disagree with the speaker that the computer connection will make tourism obsolete. The speaker's claim is not supported by general perception of why people use travel service, and the growth of Social Network Service and Internet connectivity pique —and not kill— our curiosity about new places, peoples, and cultures.

'인터넷 접속이 관광을 사라지게 할 것이다'라는 논제에 대해 '누가 봐도 틀린 주장이다. 왜냐하면 우리는 현대 사회에서 정반대의 경험을 하고 있기 때문이다'라고 반대 의견을 피력하고 싶다면 위 글처럼 주어진 명제를 비판하는 접근법이 훨씬 더 설득력이 있습니다. 비판공격형 에세이는 바로 이런 유형을 가리키죠.

비판의 첫 단계는 '왜 화자가 이런 주장을 하는지'를 밝히는 겁니다. 주장의 근거를 비판하는 거죠. 여기서 글쓴이는 화자가 관광의 목적을 정보 획득으로 잘못 알고 있다며 본론 첫째 단락에서 이를 비판합니다. 그래서 The claim the speaker made is based on an incorrect assumption that tourism aims to get information.이라는 주제문이 첫 번째 문장으로 배치된 거죠.

이 단락에서는 우선 정보 획득이 목적인 여행도 있다는 사실을 인정했다는 데 주목해야 합니다. 글의 설득력을 높이면서 비판의 여지도 없앨 수 있기 때문인데요, 논리적인 글은 비판의 여지가 없는 글이니 인정할 건 분명히 인정하는 게 글의 전개를 위해서도 유리합니다. 하지만 어디까지나 글쓴이의 주장에 힘을 싣기 위해서라는 걸 명심해야 하죠. 그래서 본론 첫째 단락 후반부에 관광의 목적으로 화자가 주장하는 정보 획득과 글쓴이가 주장하는 감각적 경험이 대칭 구조로 제시되고 있습니다. 다시 말해 What ~ is not to know its storyline but to experience overwhelming sounds of music, exciting atmospheres of stages, and vivid acting of famous singers.에서 정보 획득 대상인 '줄거리'와 감각적인 경험인 '음향, 분위기, 연기'를 대비시키고 있죠.

본론 둘째 단락에서는 인터넷 때문에 관광이 사라지는 게 아니라 오히려 번성하게 되었다는 사실을 예를 들어 설명하며 화자의 주장을 본격적으로 비판합니다. 소셜네트워크서비스의 성장과 에어비앤비 같은 유명 숙박 중개업체의 활약을 내세우며 구체적으로 설명하는 대목에서는 독자들에게 실감나는 예시를 제시하려는 노력이 돋보이는군요.

결론에서는 자신의 주장을 한 번 더 제시하고 근거를 간결하게 정리했습니다. 화자의 의견에 동의하지 않는다는 점을 확실히 밝히고, 이를 뒷받침할 근거를 제시하면서 관광에 대한 전제가 틀렸으며 실상은 인터넷의 성장이 새로운 것에 대한 사람들의 호기심을 더 자극하고 있다고 마무리합니다. 양방향 대시 안에 and not kill을 삽입해 obsolete을 대체한 부분에서는 글쓴이의 재치가 엿보이네요.

영어 글쓰기의 5가지 원칙

이 장에서는 학생들의 에세이를 교정하면서 발견한 잘못된 글쓰기 습관을 바로잡고 바람직한 영어 글쓰기의 방향을 설정하는 데 지침이 되는 5가지 원칙을 제시합니다. 학생이 쓴 원문을 읽고 어휘 선택이나 문법상 오류를 비롯한 교정 사항들이 첨삭한 교정문에서는 어떻게 수정됐는지 꼼꼼히 검토하면서 자신의 글쓰기 전략을 점검하는 것도 좋겠군요.

#1 불필요한 단어는 쓰지 마라

불필요한 단어를 쓰는 경우는 주로 두 가지입니다. 첫째는 어휘력이 부족해 문맥에 알맞은 단어가 생각나지 않아 글을 장황하게 쓰는 경우고, 둘째는 영어식 사고가 반영된 문맥을 정확히 이해하지 못한 채 머릿속에 떠오르는 우리말을 그대로 영어로 옮기는 경우죠. 예문을 살펴보면서 실제로는 어떤 오류 패턴으로 나타나는지 알아볼까요?

이용 가능한 택시에 비해 택시 수요가 많은 늦은 시간이 되면 사람들은

Example People struggle with taking a taxi at late time when there is a vast demand for taxi compared to the available ones. For these special days, in the average, new people joined in Uber more than eight times than usual.

여기서는 두 가지 문제가 눈에 띄네요. 문맥에 적절한 단어를 써서 불필요하거나 어색한 표현을 없애고 문장 구조를 바꿔 반복되는 내용을 생략하는 게 좋겠습니다. 우선 there is a vast demand for taxi compared to the available ones를 demand for taxis peaks로 바꾸면 어떨까요? 동사 peak 하나로 긴 문장이 확 줄어들었죠? 문장을 재배치하면 for these special days 같은 불필요한 부사구도 없앨 수 있습니다.

Edited Late at night when demand for taxis peaks, the number of new Uber users grows eight times higher than usual as it becomes difficult to catch a taxi.

수요가 정점에 달하는 늦은 밤이 되면 택시 잡기가 힘들어져서 신규 우버 사용자 수는 보통 때보다 8배 증가한다.

이 글이 말하려는 주제는 결국 '신규 우버 이용자가 증가한다'는 거죠? 수요가 정점에 달해 택시 잡기가 힘들어진다는 내용은 수식어에 해당하고요. 원문에서는 핵심 내용과 수식어를 각각의 문장으로 나열해 문장 간의 논리 관계가 명확하게 드러나지 않았습니다. 이럴 때는 수식하는 문장을 종속절로 바꾸고 주절을 중심에 배치해 의미의 경중을 가리는 게 좋죠. 이렇게 하면 군더더기는 없애고 하나의 간결한 문장에 핵심 개념만 담을 수 있습니다. new people joined in Uber라는 절이 new Uber users라는 짧은 명사구로 바꾼 것도 눈여겨봐 두면 좋겠군요. 예문을 하나 더 살펴볼까요?

Example Human's originality like results from emotion and intuition remain required in the industry. Many creative contents have been made continuously. But artificial intelligence which has not human's characteristics cannot monitor them for the present.

감정과 직관의 결과 같은 인간의 독창성은 여전히 이 산업에서 필요하다. 많은 창의적인 콘텐츠가 계속해서 만들어지고 있다. 하지만 인간의 특징을 가지고 있지 않은 인공지능은 현재로선 이 콘텐츠들을 추적 관찰할 수 없다.

중심 메시지가 한눈에 들어오나요? 여기저기 불필요한 단어들이 눈에 띄어 논리를 따라가기 힘들군요. human's originality와 human's characteristics도 중복 표현이고요. creative contents를 them으로 다시 지칭하면서 장황하게 두 문장으로 늘린 것도 눈에 거슬립니다. 우리말을 그대로 영어로 옮길 때 나타나는 대표적인 문제들이죠.

인공 지능에는 없는, 감정을 느낄 수 있고 사물을 직관적으로 이해할 수 있는 인간의 능력은 창의적 콘텐츠 개발에 중요하다.

Edited The human's qualities of being able to feel emotions and understand things instinctively —not available in the artificial mind —are important for the development of creative content.

이 글의 핵심은 뭘까요? '인간이 지닌 능력이 독창적인 것을 만들어내는 데 중요하다'는 것과 '인공지능은 이런 능력을 가지고 있지 않다'는 거죠? 콘텐츠 창작을 언급한 건 이를 뒷받침하기 위해서고요. 콘텐츠가 계속 만들어지고 있다는 내용은 불필요해 보이네요. originality, characteristics 모두 인간의 '특성'을 가리키니 quality로 바꿔 한 번만 써도 충분할 것 같군요.

물론 문장을 간결하게 만드는 작업은 말처럼 쉬운 일이 아닙니다. 하지만 글이 장황하면 독자의 주의력도 금세 떨어져 애써 쓴 글이 외면받게 되죠. 중요한 건 친절한 글쟁이가 되는 겁니다. 그러려면 불필요한 단어부터 걸러내야 하고요. 생각나는 대로 무작정 문장을 나열하는 게 아니라 내가 무엇을 말하려고 이 글을 쓰는지부터 생각해야 필요한 말만 골라 쓸 수 있습니다. 핵심 주제가 무엇이고 어떤 인과 관계와 주종 관계를 바탕으로 문장을 연결해 논리를 펼칠지 미리 계획해야 그에 걸맞은 개념을 적재적소에 배치할 수 있죠. 필력은 간결함에서 나오는 법이랍니다.

#2 사물 주어에 익숙해져라

매번 '사람'만 주어 자리에 넣으면 어떻게 될까요? 불필요한 내용이

들어가 좋은 글이 되지 못합니다. 우리말에 등장하는 주어가 대부분 사람이기 때문에 나타나는 글쓰기 습관이죠. 주어 자리에 사물이 있으면 어색해하는 이유도 그래서입니다. 영어에서 사물 주어를 쓰는 이유는 문장은 간결하게 만들기 위해서죠. 사물 주어 문장을 자유자재로 구사할 수 있으려면 이처럼 뿌리 깊이 박혀 있는 한국어 패턴을 뛰어넘어야 합니다.

Example Media have reported more stimulatingly their crimes that account for only a small portion of the total and described the character as a typical alcoholic or drugs addict. Through these approaches, people continue to stick to the prejudice. As long as people don't face a dramatic event they tend not to change their attitude.

언론은 전체 중 극히 일부에 불과한 그들의 범죄를 자극적으로 보도하고 이런 특징을 전형적인 알코올 의존증자나 마약 중독자로 묘사한다. 이런 접근 방식을 통해 사람들은 계속해서 편견을 고수한다. 사람들은 극적인 사건을 직면하지 않는 이상 그들의 태도를 바꾸지 않는 경향이 있기 때문이다.

'더 자극적으로 보도한다'를 우리말 그대로 옮겨 report more stimulatingly로 표현했군요. 관계사로 같은 의미를 타나낼 수 있으니 부사구(through these approaches)는 불필요해 보입니다. 사람 주어도 세 번(people, people, they)이나 등장하네요. 과연 이렇게 많은 말이 필요할까요?

Edited Media coverage tends to exaggerate crimes committed by the homeless to attract public attention and depict homeless people as typical alcoholics or drug addicts, which has ingrained people's prejudice and bias. Without powerful actions enough to correct this, such attitude seems to continue.

언론 보도는 대중의 관심을 끌기 위해 노숙자가 저지르는 범죄를 과장하고 이들을 전형적인 알코올 의존증자나 마약 중독자로 묘사하는 경향이 있는데, 이는 사람들의 선입견과 편견을 더 깊이 뿌리내리게 만들었다. 이를 바로잡을 강력한 조치가 없다면 이런 태도는 계속될 듯하다.

report more stimulatingly를 exaggerate 한 단어로 줄여 표현했고 through these approaches, people continue to stick to the prejudice 는 앞 문장 전체를 가리키는 관계사를 주어로 쓴 which has ingrained people's prejudice and bias 구조로 바꿔 간결하게 줄였습니다. 그러면

두 번째 문장의 주어 people은 없어지겠죠? 세 번째 문장에서는 without 전치사구와 사물 주어인 such attitude를 써서 종속절에 있던 people과 주절에 있던 they도 필요 없게 됐네요. 다음 예시는 어떨까요?

경제 침체가 장기화되면서 명품을 통해 부를 과시하던 상류층의 소비 패턴이 바뀌기 시작했고, 이것은 전체 명품 시장에 부정적인 영향을 미쳤다.

Example As the economic downturn became prolonged, consumption patterns of the upper class, which showed wealth through luxury goods, began to change and it led to the overall luxury industry as negative.

사물 주어로 문장을 간결하게 만들고 싶다면 부사절(As the economic ~ prolonged)을 주어로 바꾸면 됩니다. 부사절을 문두에 두는 우리말 구조를 먼저 떠올리다 보니 이런 결과가 생긴 거죠. '경제 침체가 장기화되면서'도 틀린 표현은 아니지만 영어에서는 이 부사절을 다른 구조로 나타내야 훨씬 간결하고 명확한 문장이 됩니다.

장기화된 경제 침체는 부를 과시하는 주된 수단으로 상류층의 소비 패턴을 바꿔 놓았으며, 이는 명품 산업 전반에 부정적인 영향을 끼치고 있다.

Edited The prolonged economic downturn has changed the upper class's patterns of shopping—a primary means of showing their wealth—and it has a negative impact on the luxury industry as a whole.

prolong을 분사로 바꿔 economic downturn을 수식하는 부사절을 주어로 만들었네요. 주어가 바뀌면서 자동사로 쓰인 change도 타동사로 바뀌었고 결국 '경기 침체가 소비 패턴을 바꿨다'는 의미로 변했죠. '소비 패턴'을 수식하는 '부를 과시하는 주된 수단'은 양방향 대시로 간결하게 처리해 모두 한 문장에 담았습니다.

#3 대등한 개념은 동일한 형태로 나타내라

글을 쓸 때 명심해야 할 원칙 중 하나가 대등한 개념은 동일한 형태로 나타내야 한다는 겁니다. 두 개념의 형태가 균형을 이뤄야 한다는 말이죠.

이 원칙만 제대로 지켜도 글이 단정해지는 신기한 경험을 하게 됩니다. 그렇다면 대등한 개념은 어떻게 알아볼 수 있을까요? 글에 쓰인 어휘의 성격과 문장 구조를 보면 알 수 있습니다. 예를 통해 살펴볼까요?

Example Most of us have thought that artificial intelligence(AI) can replace our jobs in the many areas.

우리 중 대부분은 인공지능이 대다수 분야에서 우리의 직업을 대체할 수 있다고 생각한다.

여기서 눈여겨봐야 할 단어가 바로 replace입니다. 'A가 B의 자리를 차지하다'를 뜻하는 A replace B 형태에서 A와 B는 대칭 구조로 나타내야 하죠. A outpace B(A가 B를 앞지르다), A outweigh B(A가 B보다 더 중요하다) 등 주로 접두사 out-이 붙은 동사들이 이런 구조로 쓰입니다.

Edited What if artificial intelligence(AI) replaces human intelligence? This is a question that you might have raised at least once and it is associated with job loss caused by AI development.

인공지능이 인간지능을 대체한다면 어떻게 될까? 이것은 여러분들이 적어도 한 번쯤은 해 봤을 질문이며 인공지능 개발로 인한 실업 문제와도 관련이 있다.

교정문에서는 대등한 두 개념인 '인공지능'과 '인간지능'을 replace 앞뒤에 동일한 형태로 배치했습니다. '인간의 직업을 대체한다'고 한 원문의 의미는 그다음 문장에서 it is associated with job loss caused by AI development로 구체적으로 나타냈고, most of us have thought라고 말한 저자의 의도를 살려 This is a question that you might have raised at least once로 풀어 썼죠. 인공지능에 대해 의문을 가져본 적이 있는지는 알 수 없으니 추측을 나타내는 조동사 might를 썼고요. 예시를 하나만 더 살펴볼까요?

Example That creates a gap between direct democracy and representative democracy. Direct democracy is more of open-for-all, but representative democracy is more of elitism ruling majority of people by few elites.

이것은 직접 민주주의와 대의 민주주의의 간극을 유발한다. 직접 민주주의는 모두에게 열린 민주주의에 가깝지만 대의 민주주의는 소수의 엘리트가 다수의 대중을 지배하는 엘리트주의에 가깝다.

이 글은 두 대상을 명시한 후 각각 설명하는 구조이므로 두 대상이 동일한 구조를 취해야 합니다. more of를 반복적으로 쓴 걸 보면 이를 염두에 둔 듯하군요. 하지만 open-for-all과 elitism ruling majority of people by few elites를 동일한 구조로 보기는 어렵죠. 이럴 땐 의미를 풀어 써서 동일한 형태로 만들어야 합니다.

이것은 직접 민주주의와 대의 민주주의의 간극을 유발한다. 전자는 사회적 지위와 관계없이 모든 사람의 접근이 가능하지만 후자는 선거로 선출된 소수의 엘리트에게만 배타적으로 적용된다.

Edited That creates a gap between direct democracy and representative democracy: the former is accessible to all people regardless of their social status; the latter is exclusive to only a few elites selected via elections.

교정문에서는 직접 민주주의와 대의 민주주의를 반복하지 않고 '전자'와 '후자'로 표현했습니다. 추상적인 내용을 구체적으로 설명할 때 쓰는 콜론과 문장과 문장을 연결해 주는 세미콜론을 쓴 게 눈에 띄죠? 대응 관계인 accessible to all people regardless of their social status/exclusive to only a few elite selected via elections는 둘 다 「형용사＋to＋목적어＋수식어」 구조의 동일한 형태로 나타냈고요.

#4 구체적인 어휘를 써라

추상적인 단어를 쓰면 글을 전개하기가 막연하기 때문에 주제문이 아니라면 쓰지 않는 게 바람직합니다. 앞서 말했듯 You should take care of yourself.라고 쓰기보다 You should eat fresh vegetables and do exercise every day.라고 해야 글쓰기가 수월해진다는 말이죠.

온라인으로 정당의 당원이 되는 것은 정치 참여를 촉진할 수 있다.

Example Becoming members of political parties online can flourish participation in politics.

이 문장에 쓰인 추상적인 표현들은 구체적인 표현으로 얼마든 풀어 쓸 수 있습니다. 우선 flourish participation부터 구체적인 표현으로 바꿔야겠죠? Becoming members of political parties online도 마찬가지고요. 한마디로 '어떻게' 온라인 회원이 되고, '어떻게' 정치 참여를 촉진한다는 것인지 꼭 집어 말하라는 겁니다.

Edited Easy access to the Internet has expanded political participation, as it allows common people to become members of political parties, simply by clicking "register."

인터넷의 용이한 접근은 정치 참여를 확대했다. 왜냐하면 '등록'만 클릭해도 일반인도 정당의 당원이 될 수 있기 때문이다.

이 문장이 단번에 와닿죠? 온라인 회원이 되는 법을 구체적으로 설명했고, '촉진'이라는 의미도 '증가'라는 측정 가능한 실증적 개념으로 바꿨습니다. by clicking "register"를 추가해서 실용적이고 설득력 있는 정보를 제공해 독자의 주목을 끌고 있고요. 예를 하나 더 살펴볼까요?

Example You can see that YouTube's influence is growing today all over the world and people may take a positive stance on that. I also deeply agree with YouTube's positive sides and think it has created a new social innovation.

여러분은 오늘날 유튜브의 영향력이 전 세계적으로 커지고 있는 것을 볼 수 있으며, 사람들은 이에 대해 긍정적인 입장을 취할 것이다. 나 또한 유튜브의 긍정적인 측면에 동의하며 이것이 새로운 사회 혁신을 창출했다고 생각한다.

'전 세계적으로 영향력이 증가하고 있다'는 표현도 나쁘진 않습니다. 하지만 좀 더 구체적으로 나타낼 순 없을지 생각해 볼 필요는 있겠죠? '알다시피'라는 의미로 you can see를 쓴 저자의 의도는 짐작 가능하지만 문맥상 어색해 보이고 agree는 '~와 의견이 같다'라는 뜻이니 agree with YouTube's positive sides는 어법상 틀린 말이네요.

Edited Youtube has seen explosive growth in its popularity, impacting the lives of people all over the world. Many, including me, take a positive stance on its rise and regard it as a creation of new social innovation.

유튜브의 인기가 폭발적인 성장을 보이며 전 세계 모든 사람들의 삶에 영향을 미치고 있다. 나를 포함한 많은 사람들이 이런 성장에 대해 긍정적인 입장을 취하고 있으며, 이것을 새로운 사회 혁신의 창조물로 간주한다.

'유튜브의 영향력이 전 세계적으로 증가하고 있다'를 '유튜브의 인기가 폭발적으로 증가해 전 세계 모든 사람의 삶에 영향을 미치고 있다'로 구체화했습니다. 개개인의 삶과 매우 밀착돼 있다는 실감을 유도하면서 영향력의 증가폭을 좀 더 상세히 표현한 거죠. you can see라고 쓴 저자의 의도를 살리되 사물 주어로 바꿔 Youtube has seen으로 나타냈고요. 우리 눈에는 어색해 보이지만 원어민들에게는 아마 훨씬 자연스럽게 읽힐 겁니다. agree with YouTube's positive sides의 어법 오류는 take a positive stance라는 동사구를 써서 바로잡았습니다.

#5 같은 주제의 영문을 폭넓게 읽어라

글을 쓰기 전에 느끼는 막막함은 정보 부족 때문인 경우가 많습니다. 그런 만큼 특정한 주제에 대해 글을 써야 한다면 관련 주제를 다룬 글을 적어도 수십 편은 꼼꼼히 읽고 핵심 표현을 따로 메모해 두는 게 좋죠.

이렇게 하면 두 가지 효과를 거둘 수 있습니다. 우선 맥락에 알맞은 적절한 표현을 익힐 수 있죠. 사전을 찾아가며 우리말과 영어를 일대일 대응으로 짜깁기하는 것이 아니라 특정 맥락에서 원어민들이 즐겨 사용하는 패턴과 실제로 쓰는 단어를 자유자재로 구사할 수 있게 되는 겁니다. 게다가 우리말 그대로 영어로 옮기는 습관도 바로잡을 수 있죠. 원어민이 쓴 글과 자기가 영어로 쓴 글이 어떻게 다른지를 구체적으로 알면 적어도 개선 전략은 올바로 세울 수 있겠죠?

노숙자들은 새 삶을 살아보려고 했지만 경기 불황에 신용 불량자가 되어 직장을 얻기가 거의 불가능했다. 실직 기간이 길수록 직장으로 돌아가기는 더 어려워졌다. 실상가상으로 노숙자들은 길거리에서 살았기 때문에 건강이 좋지 않아 많은 기술과 경력이 필요하지 않은 노동도 할 수 없었다.

Example The homeless tried to set their lives again but it was almost impossible to get a job with bad credit in the recession. The longer non-employed period was, the harder they came back to work. To make matter worse, homeless people became unhealthy due to the lives of streets and then couldn't do even laboring jobs which needed not many skills and experiences.

'노숙자'가 소재인 글이군요. 구글에서 homeless를 검색하면 수많은 글이 쏟아질 겁니다. 이 글들을 읽다 보면 노숙자와 관련해 흔히 쓰이는 표현들과 이들이 놓인 처지를 진단하는 사회경제적 용어들을 쉽게 마주치게 되죠. 이렇게 반복적으로 등장하는 용어와 문장 구조를 익혀 두고 영작을 할 때마다 밥 먹듯 써먹어야 합니다. 다양한 문맥에 알맞은 표현을 알고 있어야 노숙자를 주제로 한 글에서 특정 주장을 반박하거나 옹호할 수 있을 테니까요. 그럼 위 글은 어떻게 바꾸면 좋을까요?

Edited Homeless people attempt to restore their lives, but it turns out to be in vain as a result of the unfavorable job market and their bad credit history. The longer they are unemployed, the harder for them to find jobs. To make matters worse, they tend to be unhealthy due to a long stay on streets, which hinders them from accessing even the unskilled job market.

노숙자들은 새 삶을 살아보려고 하지만 열악한 구직 시장과 신용불량 이력으로 인해 이런 노력이 허사가 된다. 실직한 기간이 길면 길수록 직장을 찾기는 더 어려워진다. 설상가상으로 오랜 길거리 생활로 인해 건강이 좋지 않아 비숙련 노동 시장에도 접근할 수 없는 상태다.

의미상 큰 차이는 없지만 표현 방식에는 차이가 있습니다. 같은 주제를 다룬 기존 글들에서 통용되고 있는 어휘와 문형을 적극 활용했기 때문이죠. '새 삶을 살다'는 restore their lives로 표현했군요. turn out to be는 '결국 ~하게 되다'라는 의미로 in vain(헛되이)과 궁합이 맞고요. unfavorable job markets와 bad credit history는 해당 주제에서 단골로 쓰이는 표현이죠. 주어를 they로 통일해 「the + 비교급 + 주어 + 동사, the + 비교급 + 주어 + 동사」(~하면 할수록 …하다) 형태의 동일한 구조를 쓴 것도 눈에 띕니다. a long stay on street, access an unskilled job market도 자주 쓰는 표현들이니 이참에 머릿속에 함께 담아 두면 좋겠네요.

Example There are a variety of members of society who affect decisions that determine the future of society. Some people may say that the young generation today cannot influence the decisions of society. However, I would

사회의 미래를 정하는 결정에 영향을 미치는 다양한 사회 구성원들이 있다. 혹자는 젊은층이 사회의 결정에 영향을 미칠 수 없다고 말할지도 모른다. 하지만 나는 오늘날 십 대들이 과거보다

의사결정 과정에 더 큰
영향을 미치고 있다고
말하고 싶다.

rather say that teenagers today have a greater influence
on the decision-making of society than the past.

이번엔 '정치 참여'에 대한 글이군요. decision-making을 쓴 걸 보니 글쓴이가 관련 문제에 대한 글을 어느 정도 읽은 듯합니다. 하지만 '영향을 미치다'를 influence에만 의지하고, '각계각층의' 민주주의 구성원들을 a variety of로 표현한 건 왠지 어색해 보이네요. 교정문에서는 어떻게 표현했는지 한번 볼까요?

나는 연령과 성별에
상관없이 사회에 속한
사람이라면 누구든지 그
공동체의 미래에 중요한
문제를 결정하는 데 참여할
수 있다고 생각한다. 어떤
사람들은 십 대를 이
과정에서 배제해야 한다고
주장하지만 나는 이들이
이미 정치 참여에 더
확고한 발판을 마련했고,
의사결정 과정에도
적극적으로 관여하고
있다고 생각한다.

Edited I believe anyone who belongs to society, regardless of
age and sex, can participate in determining important
issues for the future of their community. While some
argue that teenagers should be excluded from this
process, I think they have gained a stronger foothold
in political participation and have become actively
involved in the decision-making process now.

anyone who belong to society, regardless of age and sex는 '누구에게나 열려 있는 민주주의의 원칙'을 강조할 때 자주 쓰는 표현입니다. 동일한 주제를 다룬 영어 문헌에 자주 등장하는 말이죠. society를 반복하기보다 '특정한 목적을 갖고 특정한 장소에 모인 인간 집단'이라는 의미의 community를 쓴 것도 눈여겨볼 필요가 있습니다. '제외하다'에는 어떤 표현이 어울릴까요? 네, exclude가 딱 들어맞는 말이죠. gain a foothold(발판을 마련하다), become involved in the decision-making process(의사결정 과정에 참여하다)도 정치를 주제로 다룬 글에 등장하는 단골 표현들입니다.

부록 영어 글쓰기
맞춤 문법

문법의 원리

문법은 '퍼즐 게임'이다

어렸을 때 누구나 한 번쯤 퍼즐 게임을 해 봤을 겁니다. 가지각색의 작은 조각들을 하나씩 짜맞추며 그림이나 낱말을 맞히는 퍼즐은 한 조각이라도 제자리를 찾지 못하면 완성해 낼 수 없죠. 영문법의 원리도 어찌 보면 이 퍼즐 맞추기와 비슷합니다. 여러 개의 조각들이 있고 자리도 정해져 있어서 각 조각을 제자리에 놓아야만 어법상 정확하고 올바른 문장을 만들 수 있기 때문이죠. 그렇다면 영문법에는 어떤 조각들이 있고, 각각의 자리란 어디를 말하는 걸까요?

우선 '자리'에는 주어, 서술어, 목적어, 주격 보어, 목적격 보어 자리가 있습니다. 이 자리를 다른 말로 '(문장을 만드는 데 필요한) 문장 성분'이라고도 부르죠. 이 5개의 자리가 몇 가지 경우의 수에 따라 배치되면서 크게 5가지 문장 형식을 만들어 냅니다.

조각이란 '단어'를 말합니다. 단어는 성격에 따라 크게 8가지 갈래(품사)로 나뉘는데, 영어에는 명사, 대명사, 동사, 형용사, 부사, 전치사, 접속사, 감탄사가 있죠. 다음 도식을 참고하면 어떤 조각이 어떤 자리에 들어가는지 한눈에 파악할 수 있습니다. 이 도식만 이해해도 영문법은 마스터한 셈이나 마찬가지죠.

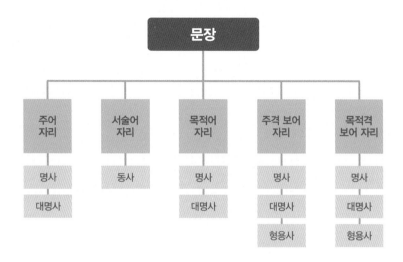

그런데 위 도식을 보고 한 가지 의문이 생길 겁니다. 품사는 8개인데 실제로 쓰는 조각은 왜 명사, 대명사, 동사, 형용사 이렇게 4조각밖에 없느냐고 말입니다. 4조각으로도 문장을 만들 수 있다면 나머지 조각들은 왜 있는 걸까요?

이 조각들은 '수식어 자리'에 들어갑니다. 영어 문장에는 기본 자리와 수식어 자리가 있는데, 기본 자리는 말 그대로 문장의 기본 틀을 말하고 문장의 핵심 내용을 담고 있죠. 반면 수식어 자리는 기본 자리를 보충하는 보조 자리입니다. 있어도 되고 없어도 되는 자리라는 말이죠.

나머지 4개의 조각들은 바로 이 수식어 자리에서 활약합니다. 이중 형용사는 기본 자리와 수식어 자리 모두에 쓰이는 특이한 조각에 속하고요. 이처럼 기본 자리와 수식어 자리는 중요도가 다르기 때문에 문장을 만들 때는 중요도에 따라 어떤 내용을 어떤 자리에 넣을지부터 고민해야 합니다. 핵심 내용이 수식어 자리에 들어가거나 부수적인 내용이 기본 자리에 들어갔다면 좋은 글이라고 할 수 없죠.

153

'조각'의 진화

조각은 진화합니다. 주로 하나의 단어가 하나의 품사로 기능하지만 두 단어 이상이 모인 단어들의 집합이 명사, 형용사, 부사 역할을 할 때도 있죠. 다시 말해 '구'와 '절'도 하나의 조각(품사)으로 쓰인다는 뜻입니다.

구 두 단어 이상이 모여 명사, 형용사, 부사 역할을 함

절 주어와 서술어가 포함된 두 단어 이상이 모여 명사, 형용사, 부사 역할을 함

구·절과 긴밀한 관계를 맺고 있는 품사가 전치사·접속사입니다. 전치사는 구를 만들고 접속사는 절을 만들기 때문이죠. 전치사가 명사와 결합해 '전치사구'가 되면 부사와 형용사 역할을 할 수 있습니다. 가령 The book on the desk is mine.(책상 위의 책은 내 것이다)에서 전치사구 on the desk는 book이라는 명사를 수식하는 형용사 기능을 하고, The hospital stands on the hill.(병원은 언덕 위에 있다)에서 전치사구 on the hill은 stands를 수식하는 부사 역할을 하죠.

접속사는 주어와 서술어가 포함된 '절'을 만드는 기능을 합니다. 가령 That the earth is round is true.(지구가 둥글다는 것은 사실이다)라는 '문장'에서 주어 자리에 That the earth is round라는 명사'절'이 들어가 있죠? 이 절 안에는 또 다른 주어(the earth)와 서술어(is round)가 보이고요. 여기서 접속사 that은 the earth is round라는 문장을 That the earth is round is true.라는 더 큰 문장에 종속시키는 역할을 합니다. 절을 이끌어 분리된 두 문장을 연결해 의미상 종속 관계를 나타내는 기능을 하죠.

부사절을 만드는 접속사도 있습니다. 일례로 It is your fault because you were late.(네가 늦은 거니까 네 잘못이야)라는 문장에서는 접속사 because가 you were late를 이끌면서 이 절의 문법적 성격을 바꿉니다. 즉, because you were late가 앞 절을 수식하는 부사절로 바뀐 거죠.

154

명사
(주어/ 목적어/보어)

구 ——— 절

부정사구

주어 To pass the exam is difficult.
시험에 합격하는 것은 어렵다.

목적어 I will try **to remember your name.**
네 이름을 기억하려고 노력할 것이다.

보어 My plan is **to leave as soon as possible.**
내 계획은 가능한 한 빨리 떠나는 것이다.

동명사구

주어 **Fishing in the sea** is fun.
낚시는 재미있다.

목적어 I love **going fishing.**
나는 낚시하는 것을 좋아한다.

보어 My favorite thing is **reading books.**
내가 가장 좋아하는 것은 독서다.

that

주어 **That he has left without you** is true.
그가 너 없이 떠났다는 건 사실이다.

목적어 I think **that your idea is right.**
네 아이디어가 옳다고 생각한다.

보어 Important thing is **that you are happy now.** 중요한 건 네가 지금 행복하다는 것이다.

의문사

주어 **When they come** is my question.
그들이 언제 오는지가 내 의문이다.

목적어 They explained **how he had escaped.**
그들은 그가 어떻게 탈출했는지를 설명했다.

보어 His concern is **what we should do first.**
그의 걱정은 처음에 우리가 뭘 해야 하는지다.

if/whether

주어 **Whether she is alive or not** does not matter to me.
그녀의 생존 여부는 내게 중요하지 않다.

목적어 I don't know **if he is safe or not.**
그의 안전한지 아닌지는 모른다.

보어 Her question is **whether they arrived safely or not.** 그녀의 의문은 그들이 무사히 도착했는지 여부이다.

what

주어 **What I am wondering** is your real plan. 내가 궁금한 건 너의 진짜 계획이다.

목적어 He knew **what you had.**
그는 네가 뭘 가지고 있는지 알고 있었다.

보어 This is **what he has missed.**
그가 놓친 건 바로 이것이다.

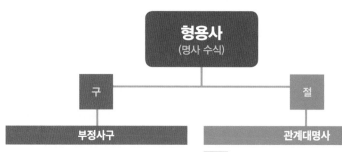

형용사
(명사 수식)

구 ─── **절**

부정사구

The next plane **to arrive at gate 2**
will be Flight 702 from Toronto.
2번 게이트에 도착할 다음 비행편은 토론토행 702
비행기이다.

전치사구

The cat **on the table** is cute.
탁자 위에 고양이는 귀엽다.

Look at the stars **in the sky**.
하늘에 떠 있는 별을 봐.

분사구

현재분사(진행/능동)
The mobile industry is **the fastest
growing** market.

휴대폰 산업은 가장 빠르게 성장하고 있는
시장이다.

The guy **sitting in the back of the
car** is my uncle.
차 뒷좌석에 앉은 남자는 내 삼촌이다.

과거분사(완료/수동)
Fallen leaves are blowing around the
street.
낙엽이 길거리에 흩날리고 있다.

The books **presented in the
magazine** are popular of teens.
그 잡지에 소개된 도서들은 십 대들 사이에서
인기가 있다.

관계대명사

who 사람 수식
The man **who paid the bill** is a millionaire.
공과금을 낸 남자는 백만장자다.

which 사물 수식
I like the doll **which you bought yesterday**.
네가 어제 산 인형이 마음에 든다.

관계부사

when 시간
He let me know the time **when he would
leave.**
그는 그 남자가 언제 떠났는지 알려 줬다.

why 이유
Please let me know (the reason) **why you
left.**
네가 떠난 이유를 알려 줘.

how 방법
He told me (the way) **how he had escaped.**
그는 그 남자가 어떻게 탈출했는지 내게 말해 주었다.

where 장소
She has offered a place **where he can stay.**
그녀는 그가 머물 장소를 제공했다.

　전치사구와 접속사절 외에도 구와 절의 쓰임새는 위 도식에서 볼 수 있
는 것처럼 다양합니다. 이 도식은 앞으로 2~5장에 걸쳐서 구체적으로 다
룰 예정이니 여기서는 우선 '자리의 진화'에 대해 좀 더 살펴보도록 하죠.

부사
(명사 외 모두 수식)

구 — 절

부정사구

목적
He studied hard **to be a doctor.**
그는 의사가 되기 위해 열심히 공부했다.

근거
She must be a fool **to believe his words.**
그의 말을 믿다니 그녀는 어리석은 게 틀림없다.

결과
He grew up **to be a pianist.**
그는 커서 피아니스트가 될 것이다.

이유
He was surprised **to see you again.**
그는 너를 다시 보게 돼 놀랐다.

전치사구

The school stands **on the hill**.
그 학교는 언덕 위에 있다.

접속사

시간
while, as, when, as soon as, the next time, by the time …

원인
since, as, because, now that, in that …

대조
although, even though, though, while, whereas …

목적/결과
so that, in order that, 「so + 형용사/부사 + that」 …

조건
if, unless, even if, in case, as long as …

'자리'의 진화

하나의 문장을 구성하는 자리의 수는 정해져 있지 않습니다. 어떤 문장은 주어와 서술어 자리로만 구성되고, 어떤 문장은 주어, 서술어, 목적어 자리로, 또 어떤 문장은 주어, 서술어, 주격 보어 자리로 구성되죠.

그럼 문장의 자릿수를 결정하는 건 뭘까요? 문법 지식을 어느 정도 갖춘 사람이라면 아마 '문장의 형식'이라고 말할 겁니다. 하지만 문장의 형식은 자릿수의 결과이지, 자릿수를 결정하는 원인은 아니죠. 문장의 형식을 만드는 결정적 요인은 동사의 뜻이 암시하는 '구멍의 수'라 할 수 있습니다. 다음 예시를 통해 자세히 설명해 볼까요?

ⓐ He runs.
ⓑ He runs this factory.

　학생들에게 이 두 문장에 쓰인 run의 뜻을 물어보면, 각각 '달리다'(ⓐ), '운영하다'(ⓑ)라고 답합니다. 하지만 엄밀히 말해 정답은 아닙니다. '운영하다'가 아니라 '~을 운영하다'를 뜻하기 때문이죠. 여기서 물결표 (~) 자리는 명사 자리고요. 저는 이 물결표를 편의상 '구멍'이라고 부릅니다. 사전적 의미에 이 구멍이 있는 동사는 뒤에 또 다른 자리가 항상 따라붙죠. 이 자리가 바로 '목적어 자리'입니다. 따라서 구멍이 있는 동사가 쓰인 문장은 기본적으로 「주어 + 서술어 + 목적어」 자리로 구성되죠. 동사의 종류는 크게 5가지로 나뉘는데, 이 종류에 따라 구멍의 수와 자리가 정해집니다. 그 결과가 1~5형식 문장이고요.

완전자동사

완전자동사는 구멍이 없습니다. 따라서 「주어 + 서술어」만으로도 문법적으로 완전한 1형식 문장을 만들 수 있죠. 하지만 수식어는 얼마든 추가될 수 있습니다. He runs.로도 문장이 되지만 to the park와 every day를 추가해 run을 수식하면 He runs to the park every day.(그는 매일 공원으로 달려간다)로 길어질 수도 있다는 말이죠.

　단, 주의할 점이 있습니다. 수식어를 추가할 때 일부 완전자동사는 특정 전치사만 취할 수 있다는 건데요, 가령 동사 refrain은 '자제하다'라는 뜻의 완전자동사입니다. 목적어 자리가 없다는 말이죠. 따라서 '담배 피우는 것을 자제하다(흡연을 삼가다)'라는 문장을 만든다면 refrain과 짝을 이루는 전치사 from을 넣어 He refrains from smoking.이라고 해야 합니다.

158

adapt to	~에 적응[순응]하다	dispose of	~을 처분하다
adhere to	~를 준수하다	dwell on	~을 깊이 생각하다
apply for	~에 지원하다	feed on	~을 먹고살다
approve of	~을 승인하다	insist on	~을 주장하다
belong to	~에 속하다	interfere with	~을 방해하다
comment on	~에 대해 의견을 말하다	lag behind	~에 뒤처지다
comply with	~을 따르다	lead to	~을 초래하다
concentrate on	~에 집중하다	object to[against]	~에 반대하다
consist of	~으로 구성되다	participate in	~에 참여하다
contribute to	~에 공헌하다	refrain from	~을 삼가다
count[rely/depend] on	~에 의지하다	subscribe to	~을 구독하다
deal with	~을 다루다	succeed in	~에 성공하다
die of	~으로 죽다	suffer from	~로 고생하다
differ from[in]	~와[~라는 점에서] 다르다	turn to	~로 향하다[변하다]

불완전자동사

be동사는 '있다(존재)'와 '~이다(명사+이다/형용사+이다)'라는 두 가지 뜻을 나타냅니다. 가령 He is there.(그는 거기에 있다)는 「주어 + 서술어」 구조로, 여기서는 be동사가 '있다'라는 의미의 완전자동사로 쓰였죠. there는 '거기에'라는 의미만 보충해 주는 수식어(부사)고요. 하지만 '~이다'라는 뜻으로 쓰이면 be동사의 성격도 달라집니다.

동사는 원래 '주어를 설명하는 말'이죠? 하지만 우리말 '~이다'를 사전에서 찾아보면 알 수 있듯 be동사도 '~이다'라는 뜻만 놓고 보면 다른 말 앞에 붙여 쓰는 '조사(다른 말을 보조하는 말)'와 비슷해 보입니다. 물결표가 암시하는 것처럼 다른 말이 추가돼야 비로소 완전한 문장이 될 수 있는 거죠. 이런 의미에서 '불완전자동사'라고도 하고요. 이때 물결표로 나타낸 구멍은 주격 보어 자리입니다. 따라서 불완전자동사는 「주어 + 서술어 + 주격 보어」라는 2형식 구조를 만들어 냅니다. 가령 He is smart.에서는 형용사 smart가 주격 보어죠.

159

불완전자동사는 고급 문형에서 자주 쓰이지만 대다수 한국인들은 이 동사를 제대로 활용하지 못합니다. 다음과 같은 대표적인 불완전자동사와 그 용법만 알아둬도 얼마든 고급 영어를 구사할 수 있죠.

be동사	is, am, are
감각[지각]동사	sound, smell, taste, feel...
~로 보이다	look, seem, appear...
~인 상태로 있다	keep, remain, stay...
~이 되다	come, go, grow, turn, get, become, fall...
~인 채 있다	stand, sit, lie...

위 동사가 쓰인 문장에서 주어를 보충 설명하는 주격 보어 자리에는 형용사, 명사, 대명사가 들어갈 수 있습니다. 가령 That sounds great.에서 감각동사 sound는 '~하게 들린다'라는 뜻의 불완전자동사이기 때문에 보어 자리에 형용사(great)를 써야 주어를 온전히 설명할 수 있죠. He is my friend.(그는 내 친구이다)에서는 보어 자리에 명사(my friend)가 나와 완전 문장이 된 거고요.

동사 seem의 경우 He seems to know everyone.(그는 모든 사람과 아는 사이인 것 같다)에서처럼 「to + 동사원형」 to부정사(형태)가 나오는 문형을 자주 봤을 텐데요, 보어 자리에 형용사, 명사, 대명사만 들어갈 수 있다면 이 문장은 비문인 걸까요? 아닙니다. 앞서 살펴본 대로 to부정사는 형용사 역할을 할 수 있기 때문이죠. 쉽게 말해 형용사구 형태로 주격 보어 자리에 들어가 있는 겁니다.

'어떤 상태나 결과에 이르다'라는 의미의 '~이 되다'를 영어로 옮길 때는 become을 떠올리기 쉬운데요, 동사 come, go grow, turn, get, fall 등으로도 같은 뜻을 나타낼 수 있습니다. 다만 뉘앙스가 달라 용법에

160

도 차이가 있죠. come은 '다가오다'(Your dream will come true. 네 꿈은 이루어질 것이다), go는 '특정 방향으로 진행하다'(The milk went bad. 우유가 상했다), grow는 '점점 커지다'(He grew angry. 그는 화가 났다), turn은 '바뀌다'(He turned pale. 그는 창백해졌다), 주로 구어체에 쓰이는 get은 '역동적이다'(This party gets exciting. 이 파티가 흥미진진해진다), fall은 '갑작스럽다'(He fell silent. 그는 갑자기 조용해졌다)는 뉘앙스가 있어 '되어 가는 양상'에 따라 이들 동사를 가려 써야 합니다.

stand, sit, lie 등은 각각 '서다', '앉다', '눕다'라는 뜻의 1형식 동사로 알고 있지만 2형식 동사로 쓰이면 '~인 채로 서다/앉다/눕다'를 의미합니다. The building stands empty.(그 건물은 비어 있다)/He sat crouched. (그는 웅크리고 앉아 있었다)/She lay awake.(그녀는 잠이 깬 채 누워 있었다)에서처럼 보어의 도움을 받으면 주어의 상태를 더욱 구체적으로 묘사할 수 있죠.

완전타동사

완전타동사도 '목적어 자리'라는 구멍이 있습니다. 완전타동사가 만드는 기본 문형은 「주어 + 서술어 + 목적어」의 3형식 구조이지만, 일부 동사의 경우 전치사가 따라붙는다는 데 유의해야 하죠.

가령 accuse는 '~을 비난하다[고소하다]'라는 뜻의 완전타동사이지만 He accused me.로만 쓰지 않고 '~라는 이유로'라는 의미를 추가해 비난의 원인을 밝혀 줍니다. 이때 정해진 전치사를 써야 하죠. accuse는 전치사 of와 짝을 이뤄 '~를 이유로 …를 비난하다[고소하다]'라는 뜻을 나타내기 때문에 He accused me of breaking the promise.(그는 약속을 어겼다며 나를 비난했다)로 써야 합니다.

accuse A of B	B를 이유로 A를 고발[비난]하다	derive A from B	B에서 A를 얻다
acquaint A with B	A에게 B를 숙지시키다	drive A into B	A를 B로 몰아넣다
attribute A to B	A를 B의 탓[공]으로 하다	equip A with B	A가 B를 갖추게 하다
associate A with B	A와 B를 관련시키다	impose A on B	A를 B에 부과하다
blame A for B	B에 대해 A를 비난하다	inform A of[about]B	A에게 B를 알리다
caution A against B	A에게 B하지 말라고 경고[주의]를 주다	provide A with B	A에게 B를 제공하다
check A for B	B의 여부를 알기 위해 A를 확인하다	prevent A from B	A가 B하지 못하게 막다[방지하다]
consider[regard] A as B	A를 B로 간주하다	refer to A as B	A를 B로 부르다[언급하다]
clear A of B	A에게서 B를 제거하다[없애다]	relieve A of B	A에게서 B를 덜어주다[제거하다]
commit A to B	A가 B에 전념하게 하다	remind A of B	A에게 B를 상기시키다
deceive A into B	A를 속여 B하게 하다	replace A with B	A를 B로 대체하다
deprive A of B	A에게서 B를 빼앗다	warn A of B	A에게 B에 대해 경고하다

수여동사

He gave me a book.(그는 나에게 책을 줬다)에서 give는 '~을 …에게 주다'를 뜻합니다. 즉, 구멍이 두 개인 동사죠. 이처럼 '주다'라는 의미를 나타내는 give 등의 '수여동사'는 목적어 자리를 두 개로 쪼개 「주어 + 서술어 + 간접목적어(…에게) + 직접목적어(~을)」 구조의 4형식 문형을 만들어 냅니다. 물론 He gave me a book to me.처럼 3형식 문장을 만들기도 하지만 이때 to me는 수식어이기 때문에 '나에게'라는 정보의 무게는 훨씬 가벼워집니다.

수여동사를 쓴 3형식 문장을 만들 때 주의할 점은 '…에게'를 뜻하는 전치사가 동사에 따라 달라진다는 겁니다. give는 to와 짝을 이루지만 for나 of를 쓰는 동사도 있죠. 대체로 '~에게 주다'라는 의미로 '방향'이 강조되는 동사는 to를, '~을 위해 해 주다'라는 의미로 '요청'이 강조되는 동사는 for를 씁니다. of는 예외에 속하는데요, 예를 들어 He asked me a favor.(그는 나에게 부탁을 했다)는 '요청'을 뜻하지만 for를 쓰지 않고 He asked a favor of me. 형태로 나타납니다.

이외에도 우리가 잘 활용하지 못하는 수여동사로 win, cost, deny, owe 등이 있습니다. 「win + A + B」는 'A에게 (A가 원하는) B를 주다'(The committee won her an award. 위원회는 그녀에게 상을 주었다), 「cost + A + B」는 'A에게 B라는 대가를 치르게 하다'(The task costs him a lot of effort. 이 일을 해내려면 그는 많은 노력을 해야 한다), 「deny + A + B」는 'A가 B를 하지 못하게 하다'(He was denied access to the information. 그는 그 정보에 접근하지 못했다), 「owe + A + B」는 'A에게 B를 빚지다'(I owe you a considerable sum. 나는 당신에게 큰 빚을 졌다)를 뜻하죠.

불완전타동사

You drive me crazy.(너 때문에 괴로워)에서 drive는 '~을 …하게 몰아넣다'라는 뜻으로, 구멍이 두 개인 동사입니다. 첫 번째 구멍은 목적어가, 두 번째 구멍은 목적어를 설명하는 내용(목적격 보어)이 들어가는 자리라는 점이 수여동사와 다르죠. 「주어 + 서술어 + 목적어 + 목적격 보어」의 5형식 구조를 만드는 이 불완전타동사를 쓸 때 주의할 점은 목적격 보어 자리에 들어가는 품사입니다. 이 자리에는 명사, 대명사, 형용사를 비롯해 to부정사, 원형부정사(동사원형), 분사가 들어갈 수 있는데, 이중 무엇이 들어갈지는 서술어인 불완전타동사의 종류에 따라 달라지죠.

잘 알려진 불완전타동사로는 사역동사 make, let, have, help, 지각동사 feel, see, hear, watch, 그 외에 keep, find, call, turn, drive 등이 있습니다. to부정사가 따라붙는 동사인 want, tell, ask, allow, expect, enable, force 등은 to부정사가 '일시적/행위/미래'의 뉘앙스를 나타낸다는 공통점이 있죠.

동명사와 to부정사는 '명사구'를 만든다고 했죠? 우리말로는 둘 다 '~하는 것'이라는 뜻의 명사처럼 해석하지만 영어에서는 동명사와 to부정사의 뉘앙스가 조금 다릅니다. 동명사는 '과거/연속적/상태'를, to부정사는 '미래/일시적/행위'를 뜻하죠. 가령 expect는 '~을 기대하다'라는 사전적 의미만 봐도 앞으로의 일을 나타내는 to부정사만 목적어로 취한다는 걸 알 수 있습니다. 그래서 I expect to see you.(너를 만나기를 기대한다)처럼 쓰는 거죠. 구멍이 두 개인 '~이 …할 것을 기대하다'라는 뜻의 불완전타동사로 쓰일 때도 I expect you to come.(난 네가 올 거라고 기대해)처럼 나타냅니다.

목적격 보어 자리에 분사가 나오는 경우는 어떨까요? 분사란 '형용사 역할을 할 수 있도록 동사를 변형시킨 형태'로, 현재분사인 -ing형과 과거분사인 -ed형이 있습니다. 형용사 역할을 한다면 형용사 자리에 들어간다는 말이겠죠? 5형식 문장에서는 사역동사와 지각동사가 쓰였을 때 목적격 보어 자리에 분사가 오는 경우가 많습니다. 가령 I will have it finished by 10 o'clock.(나는 10시까지 그것을 끝내겠다)에서는 '수동/완료'를 나타내는 과거분사인 finished(it 수식)를, I saw him running along the river.(나는 그가 강가를 따라 달리는 모습을 봤다)에서는 '진행/능동'을 나타내는 현재분사인 running(him 수식)을 써야 문맥상 알맞죠.

하나의 동사가 반드시 한 가지 문형만 만드는 것은 아닙니다. 만들어 낼 수 있는 문장 형식이 많으면 많을수록 중요한 동사라 할 수 있죠. 특정 동사가 어떤 문장 형식을 만들어 내는지를 정확히 안다면 영작문의 기본기는 갖춘 셈입니다.

ⓐ 적절한 때가 아닌 것 같아 질문은 다른 날로 남겨 두었다.

ⓑ 나뭇잎들이 모두 땅에 떨어져, 나무들은 메마르고 앙상해 진다.

ⓒ 그는 열린 창문을 통해 나를 몰래 들여보내는 데 성공했다.

ⓓ 나는 그가 점점 좋아진다.

ⓔ 그들이 모든 의심에서 완전히 벗어난 것은 아니었다.

ⓕ 어깨 통증으로 인해 그는 자신이 분명히 살아 있다는 것을 알 수 있었다.

ⓖ 나는 그가 끈에 달린 꼭두각시처럼 (남이) 바라는 동작을 그대로 한다는 것을 알았다.

ⓗ 질병 확산을 막으려는 노력들에도 불구하고 새로운 난제들이 발생했다.

ⓘ 나는 주의 깊고 차가운 그의 얼굴이 그 나무를 향해 있는 모습을 봤다.

ⓙ 위협이 끝나려면 아직 멀었기 때문에 그는 여전히 경계를 늦추지 않고 있었다.

ⓐ 적절한 때가 아닌 것 같아 질문은 다른 날로 남겨 두었다.

The time seemed inappropriate and I left the question for another day.

불완전자동사 seem을 쓴 2형식 문장입니다. 주어 자리에 time을, 주격 보어 자리에 형용사 appropriate를 썼네요. '적절한'은 appropriate, proper, suitable, pertinent 등을 쓸 수 있는데, appropriate는 상황에 적절할 때(an appropriate action 적절한 조치), proper은 규정이나 법률에 적절할 때(a proper procedure 적법 절차), suitable은 목적에 적절할 때(a suitable candidate 적합한 후보), pertinent는 관련이 있어 적절할 때(a pertinent experience 관련 경험) 씁니다.

동사 leave는 주로 완전자동사(I left for Seoul. 나는 서울로 떠났다) 또는 완전타동사(I left Seoul. 나는 서울을 떠났다/She left her scarf on the chair. 그녀는 의자에 스카프를 놓고 갔다)로 쓰이지만 '~인 채로 두다(Please leave the door open. 문을 열어 두세요)'를 뜻하는 불완전타동사로도 쓰이죠. 위 문맥에서는 '(일 등을 즉각 하지 않고) 놓아두다[미루다]'라는 의미의 완전타동사로 쓰였습니다. and는 대등 관계가 아닌 전후 관계를 나타내고요.

ⓑ 나뭇잎들이 모두 땅에 떨어져, 나무들은 메마르고 앙상해 진다.

All the leaves fall to the ground, leaving the trees dry and bare.

이 문장은 Leave를 5형식으로 활용한 문형입니다. 여기서 Leave는 '~을 ~인 채로 (내버려) 두다'는 뜻으로 'leave the trees dry and bare'로 만들 수 있죠. 위 전체 문장을 완성하려면 추가적으로 알아야 할 문법이 있습니다. 바로 대등접속사 and를 이용한 분사구문의 활용입니다. All the leaves fall to the ground, and it leaves the trees dry and bare라는 기본 문형에서 앞 문장 전체를 받는 it과 대등접속사 and를 생략하고 분

166

사 구문 형태인 'leaving the trees dry and bare'로 바꾸는 것이죠.

'나뭇잎들이 모두'를 표현할 때 all leaves, all of the leaves, all the leaves, leaves all과 같은 여러 가지 방법이 있습니다. All leaves는 일반적인 나뭇잎으로 이때 all은 한정사로 활용됩니다. All of the leaves는 특정한 나뭇잎들 중 모두로 all이 대명사이죠. 이 경우 of를 생략할 수 있어 all the leaves도 가능합니다. Leaves all은 대명사 all을 강조 용법으로 활용한 구조입니다. 위문장에 all the leaves가 쓰인 것을 보면, 특정한 장소에 있는 특정한 나뭇잎임을 알 수 있죠. All은 이외에도 부사로 '완전히'라는 뜻도 있어 His room is painted all in pink (그의 방은 완전히 분홍색으로 칠해져 있다)고 할 수 있습니다.

Bare은 형용사로 '벌거벗은' 즉 아무것도 걸치고 있지 않다는 뜻입니다. 그래서 맨발이나 맨손을 bare feet, bare hands라고 하죠. 위와 같이 나무를 꾸며줄 때는 잎이 모두 떨어져 가지만 있는 앙상한 나무를 의미합니다. 동사로 '걸치거나 감싸고 있는 것을 벗기다'는 뜻도 있어, His dog bared its teeth and barked at me (그의 개는 이빨을 드러내고 나에게 짖어 댔다)고 할 수 있죠.

🕐 그는 열린 창문을 통해 나를 몰래 들여보내는 데 성공했다.

He succeeded in smuggling me through an open window.

「완전자동사 + 전치사」 구조의 1형식 문장입니다. succeed는 '~하는데 성공하다'라는 의미를 나타낼 때는 succeed in(We succeeded in raising 10,000 dollars. 우리는 1만 달러를 모으는 데 성공했다)을, '~을 계승하다'라는 의미를 나타낼 때는 succeed to(He succeeded to the throne. 그가 왕위를 계승했다)를 씁니다. 명사형도 success(성공), succession(계승)을 구분해 쓰고, 이들 명사 뒤에 어울려 쓰이는 전치사도 각각 in과 to로 달라지죠.

'~을 몰래 들여보내다'라는 의미로 smuggle을 쓴 게 생소할 텐데요, 보통 '~을 밀수하다'라는 뜻으로 알고 있겠지만 옥스퍼드 사전에 convey (someone or something) somewhere secretly and illicitly(사람이나 사물을 불법적으로 몰래 어디론가 옮기다)로 풀이돼 있듯 '몰래 들어가다'라는 의미로도 쓰입니다. 이외에 같은 의미를 나타내는 자동사로 slip into, creep into, sneak into가 있는데, slip into는 '능수능란하게', creep into는 '천천히 조심스럽게', sneak into는 '비밀스럽게, 들키지 않게'라는 뉘앙스를 담고 있죠.

ⓓ 나는 그가 점점 좋아진다.

I have grown fond of him.

grow가 불완전자동사로 쓰이면 '무언가가 물리적으로 커지거나 어떤 변화가 점진적으로 일어나다'를 뜻합니다. 여기서는 현재완료 시제를 쓴 게 특이하군요. 현재완료는 우리말에 없는 시제라 그런지 문맥상 완료 시제를 써야 할 때도 과거형을 쓰는 실수를 할 때가 많은데, 이 경우처럼 과거에 시작된 일이 그 이후 시점까지 지속적인 영향을 미치고 있을 때는 완료 시제로 나타내야 합니다.

'좋아하다' 하면 like가 먼저 떠오를 겁니다. 서술어를 보면 주로 동사가 먼저 생각나기 마련이죠. 하지만 동사는 지속적인 상태를 표현할 때는 적합하지 않습니다. '좋아하다'처럼 지속적인 심리 상태를 나타낼 때는 동사가 아니라 형용사를 써야 더 자연스럽죠.

그 밖에 비슷한 의미의 형용사 표현으로 fond of, keen on, partial to가 있습니다. 모두 '~을 좋아하는'을 뜻하지만 쓰이는 맥락은 조금씩 다르죠. fond of는 좋아하는 마음이 클 때, keen on은 관심의 정도가 클 때, partial to는 좋아하는 마음이 편향적일 때 쓰입니다. 각각 어울려 쓰이는 전치사가 다르다는 점도 기억해 두면 좋겠군요.

ⓔ 그들이 모든 의심에서 완전히 벗어난 것은 아니었다.

They were not cleared of all suspicion.

어울려 쓰이는「완전타동사 + 전치사」짝을 알아야 구사할 수 있는 문장입니다. 여기서는 'A에게서 B를 없애다'라는 뜻의 clear A of B를 수동태로 나타냈군요. 원래 '방해되거나 불필요한 것을 제거하다'를 뜻하지만 여기서는 '의심을 없애다'라는 의미로 쓰였으니 '의심[혐의]를 풀다'로 의역할 수 있겠네요.

'~에서 벗어나다'는 다른 표현으로 나타낼 수도 있습니다. 가령 be free of는 통제받는 상태에서 벗어날 때, get away from은 어떤 상황을 모면할 때, break away from은 벗어나려는 본인의 노력을 강조할 때 쓰인다는 미묘한 차이가 있죠.

'의심'을 suspicion으로 표현했는데, 아마 대부분은 doubt을 떠올렸을 겁니다. doubt은 '그렇지 않을 것'이라는 의심을, suspicion은 '그럴 것'이라는 의심을 나타내죠. I doubt that he is a murderer./I suspect that he is a murderer.에서처럼 동사로 쓰일 때도 마찬가지고요. 전자는 그가 살인자임을 '미심쩍어 하는' 심리를, 후자는 그가 살인자라고 '수상쩍어 하는' 심리를 나타냅니다. 사실상 정반대의 의미로 볼 수도 있겠네요. 해석상 suspect는 think와 더 가깝다고 보면 됩니다.

🅕 어깨 통증으로 인해 그는 자신이 분명히 살아 있다는 것을 알 수 있었다.

The pain in his shoulders told him he was very much alive.

수여동사 tell을 쓴 4형식 문장입니다. tell은 '말하다'를 뜻하지만, 누군가에게 지시하거나 무언가를 알려준다는 뉘앙스가 강하죠. 비슷한 의미라도 say는 의견이나 정보를 전달하기 위해 일방적으로 말할 때, talk는 생각이나 느낌을 다소 깊이 있게 교환할 때, speak은 말하는 행위에 초점을 둘 때, state는 명시적으로 분명하게 말할 때, utter는 소리를 내어 말하는 발화 자체에 초점을 둘 때 쓴다는 차이가 있습니다.

alive를 강조하는 수식어인 '분명히'를 부사 very much로 표현한 대목이 눈에 띄네요. 이외에 certainly, solidly, definitely를 쓸 수도 있습니다. certainly는 화자의 확신을 강조할 때(Certainly, you borrowed my money.

넌 분명 내 돈을 빌려갔어), solidly는 물리적인 확실함을 강조할 때(I solidly hit him on the head. 나는 그의 머리를 탁 쳤다), definitely는 의심의 여지가 없음을 강조할 때(I shall definitely be at the meeting. 회의에 당연히 참석할 겁니다) 쓴다는 뉘앙스 차이가 있죠.

ⓖ 나는 그가 끈에 달린 꼭두각시처럼 (남이) 바라는 동작을 그대로 한다는 것을 알았다.

I found him performing the desired movement like a puppet on a string.

불완전타동사 find를 쓴 5형식 문장입니다. 여기서 find는 'A가 B라는 것을 알게 되다'를 뜻하죠. '~을 알다'는 know, see, understand 등으로도 쓸 수 있지만 5형식을 만들지는 못합니다. know는 어떤 사실을 알고 있을 때(I know that he is a doctor. 나는 그가 의사라고 알고 있다), see는 시각을 통해 인지했을 때(I see what is going on. 무슨 일이 벌어지고 있는지 알겠군), understand는 유추와 분석을 통해 알게 됐을 때(I understand the importance of his work. 나는 그가 하는 일의 중요성을 알고 있다) 쓴다는 차이가 있죠.

그 밖에 유용한 표현들도 보이네요. '~을 하다'를 perform으로, '바라는'을 desired라는 분사로 표현한 것도 눈에 띕니다. 전치사구 on a string을 수식어로 쓴 것도 인상적이고요. perform은 특정한 업무나 활동을 구체적인 방식으로 수행하는 모습을 표현할 때 쓰죠. desire는 무언가를 강하게 바랄 때 쓰는 동사로, 유의어인 want도 분사형 wanted로 나타낼 수 있지만 '수배 중인'이라는 전혀 뜻을 나타낸다는 데 주의해야 합니다.

ⓗ 질병 확산을 막으려는 노력들에도 불구하고 새로운 난제들이 발생했다.

Despite efforts to contain the disease, new difficulties had arisen.

170

완전자동사 arise를 쓴 1형식 문장입니다. '발생하다' 하면 arise, happen, occur, take place가 떠오르죠? arise는 서서히 점차적으로 발생할 때(The problem has arisen. 문제가 발생했다), happen/occur는 우연히 발생할 때(The accident happened at about 9p.m. 사고는 저녁 9시경에 발생했다), take place는 계획에 따라 발생할 때(Elections will take place next month. 선거는 다음달에 있다) 쓴다는 뉘앙스 차이가 있습니다.

'~을 막다'는 prevent, preclude, impede, contain 등을 쓸 수 있습니다. prevent는 어떤 일이 발생하려는 것을 막을 때(Actions were taken to prevent car accidents. 자동차 사고를 막기 위한 조치가 취해졌다), preclude는 어떤 일이 일어날 수 있는 조건을 차단시킬 때(The war precluded him from leading a normal life. 전쟁으로 그는 정상적인 삶을 영위하지 못했다), impede는 어떤 방해 요소가 일의 진행을 어렵게 할 때(The construction impeded the traffic flow. 공사가 교통 흐름을 막았다), contain은 위 문맥에서처럼 문제 등이 확산되는 것을 억제해 막을 때 주로 쓰입니다.

ⓘ 나는 주의 깊고 차가운 그의 얼굴이 그 나무를 향해 있는 모습을 봤다.

I saw his attentive, cool features turned to the tree.

불완전타동사 see를 쓴 5형식 문장입니다. '~을 보다' 하면 see, look, watch가 떠오를 텐데요, see는 의지와 상관없이 눈에 보일 때(I saw him at the office. 사무실에서 그를 봤어), look은 얼마간 의지를 발휘해 눈을 돌려 쳐다볼 때(The students looked at their teacher. 학생들은 선생님을 쳐다봤다), watch는 목적을 갖고 주의를 기울여서 볼 때(Please watch your step. 발 조심하세요) 주로 쓰이죠.

'~로 향하다'를 뜻하는 말로는 turn, head가 있습니다. head는 특정 방향으로 갈 때(He was heading for the exit. 그는 출구로 향하고 있었다), turn은 방향을 바꿀 때(John turned and looked at me. 존은 뒤를 돌아 나를 바라봤다) 주로 쓰이죠. 여기서는 얼굴을 돌린 채 바라보고 있는 모습을 묘사하고 있으니 turn을 완료를 나타내는 과거분사형으로 바꿔 목적격 보어로 썼습니다.

흥미로운 표현도 몇 가지 보이네요. '주의 깊은' 하면 careful이 떠오르죠? careful은 위험한 상황에서 '조심하는'을 의미합니다. 이 문맥에서처럼 '관심을 집중하다'라는 의미의 '주의력'과는 다르죠. 이때는 attention의 형용사형인 attentive(주의를 기울이는)가 자연스럽습니다. '모습'을 뜻하는 말로는 figure, features가 있는데, figure는 몸 전체, (복수형) features는 '얼굴, 용모, 이목구비'를 가리킨다는 차이가 있습니다.

ⓘ 위협이 끝나려면 아직 멀었기 때문에 그는 여전히 경계를 늦추지 않고 있었다.

He remained alert because the threat was far from being over.

불완전자동사 remain을 쓴 2형식 문장입니다. remain은 1형식에서 '남아 있다'(He remained on the platform. 그는 아직 승강장에 남아 있었다), 2형식에서는 위 문장처럼 '~인 채로 계속 남아 있다'라는 뜻으로 쓰이죠. 2형식 주격 보어 자리에는 형용사가 들어가 주어의 상태를 나타내고요. alert는 잠재적인 위험에 촉각을 세운 상태를 묘사하는 말입니다. '경계를 늦추지 않는'이라는 의미에 딱 들어맞는 단어죠.

'~하려면 아직 멀었다'라는 표현도 알아두면 유용합니다. '끝나다'라는 뜻의 동사로 보통 end와 finish를 떠올리지만, 둘 다 일시적인 일을 가리키기 때문에 상태를 표현하는 데는 부적절하죠. 여기서는 far from (~와는 거리가 먼)과 '완료된' 상태를 뜻하는 be over(끝나다)의 동명사형을 써서 '미완결인 상태'를 나타내고 있습니다.

ADDITION 2 | 접속사와 전치사

접속사

접속사는 절을 만드는 역할을 하고 이렇게 만들어진 접속사절은 명사나 부사 역할을 한다고 했죠? 그런데 이는 접속사의 역할 중 일부에 불과합니다. 접속사는 크게 대등접속사, 상관접속사, 종속접속사로 나뉘는데, 앞서 살펴본 건 종속접속사에만 해당하는 기능이죠.

대등접속사는 절, 구, 단어를 대등한 관계로 연결하는 역할을 합니다. and, but, or, so, for가 대표적이죠. 다음 도식의 예문에서 볼 수 있는 것처럼 대등접속사 but과 종속접속사 although 중 어떤 접속사를 쓰느냐에 따라 문장의 중심이 달라집니다. but을 쓰면 앞뒤 절이 똑같은 무게를 갖지만 although를 쓰면 I like you가 부사절이 되니 중요도가 비교적 떨어지죠. 한편, 상관접속사는 절, 구, 단어를 연결하면서 의미상 상관 관계를 명확히 밝혀준다는 특징이 있습니다.

종속접속사는 여타 접속사와 다른 특징이 있습니다. 대등접속사와 상관접속사는 구, 절, 단어를 모두 연결할 수 있지만 종속접속사는 절만 연결한다는 점이 그렇죠. 종속접속사는 보다 큰 단위의 문장에 그보다 작은 단위의 문장을 포함시키는 일종의 접착제 역할을 합니다. 더 작은 단위가 명사 또는 부사 역할을 하는 거죠. 명사절을 만드는 접속사로는

173

접속사

대등접속사

and, but, or, so, for

I like you but not your dog.
너는 좋아하지만 네 강아지는 아니야.

cf.**Although** I like you, I don't like your dog.
너를 좋아하긴 해도 네 강아지는 좋아하지 않아.

상관접속사

both A and B (A와 B 둘 다)

This sign represents **both love and peace.**
이 기호는 사랑과 평화 둘 다를 나타낸다.

either A or B(A와 B 둘 중 하나)

I'm going to take **either Jane or Betty** to the party.
나는 제인과 베티 중 한 명을 파티에 데려갈 것이다.

neither A nor B (A와 B 둘 다 아닌)

She resembles **neither her mom nor her dad.**
그녀는 엄마도 아빠도 닮지 않았다.

not only A but (also) B(A뿐 아니라 B도)

Not only you but also he is going to join.
당신뿐 아니라 그도 함께할 것이다.

A as well as B(B와 더불어 A도)

He as well as you is going to join.
당신과 더불어 그도 함께할 것이다.

A and B alike(A와 B 둘 다)

Good management benefits **employers and employees alike.**
훌륭한 경영은 고용자와 피고용자 모두에게 혜택을 준다.

not A but B (A가 아니고 B인)

It is **not mine but yours.**
이것은 제 것이 아니고 당신 것입니다.

not A nor B(A도 아니고 B도 아닌)

I do **not like apples, nor does she.**(도치)
나는 사과를 좋아하지 않고, 그녀도 그렇다.

That you have made a lot of money appealed to him.
당신이 많은 돈을 벌었다는 점이 그의 호감을 샀다.

I don't know **if he likes me or not.**
그가 나를 좋아하는지 아닌지 모르겠다.

Could you tell me **when he left?**
그가 언제 떠났는지 저에게 말씀해 주시겠습니까?

that, if, weather, 의문사(what, who, when 등)가 있는데, that은 '~인 것', if/weather는 '~인지 아닌지', 의문사는 각 의문사 뜻 그대로 해석하면 됩니다.

부사절을 만드는 접속사는 이보다 다양해서 표로 정리했습니다. 특히 whether/if는 명사절과 부사절을 모두 이끌 수 있지만 어떤 절을 이끄느냐에 따라 뜻이 달라진다는 데 유의해야 하죠.

부사절

시간

일반 when, while, before, until, after, once, as, since …

고급 as soon as(~하자마자), by the time(~할 쯤에), the moment(~한 순간) …
He left **as soon as I arrived at the station.**
내가 역에 도착하자마자 그는 떠났다.

원인

일반 because, since, as …

고급 in that(~라는 점에서), now that(~이므로) …
You can start a new business **now that you have saved a lot of money.**
넌 이제 충분한 돈을 모았으니 새로운 사업을 시작해도 되겠다.

조건

일반 if …

고급 unless(~하지 않는 한), in case(~하는 경우에 대비해), as long as(~하는 한), supposing that(~이라면) …
You can't get a job **unless you have the required skills.**
요구되는 기술이 없으면 너는 직업을 구할 수 없다.

대조/양보

일반 even though, while, although, even if …

고급 whereas(~한 반면), whether(~이든 아니든) …
Some of the studies show positive results, **whereas others do not.**
몇몇 연구들은 긍정적인 결과를 보였지만 나머지는 그렇지 않다.

목적/결과

고급 so that(~하기 위해), in order that(~하기 위해)
He has cut his spending **so that his kids can enter a private school.**
그는 아이들을 사립학교에 보내기 위해 지출을 줄였다.

「so + 형용사/부사 + that + 주어 + 동사」(너무 ~해서 …하다)
The story was **so boring that I couldn't keep** my eyes open.
그 이야기가 너무 지겨워서 눈이 자꾸 감겼다.

so(~도 역시)
A: I like this movie.   A: 나 이 영화 좋아해.
B: **so do I.**(도치)   B: 나도 그래.

전치사

전치사는 앞에서 살펴봤듯이 형용사구와 부사구를 만듭니다. 간결하게 표현할 수 있기 때문에 원어민들이 선호하는 수식 구조라고 볼 수 있죠. 우선 전치사가 형용사구로 쓰일 때는 일반 형용사와 마찬가지로 '한정적,' '서술적' 방식으로 모두 쓰일 수 있습니다. The book on the table (테이블 위에 있는 책)과 같이 the book을 on the table로 한정적으로 직접 꾸며 줄 수 있지만, Air is on the move. (공기는 움직인다)와 같이 보어 자리에서 주어를 서술적으로 꾸며 줄 수도 있습니다.

한국인들에게 특히 취약한 부분이 후자의 경우이죠. '공기는 움직인다'를 영어로 말할 때 대부분 'Air moves'라고 하거든요. 이와 같이 공기가 가진 성질이나 상태를 표현할 때는 형용사를 써야 합니다. 동사는 일시적인 행동이나 발생을 나타내기 때문에 좋은 선택이 아니죠. 하지만 '움직인다'가 한국말이 동사이기 때문에 그냥 동사로 쓰는 겁니다. 이 문제를 해결하려면 바로 'on the move'와 같이 동사의 의미를 포함한 전치사구를 사용하는 것이죠.

In favor	찬성하다	The residents are **in favor** of building a new highway. (주민들은 새로운 고속도로 건설에 찬성한다.)
In charge	책임지다.	She is **in charge** of a housing project. (그녀는 주거 프로젝트를 책임지고 있다.)
In circulation	유통되다.	This item is no longer **in circulation**. (이 품목은 더 이상 유통되지 않는다.)
In support	지지하다	Employees are **in support** of new working conditions. (직원들은 새로운 근로 조건을 지지한다.)
On the move	움직이다	Air is **on the move** all the time. (공기는 항상 움직인다.)
On sale	판매하다	Tickets are **on sale** from today. (티켓은 오늘부터 판매한다.)
Under pressure	압력 받다	They are **under pressure** to quit the job. (그들은 직장을 그만두라고 압력을 받고 있다.)

Under attack	공격받다	His novel has been **under attack** for its obscene content. (그의 소설이 외설적인 내용으로 공격을 받고 있다.)
Out of office	부재하다	She will be **out of office** for two days. (그녀는 이틀간 출근하지 않습니다.)
Out of stock	재고가 없다	I placed an order because we are **out of stock**. (재고가 없어서 주문했습니다.)

전치사구를 부사로 활용할 때도 한국인들은 서툽니다. 한국어 구조와 유사한 종속접속사를 사용하기 때문이죠. 예를 들어, '위기가 닥쳤을 때 사람들은 돈을 덜 쓰는 경향이 있다'를 'When people face crisis, they tend to spend less money.'라고 하는 경우가 많습니다. 하지만 원어민들은 'when people face crisis' 대신에 'In times of crisis'를 선택합니다. 절을 쓸 때는 주어가 등장해야만 하는 이유가 있어야 합니다. 없다면 간편하고 효과적인 전치사구를 쓰는 것이 당연하죠.

In time of	~일 때	**In times of** crisis, people tend to spend less money. (위기가 닥쳤을 때, 사람들은 돈을 적게 쓰는 경향이 있다.)
In the absence of	~이 (없을)때	What can we substitute **in the absence** of milk? (우유가 없을 때 무엇으로 대체할 수 있을까요?)
In terms of	~에 있어서	My child is healthy **in terms of** weights and heights. (내 아기는 몸무게와 키로 봤을 때는 건강하다.)
On behalf of	~을 대표해	She spoke **on behalf of** the whole team. (그녀가 팀전체를 대표하여 연설하였다.)
For fear of	~할까 봐	He kept silent **for fear of** losing his chance. (그는 자신의 기회를 잃을까 봐 침묵했다.)
In the face of	~함에도	She won the race **in the face of** bad weather conditions. (나쁜 기상 조건속에서도 그녀는 경기에서 우승했다.)
In exchange for	~을 대가로	They asked me a bit of money **in exchange for** their favors. (호의에 대한 대가로 그들은 나에게 약간의 돈을 요구했다.)

ⓐ 네가 그것으로부터 교훈을 얻는 한 그것은 해 볼 만한 가치가 있다.

ⓑ 그는 머리를 숙이고 눈을 반쯤 감은 채로 발을 질질 끌었다.

ⓒ 수년간의 방치로 건물들이 무너져 내리고 있다.

ⓓ 돛이 바람을 받자 그들은 가던 길로 배를 다시 나아가게 했다.

ⓔ 내 이야기는 지어낸 이야기들처럼 달콤하지도, 조화롭지도 않다.

ⓕ 이것에 완전히 몰두한 나머지 나는 어린 아이처럼 행복해했다.

ⓖ 그는 중요한 일이 있을 때만 고향을 찾아가며 연락을 유지하고 있었다.

ⓗ 그는 그녀를 잃을까 봐 제정신이 아니었다.

ⓘ 나는 그녀가 교회에서 나가는 모습이 보일 때까지 서성거렸다.

ⓙ 마이크(Mike)가 내 쪽을 쳐다보는 순간, 나는 약간 놀라 시선을 돌려 버렸다.

179

ⓐ 네가 그것으로부터 교훈을 얻는 한 그것은 해 볼 만한 가치가 있다.

Model Sentences

It is worth a try as long as you learn a lesson from it.

'~하는 한'을 뜻하는 종속접속사 as long as를 쓴 문형입니다. as long as 뒤에는 주어와 동사가 포함된 절 형태인 you learn a lesson from it이 나왔고요. learn은 보통 '배우다'라는 뜻으로만 알고 있는데, '몰랐던 것을 알게 되다'라는 뉘앙스가 강합니다. '레슨을 받다'에서처럼 외래어로 흔히 쓰이는 lesson은 piano lesson, French lesson등 과목명과 잘 어울려 쓰이지만, '교훈'이라는 뜻으로도 자주 쓰이죠.

'~이 가치가 있다'라고 하면 (something) has value로 옮기기 쉽습니다. value는 사물이 이미 높은 값이나 쓸모를 지니고 있을 때 쓰는 말로, 시간이나 노력을 들일 만한 '가치', 즉 중요성을 나타내는 맥락에서는 쓰지 않습니다. 이럴 때는 형용사 worth를 쓰죠. worth는 The exhibition is worth a visit.(그 전시회는 가볼 만한 가치가 있어)에서처럼 바로 뒤에 명사가 나온다는 차이가 있습니다. 이외에 「be worthwhile + to부정사」, 「be worthy of + 명사/동명사」 형태도 유사한 뜻으로 쓰이고요.

ⓑ 그는 머리를 숙이고 눈을 반쯤 감은 채로 발을 질질 끌었다.

He shuffled along with his head down and his eyes half closed.

동시동작을 나타내는 전치사 with를 쓴 문장입니다. 「with + 목적어 + 형용사(분사)」는 '~한 채로'라는 의미의 동시동작을 간결하게 표현하는 데 안성맞춤이지만 한국인은 잘 구사하지 못하는 구조죠. 여기서는 with his head down and (with) his eyes half closed로 옮겼습니다. half는 부사로 쓰여 closed를 수식하고요. '감다'의 주체는 '눈'이 아니기 때문에 수동을 나타내는 과거분사 형태를 썼고, and 뒤에 와야 할 with는 중복 표현이라 생략했습니다.

180

'질질 끌다' 하면 drag가 떠오를 텐데요, 타동사 drag는 무언가를 힘겹게 끌고 가거나 몸을 끌듯 힘들게 움직이는 모습을 나타낼 때 쓰는 말입니다. drag his foot이라고 하면 발을 별개의 물건처럼 힘들게 끌고 다닌다는 의미가 되니 여기서는 대신 shuffle을 쓴 거죠. shuffle은 물리적으로 발이 바닥에 닿은 채 움직이는 모습을 묘사할 때 쓰는 동사입니다.

ⓒ 수년간의 방치로 건물들이 무너져 내리고 있다.

The buildings are crumbling from years of neglect.

'~로, ~에 의해서'라는 의미의 전치사 from으로 '이유'를 나타낸 문장입니다. 원인을 나타낼 때는 due to, because of를 주로 떠올릴 텐데요, 여기서는 '수년간의 방치'가 건물을 무너뜨린 직접적인 원인이라기보다는 문제의 시초가 된 원초적인 원인에 가깝기 때문에 from을 썼습니다. '수년간'은 for years 등으로 표현해 뒤에서 수식하는 경우가 많은데, years of 같이 앞에서 수식하는 명사구 구조가 훨씬 세련된 표현입니다.

'무언가가 무너지다'를 보고 머릿속에 처음 떠오른 단어가 혹시 collapse였나요? collapse는 건축물이 갑자기 무너질 때 쓰는 동사죠. 수년간의 방치로 서서히 무너지는 경우라면 crumble이 더 적절합니다. crumble은 큰 덩어리가 작은 파편으로 부스러질 때도 쓸 수 있고, The group unity began to crumble.(단체의 결속력이 와해되기 시작했다)에서처럼 추상적인 대상이 오랜 기간을 두고 해체될 때도 쓸 수 있습니다.

ⓓ 돛이 바람을 받자 그들은 가던 길로 배를 다시 나아가게 했다.

As the sail was filled with wind they brought the boat onto her course.

종속접속사 as로 두 절을 연결한 문장입니다. 접속사 as는 주로 '이유(~때문에)', '비교(~와 같이, ~처럼)', '시간(~할 때)'을 나타낼 때 쓰이는데,

여기서는 '시간'을 뜻하죠. '돛이 바람을 받자'를 when이 이끄는 절로 옮겨도 되지 않을까 싶지만 when과 as는 쓰임이 다소 다릅니다. as는 동작이 진행되고 있을 때(I sang a song as I was strolling around the park. 나는 공원을 거닐며 노래를 불렀다) 쓰지만, when은 어떤 상태가 지속되던 그 '당시'를 뜻한다는(I met him when I was seven years old. 나는 7살 때 그를 만났다) 차이가 있죠. 그럼 '돛이 바람을 받다'는 어떻게 표현해야 할까요? fill을 써서 돛이 바람에 부풀어 오르는 모습을 묘사하면 됩니다.

bring을 쓴 것도 눈에 띄는군요. bring은 원래 '~을 가져오다'를 뜻하지만 '어떤 상황을 가져오다', 즉 '어떤 상태에 이르게 하다'라는 의미를 (The depression brought the company to bankruptcy. 경기 불황이 회사를 파산에 이르게 했다) 나타내기도 합니다.

ⓒ 내 이야기는 지어낸 이야기들처럼 달콤하지도, 조화롭지도 않다.

My story is neither sweet nor harmonious, as the invented stories are.

상관접속사 neither A nor B를 쓴 문장입니다. A와 B를 모두 부정할 때 쓰는 이 구문에서는 nor의 기능이 중요하죠. 여기서는 neither와 함께 쓰였지만 He never smiles, nor his wife, nor his sons.(그는 절대 웃지 않는다. 그의 부인도, 그의 아들도 마찬가지다)에서처럼 다른 부정어와 함께 쓰기도 합니다. nor 뒤에 주어와 동사가 오면 He was not happy, nor was I.(그는 행복하지 않았다. 그건 나도 마찬가지였다)처럼 도치구문으로 나타내고요.

'~처럼'은 전치사 like와 접속사 as를 써서 나타낼 수 있죠. like는 유사성을 강조하고(He drinks like a fish. 그는 술고래다) as는 대비를 강조한다는 차이가 있긴 합니다. 여기서는 invented stories와 my story를 비교하고 있기 때문에 as를 썼습니다. as절에서 중복 표현인 sweet과 harmonious를 생략했다는 건 굳이 설명할 필요 없겠죠?

ℹ️ 이것에 완전히 몰두한 나머지 나는 어린 아이처럼 행복해했다.

I became so completely immersed in this that I was as happy as a little child.

'너무 ~해서 …하다'라는 의미의 종속접속사 so ~ that …을 쓴 문장입니다. so와 that 사이에 형용사·부사를 넣거나(너무 ~해서 …하다) 「so that 주어 + 동사」 형태를 쓰거나(~하기 위해) so that 앞에 쉼표를 넣어(그래서, 따라서) 다양한 뜻을 나타낼 수 있죠.

'몰두한'을 immersed로 옮긴 게 눈에 띄네요. immerse는 '~을 담그다'라는 뜻으로, 수동태로 쓰면 '~에 몰두하게 하다'라는 뜻을(He still seems immersed in his thoughts. 그는 여전히 생각에 잠겨 있는 것 같다) 나타냅니다. 우리말에서 '생각에 파묻히거나 열중하다'라는 뜻을 나타내는 '생각에 잠기다'라는 표현과 비슷하죠? 유사한 단어로는 fascinated, captivated, preoccupied 등이 있는데 fascinated, captivated는 무언가에 매혹돼 빠져든 상태를, preoccupied는 자신의 생각에 몰입하느라 다른 데 관심을 돌리지 못하는 상태를 나타낸다는 차이가 있습니다.

🔵 그는 중요한 일이 있을 때만 고향을 찾아가며 연락을 유지하고 있었다.

He maintained contact with his original community, returning for the occasion of important events.

부사의 기능을 하는 전치사구의 활용이 필요합니다. '중요한 일이 있을 때'가 관건이죠. '~할 때'라고 하면 한국인들은 자동적으로 when부터 시작합니다. 그래서 When there were important events 아니면, when he had important events와 같은 불필요한 요소를 담은 문장을 만들죠. 이때 주어는 굳이 필요가 없습니다. 'for the occasion of important events'로 간결하게 표현할 수 있죠. 'for the occasion of'는 중요하거나 기념할 만한 일이 있는 때를 나타냅니다. 이외에도 '~이 없을 때'는 in the absence of' '~이 한창일 때'는 in the middle of와 같은 표현을 쓸 수 있죠.

'유지하다'를 maintain으로 나타낸 것이 눈에 띄네요. 보통 '연락을 하다'라고 하면 keep이 종종 등장합니다. 여기서 maintain을 사용한 이유는 단순히 연락을 취한다는 의미보다는 연락이 끊어지지 않게 노력한다는 의미가 포함되기 때문입니다. Sustain은 수준과 정도가 떨어지지 않게 일정 기간 유지한다는 의미(My question is how to sustain the growth. 내 질문은 어떻게 성장을 유지하냐는 것이다), retain은 계속 가지고 있다는 의미(Success depends on whether we can retain the lead in the second half. 성공은 우리가 후반부에도 선두를 유지하는가에 달려 있다)입니다.

ⓗ 그는 그녀를 잃을까 봐 제정신이 아니었다.

He was out of his mind for fear of losing her.

'그녀를 잃을까 봐'를 because로 처리한다면 문장의 뉘앙스를 온전히 전달할 수 없습니다. 더 구체적이고 직접적인 표현이 필요합니다. 여기서도 전치사구인 'for fear of'가 최선의 선택이죠. 두려움으로 인한 원인을 구체적으로 설명할 수 있으니까요. 유사한 표현으로는 인과 관계를 직접적으로 나타낼 수 있는 'for the reason of', 개인의 해석이 가미된 원인을 나타낼 때는 'in view of'를 사용할 수 있습니다.

'제정신이 아니다'도 전치사구를 형용사로 활용하여 'he was out of his mind'라고 할 수 있죠. 보어 자리에서 주어를 설명하는 서술적 방식으로 쓰였습니다. Out of는 서술적으로 쓰이는 대표적인 전치사로, 상징적인 의미만 아니라 물리적인 공간(I will be out of town for two weeks. 2주간 집을 떠나 다른 곳에 있을 겁니다)에 없을 때도 사용할 수 있죠.

ⓘ 나는 그녀가 교회에서 나가는 모습이 보일 때까지 서성거렸다.

I paced back and forth until I saw her leave the church.

'~까지'라는 뜻의 접속사 until을 쓴 문장입니다. 참고로 until이 전치사로 쓰일 때는 by와 구분할 수 있어야 합니다. 둘 다 우리말로 '~까지'를 뜻하지만, until은 어떤 상태나 행동 등이 지속될 때(He waited for me until 8 o'clock. 그는 나를 8시까지 기다렸다), by는 작업 등의 마감 기한을 말할 때(Please submit the proposal by Friday. 제안서를 금요일까지 제출하세요) 쓰인다는 용법 차이가 있죠. pace는 외래어로도 흔히 쓰는 단어죠? 주로 '한 걸음'(I stepped back a pace. 나는 한 걸음 뒤로 물러섰다)이나 '(걸음·달리기 등의) 속도'(He ran with a remarkably fast pace 그는 엄청난 속도로 달렸다)를 뜻하지만, '(일·생활 등) 점진적으로 올라가는 속도'(The effort has gathered pace. 그 노력은 속도를 내고 있다)를 뜻하기도 합니다. 여기서는 '한 걸음씩 옮기며 걷다'라는 뜻으로 쓰였네요.

ⓘ 마이크(Mike)가 내 쪽을 쳐다보는 순간, 나는 약간 놀라 시선을 돌려 버렸다.

The moment Mike looked in my direction I looked away, somewhat frightened.

the moment that 뒤에 「주어 + 동사」가 나오는 명사절 구조에서 접속사 that이 생략된 문장입니다. 이 문장에서 눈에 띄는 동사는 look인데요, look in my direction(내 쪽을 보다), look away(시선을 돌리다) 등에서 짐작할 수 있듯 look은 '의도적으로 바라보다'를 뜻합니다. 그래서 안을 들여다보는 look into는 '조사하다', 다른 사람을 올려다보는 look up to는 '우러러보다, 존경하다', 누군가의 뒤를 봐주는 look after는 '돌보다'라는 의미를 비유적으로 나타내기도 하죠. 어떤 전치사와 어울려 쓰이냐에 따라 뜻이 달라지기 때문에 따로 암기해 누는 게 좋습니다.

'약간 놀라서'를 뜻하는 somewhat frightened는 문법 지식이 있어야 구사할 수 있는 구문입니다. 원래 I looked away because I was somewhat frightened.였던 문장을 분사구문으로 만들면서 「접속사 + 주어 + 동사(because I was)」를 생략한 형태죠. 이 외에도 '~을 놀라게 하다'를 뜻하는 표현은 다양합니다. surprise는 예상치 못한 일로 놀라게 할 때, frighten은 겁을 줘서 놀라게 할 때, amaze/astonish는 긍정적인 일로 크게 놀라게 할 때 주로 쓰이죠. 감정을 나타내는 이 표현들은 주로 분사 형태로 나타냅니다.

3 | to부정사와 동명사

to부정사

'부정사'는 동사의 기본 형태를 말합니다. 원형 부정사는 동사의 원래 형태를, to부정사는 동사원형 앞에 to를 붙인 형태를 가리키죠. 특히 to부정사구는 다양한 품사로 변해 문장에서 명사, 형용사, 부사 역할을 할 수 있습니다.

to부정사가 명사로 쓰이면 주어, 주격 보어, 목적어, 목적격 보어 자리에 들어갈 수 있습니다. 형용사로 쓰이면 동사의 종류(자동사와 타동사)에 따라 전치사와 함께 쓰이거나(I need friends to talk with. 내겐 함께 대화를 나눌 친구가 필요해) 그렇지 않을 때(I have no time to waste. 시간 낭비할 때가 아니야)가 있죠. 가령 talk은 자동사이기 때문에 friend를 수식할 때는 전치사가 필요하고(talk with friends), waste는 타동사이기 때문에 time을 전치사 도움 없이 직접 수식할 수 있습니다(waste time).

부사는 형용사, 동사, 다른 부사, 문장 전체를 수식할 수 있습니다. 그래서 to부정사의 부사적 용법도 주로 목적, 감정의 원인, 결과, 근거 등을 나타내거나 문장 전체를 수식하기도 하죠. 한편 to부정사의 결과적 용법에는 각별히 주의해야 합니다. 가령 She grew up to be a good teacher. 에서 to부정사를 '~하기 위해서'라는 의미의 '목적'으로 착각하기 쉬운

to부정사

일반 | 고급

기능

명사

주어 To play soccer is exciting.
축구를 하는 건 재미있다.

목적어 I want to be an artist.
나는 예술가가 되고 싶다.

주격 보어 My hobby is to listen to music. 내 취미는 음악 감상이다.

목적격 보어 I expect you to come.
나는 네가 올 거라고 기대한다.

형용사

I need friends to talk with.
나는 이야기를 나눌 친구가 필요하다.

I have no time to waste.
나는 허비할 시간이 없다.

부사

목적 I studied hard to pass the exam.
나는 시험에 합격하기 위해 열심히 공부했다.

감정의 원인 I was pleased to see you again.
너를 다시 만나 나는 기뻤다.

결과 She grew up to be a good teacher.
그녀는 자라서 좋은 선생님이 되었다.

근거 He must be a fool to believe her words.
그녀의 말을 믿다니 그는 어리석은 게 틀림없다.

시제

to have + p.p.(주절의 동사보다 시기상 앞설 때)
He seems to have been rich before.
(= It seems that he was rich before.)
그는 전에 부자였던 것 같다.

수동태

to be + p.p.
I hope to be offered a job. 취업이 되면 좋겠다.

의미상 주어

for + 목적격/of + 목적격
I opened the door for the fly to get out of the room. 나는 파리가 방에서 빠져나가게 문을 열었다.

It is kind of you to help. 도와주시다니 친절한 분이군요.

부정

not + to부정사
My teacher told me not to worry about that.
선생님은 나에게 그것에 대해 걱정하지 말라고 말씀하셨다.

원형 부정사

지각[사역] 동사 + 목적어 + 원형부정사
I heard someone unlock the door.
나는 누군가 문을 여는 소리를 들었다.

She made him stay after school.
그녀는 그를 방과후에 남게 했다.

기타 용법

too ~ to 너무 ~해서 …할 수 없다
He is too short to reach the top shelf.
그는 키가 너무 작아 선반 꼭대기에 손이 닿지 않는다.

enough ~ to ~할 만큼 충분히 …하다
She is smart enough to be a doctor.
그녀는 의사가 될 만큼 똑똑하다.

only to 결과는 ~이었다
She turned up the driveway, only to find her way blocked.
그녀는 진입로에 들어왔지만 길이 막힌 것을 알게 됐다.

데 grow up(성장하다)은 의지나 목적과는 무관하게 저절로 일어나는 현상이기 때문에 여기서는 결과로 해석하는 게 알맞습니다. 이처럼 의미가 다양해 맥락에 따라 해석이 헷갈리기 쉽다 보니 결과적 용법임을 분명히 밝히고 싶을 때는 to부정사 앞에 only, just를 쓰기도 하죠.

to부정사를 「to have + p.p.」 형태로 쓰면 주절과 to부정사의 시간차를 표현할 수 있습니다. 가령 He seems to have been rich before.(그는 예전에 부유하게 살았던 듯했다)에서 주절은 현재형, to부정사구는 현재완료형으로 나타냈는데요, 그가 부자였다는 사실은 과거이고, 그렇게 보인다는 것은 현재의 일이기 때문이죠. to부정사구를 절로 풀어 쓴 It seems that he was rich before.와 비교하면 seems와 was의 시제 차이가 분명히 드러납니다.

수동태는 「to be + p.p.」 형태로 나타내고, 부정할 때는 to부정사 앞에 not을 씁니다. to부정사의 주체인 의미상 주어는 to부정사 앞에 「for + 목적격」을 써서 표현하지만, 성격이나 품성을 의미하는 형용사가 올 때는 for가 아닌 of를 쓰죠. 자주 쓰는 to부정사 표현인 too ~ to …(너무 ~해서 …할 수 없다)/enough ~ to …(~할 만큼 충분히…하다)도 알아두면 좋겠군요.

동명사

둘 다 명사구인 to부정사구와 동명사구는 뉘앙스가 약간 다릅니다. to부정사구가 '일시적/미래/행동'을 나타낸다면, 동명사구는 '연속적/과거/상태'를 나타내죠. 그래서 어울려 쓰이는 동사도 따로 있습니다. 가령 expect, want, hope 등은 '~을 하기를 기대하다[원하다]'를 뜻하기 때문에 목적어 자리에는 '미래에 일어날 일'을 암시하는 to부정사구가 와야 하죠. 반면, finish는 해 오던 일을 끝낸다는 뜻이고, enjoy도 하던 일을 계속해서 즐긴다는 뜻이기 때문에 둘 다 목적어 자리에 '연속/상태'를 나타내는 동명사구가 오는 게 자연스럽습니다.

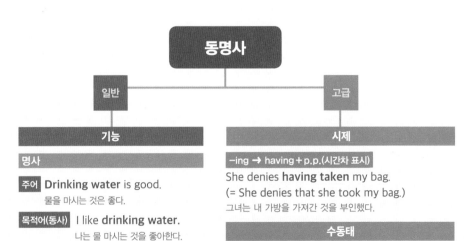

동명사

일반 ── **고급**

기능

명사

주어 Drinking water is good.
물을 마시는 것은 좋다.

목적어(동사) I like **drinking water**.
나는 물 마시는 것을 좋아한다.

목적어(전치사) We can't live without
drinking water.
우리는 물을 마시지 않고는
살 수 없다.

보어 The most important thing is
drinking water.
가장 중요한 건 물을 마시는 것이다.

시제

–ing → having + p.p.(시간차 표시)
She denies **having taken** my bag.
(= She denies that she took my bag.)
그녀는 내 가방을 가져간 것을 부인했다.

수동태

being + p.p.
He was afraid of **being seen** by the police.
그는 경찰에게 목격되는 것이 두려웠다.

의미상 주어

목적격(구어체)/소유격(격식체) 사용
Would you mind **me[my] smoking** here?
제가 여기서 담배를 피워도 될까요?

부정

not + 동명사
I am sorry for **not coming** on time.
제시간에 오지 못해 죄송합니다.

관용어구

be good at ~ing ~을 잘하다
be helpful in ~ing ~에 도움이 되다
be used to ~ing ~하는 데 익숙하다
busy ~ing ~하느라 바쁘다
cannot help[avoid/resist] ~ing ~하지 않을 수 없다
have difficulty (in) ~ing ~하는 데 어려움을 겪다
it is no use ~ ing ~해도 아무 소용이 없다
look forward to ~ing ~을 학수고대하다
reach the point of ~ing ~한 지점[지경]에 이르다

하지만 recommend, suggest는 예외적으로 동명사를 목적어로 취하기 때문에 주의해야 합니다. 같은 동사를 쓰더라도 목적어 자리에 to부정사가 오느냐 동명사가 오느냐에 따라 문장의 의미가 달라지기 때문이죠. 가령 remember locking the door는 '과거에 문을 잠근 것'을 기억해 내는 것이라면 remember to lock the door는 '나중에 문을 잠가야 하는 것'을 잊지 않는다는 의미를 나타냅니다.

동명사구는 명사 역할만 할 수 있습니다. 대신 to부정사구와 달리 전치사의 목적어 자리에 들어갈 수 있죠. 설명했듯 동사의 의미에 물결표로 나타낸 구멍에 들어가는 문장 성분은 목적어입니다. 이와 비슷하게 전치사의 사전적 의미에도 구멍이 있어서 '전치사의 목적어' 자리가 있죠. 동명사도 to부정사처럼 의미가 주절보다 시간상 앞설 때는 「having +p.p.」를, 수동태는 「being +p.p.」를, 부정은 앞에 not을 써서 나타냅니다. 동명사의 주체인 의미상 주어는 소유격이나 목적격을 써서 나타내고요.

---

afford, expect, decide, plan, wish, hope, want, promise, fail, refuse … + to부정사

목적어
I **hope** to be a doctor. 나는 의사가 되기를 희망한다.
I **want** to see you again. 나는 너를 다시 보기를 바란다.

목적격 보어
I **would like** you to be my friend. 나는 네가 내 친구가 되기를 원한다.
I **expect** him to run for the election. 나는 그가 선거에 출마하기를 기대한다.

finish, quit give up, stop, mind, avoid, postpone, admit, enjoy, recommend, consider, practice, discontinue, suggest, deny … + 동명사

I **finished** doing my homework. 나는 숙제를 끝냈다.
I **enjoy** reading books. 나는 독서를 즐긴다.

목적어가 부정사인지 동명사인지에 따라 동사의 의미가 달라지기도 한다.

· remember   I **remember locking** the door.(문을 잠근 것을 기억하고 있다)
            I **remember to lock** the door.(문을 잠가야 한다는 것을 잊지 않고 있다)
· try   I **tried to turn** it off.(그것을 끄려고 시도했다)
            I **tried turning** it off.(시험 삼아 그것을 꺼봤다)
· regret   I **regret to inform** you that you failed the exam.
            (시험 불합격을 알리게 되어 유감이다)
            I **regret having done** nothing then.(그때 아무것도 하지 않아 후회된다)

ⓐ 신뢰 부족이 사업하는 것을 어렵게 만든다.

ⓑ 구름이 걷히더니 맑고 파란 하늘이 나타나고 있다.

ⓒ 그녀는 죽었어. 그녀가 다시 살아나기를 바라는 것은 소용없는 짓이야.

ⓓ 이 나무는 벼락을 맞았던 것 같다.

ⓔ 그들은 말 한마디 못하고 그의 모험담에 귀를 기울였다.

ⓕ 그는 너무나 괴롭고 혼란스러워서 그들의 질문에 답할 수 없었다.

ⓖ 이론에 제약받지 않는 것은 새로운 발전의 길을 열어 준다.

ⓗ 나는 그녀를 애써 찾지도 않았고 그녀의 모습을 그리워하지도 않았다.

ⓘ 사우디 여성들은 머리를 가려야 하고 남자들의 눈에 띄는 것을 피해야 한다.

ⓙ 갑자기 그는 말을 너무 많이 한 것을 후회하는 듯하더니 입을 다물었다.

192

ⓐ 신뢰 부족이 사업하는 것을 어렵게 만든다.

A lack of trust makes it difficult to do business.

목적어 자리에 to부정사의 명사적 용법을 쓴 문장입니다. 말 그대로
'사업하는 것을(to do business) + 어렵게(difficult) + 만들다(make)' 구조에
해당하니 「make to do business + difficult」의 5형식 구조가 어울리죠.
여기서 중요한 건 「목적어 + 목적격 보어」 구조의 목적어 자리에 구나 절
이 들어갈 수 없다는 겁니다. 따라서 가목적어 it을 써서 make it difficult
to do business 형태로 바꿔야 하죠.
'부족, 결핍' 하면 떠오르는 단어가 뭘까요? 바로 lack입니다. 무언
가가 충분하지 못한 상태를 뜻하는 lack은 a lack of interest(흥미 부족),
a lack of parking space(주차 공간 부족)처럼 다양한 맥락에서 쓸 수 있죠.
이와 유사한 shortage는 필수적인 것이 없는 상태(a shortage of food 식량
부족)를 나타냅니다. 또 다른 유의어인 scarcity는 고급 어휘에 속하죠.

ⓑ 구름이 걷히더니 맑고 파란 하늘이 나타나고 있다.

The clouds are breaking up to reveal a clear blue sky.

to부정사구의 결과적 용법을 쓴 문장입니다. 전후 관계를 나타내니
접속사 after를 떠올렸을지도 모르겠네요. 틀린 건 아니지만 이 문맥에
서는 결과적 용법의 to부정사가 훨씬 자연스럽습니다. 단순히 시간적 흐
름에 따른 전후 변화를 나타내는 것이 아니라 구름이 걷힌 '결과' 나타
난 맑고 파란 하늘을 강조하는 셈이니까요. 숨겨져 있던 무언가를 드러
낼 때 쓸 수 있는 단어가 reveal입니다(He revealed her whereabouts. 그
는 그녀의 행방을 폭로했다). 가려져서 보이지 않던 것이 나타날 때도(The
curtains were parted, revealing a beautiful view. 커튼이 열리더니 아름다운 경치
가 펼쳐졌다) 쓸 수 있죠. 유사 단어로 disclose, divulge가 있는데, divulge
는 사적이거나 민감한 정보를 폭로할 때 주로 쓰입니다.

ⓒ 그녀는 죽었어. 그녀가 다시 살아나기를 바라는 것은 소용없는 짓이야.

She was dead. It's no use wishing her alive again.

동명사 관용 표현 It is no use ~ing(~해 봐야 소용없다)를 쓴 문장입니다. '~하기를 바라다'라고 하면 want, hope, wish가 떠오를 텐데요, 의미상 불가능한 일을 바란다는 뜻이기도 하고 어법상 'A가 B 되기를 바라다'라는 의미의 5형식 문장을 만들어야 하니 여기선 wish가 제격이겠죠?

'살아나다'라는 뜻의 동사가 아니라 '살아 있는'이라는 뜻의 형용사 alive를 쓴 것도 눈에 띕니다. 영작문을 할 때는 이처럼 우리말 품사에 얽매이는 습관에서 벗어나야 하죠. alive는 명사를 앞에서 수식하지 못하고 be동사와 함께 쓰여 주어를 보충 설명해 주는 서술적 용법으로만 쓰입니다. 이외에 서술적 용법으로 쓰이는 형용사로 afloat(He spent two days afloat on a canoe. 그는 카누에 탄 채 이틀을 표류했다), alike(They looked very alike. 그들은 매우 닮아 보였다), awake(I stayed awake all night. 나는 밤새 깨어 있었다) 등이 있죠.

ⓓ 이 나무는 벼락을 맞았던 것 같다.

This tree appears to have been struck by lightning.

시간상 주절보다 앞선 to부정사구와 to부정사의 수동태형을 쓴 문장입니다. 우선 '벼락을 맞은(strike)' 시점이 그렇게 '보이는(appear)' 시점보다 앞서는군요. '벼락에 맞았기' 때문에 수동태로 나타낸 to be struck 형태에서 말하는 시점 이전에 일어난 일임을 나타내기 위해 be동사를 완료형으로 바꾼 to have been struck으로 표현했습니다.

'~인 것으로 보인다'를 보자마자 look like를 떠올렸을지도 모르겠네요. 뒤에 명사가 오는 look like는 '~와 겉모습이 비슷하다'라는 뜻이기 때문에(This device looks like a mouse. 이 장치는 생쥐를 닮았다), '추측'을 나타내는 위 문맥과는 맞지 않죠. appear, seem은 유의어로 둘 다 '~인 듯하다'로 해석하고 to부정사를 취할 수 있긴 하지만 seem은 느낌에 의한 추측, appear는 겉모습을 통한 추측이라는 차이가 있습니다. 따라서 여기서는 appear를 쓰는 게 적절하겠네요.

ⓔ 그들은 말 한마디 못하고 그의 모험담에 귀를 기울였다.

They listened to his adventures without being able to say a word.

동명사구가 전치사의 목적어 자리에 들어간 문장입니다. '말 한마디 못하고'를 옮길 때 핵심은 being able to를 써서 '~을 할 수 없다'를 명사구로 표현하는 겁니다. 보통 cannot과 not able to를 동의어로 설명하는데, 전자는 능력은 있지만 외부적 요인 때문에 할 수 없다는 의미인 반면, 후자는 의지는 있지만 능력이 없을 때 쓴다는 차이가 있죠. 다만 명사구인 being able to는 두 가지 의미로 다 쓸 수 있습니다.

'~을 듣다'는 hear, listen to를 쓸 수 있는데, hear는 의지와 상관없이 귀에 들릴 때(I heard a strange sound outside. 밖에서 이상한 소리가 들렸다), listen to는 의지를 갖고 집중해서 들을 때(You have never listened to what I am saying. 넌 내가 하는 말에 귀를 기울인 적이 없어) 주로 쓰이죠. 그래서 영어 듣기시험도 hearing test가 아닌 listening test라고 합니다. 여기서는 귀 기울여 듣는 상황을 묘사하고 있으니 listen to가 더 적절하죠.

ⓕ 그는 너무나 괴롭고 혼란스러워서 그들의 질문에 답할 수 없었다.

He was too distressed and confused to answer their questions.

to부정사 관용 표현인 too ~ to …(너무 ~해서 …하지 못한다)를 쓰면 딱 맞겠죠? '괴롭고'와 '혼란스러워서'는 각각 distressed와 confused로 옮겼네요. distress가 명사로 쓰이면 '극심한 고통과 불안'을 의미하고(He was screaming out in distress. 그는 괴롭다 못해 비명을 질렀다), 동사로 쓰이면

'~을 괴롭히다, ~을 근심하게 하다'(Don't distress yourself. 자신을 괴롭히지 마)를 뜻합니다. 여기서는 과거분사 형태로 바뀌 형용사처럼 썼군요.

동사 confuse는 '~을 혼란스럽게 만들다'라는 뜻으로, 명사형은 confusion입니다. '~하게 만들다'라는 뜻에서 알 수 있듯 주어가 혼란을 유발하는 주체일 때는 능동을 나타내는 현재분사를(The story is confusing. 그 이야기는 혼란스럽다), 주어가 혼란을 느끼는 대상이 될 때는 수동을 나타내는 과거분사(We were confused with the story. 우리는 그 이야기에 머리가 복잡했다)를 쓰죠. 이렇게 주체에 따라 형태를 바꿔 쓰는 감정동사로는 please, excite, depress, excite, surprise, amaze 등이 있습니다.

ⓖ 이론에 제약 받지 않는 것이 새로운 발전의 길을 열어 준다.

Not being restrained by theory can make way for new development.

동명사의 부정형을 쓴 문장입니다. '이론에 제약을 받지 않는 것'은 동작이라기보다 상태를 나타내는 표현이라 to부정사를 쓰면 어색하겠네요. 외부의 '제약을 받는' 상태를 말하니 당연히 수동태로 나타내야겠죠?

'제약하다'를 뜻하는 단어에는 restrict, restrain이 있습니다. restrict은 규칙이나 한계를 두고 제약을 가할 때(The government has restricted freedom of speech. 정부는 표현의 자유를 제한했다), restrain은 행동이나 생각을 강제로 통제할 때(He advised me to restrain my ambitions and be more realistic. 그는 내게 야망을 거두고 더 현실적인 태도를 가지라고 조언했다) 주로 쓰이죠.

make way for는 '~에 길을 열어 주다'라는 의미 외에 물리적인 공간을 만들어 낸다는 의미도 있어서 '~이 지나가도록 비켜 주다'라는 뜻으로도 (He stepped back to make way for her. 그는 그녀가 지나가도록 뒤로 물러섰다) 쓰입니다. 유사 표현인 pave the way for은 말 그대로 '~을 위한 길을 닦다'라는 의미라 비유적으로 '~을 위한 상황을 조성하다, ~을 용이하게 하다'라는 뜻을(We hope this discovery will pave the way for more exploration. 우리는 이번 발견으로 더 심도 있는 탐구가 가능해지기를 바라는 바입니다) 나타내죠.

ⓗ 나는 그녀를 애써 찾지도 않았고 그녀의 모습을 그리워하지도 않았다.

I neither bothered looking for her nor yearned for a glimpse of her.

동명사 관용 표현인 bother ~ing(일부러 ~하다, ~하려고 애쓰다)를 쓴 문장입니다. ~ing대신 to부정사를 써도 같은 의미를 나타낼 수 있죠. bother는 '~을 귀찮게 하다[신경쓰게 하다]'라는 뜻의 타동사로도 (It bothers me that you are out of my sight. 네가 내 눈에 안 보이니까 신경이 쓰여) 자주 쓰입니다.

glimpse는 '스쳐 지나가거나 얼핏 보이는 모습'을 뜻하니 a glimpse of는 '~의 순간적인 모습'을 의미합니다. '~을 잠깐[언뜻] 보다'라는 뜻의 동사로도(We glimpsed the ocean from the windows of the bus. 버스 창문으로 언뜻 바다가 보였다) 쓰이는 glimpse가 온전하게 다 보지 못했다는 뉘앙스가 있다면, 유의어인 glance는 짧은 시간이나마 보긴 했지만 휙 보고 눈을 돌렸다는 뉘앙스를(I glanced at my watch. 나는 시계를 힐끗 쳐다봤다) 담고 있습니다.

ⓘ 사우디 여성들은 머리를 가려야 하고 남자들의 눈에 띄는 것을 피해야 한다.

Saudi women should hide their hair and avoid being seen by men.

목적어 자리에 동명사만 올 수 있는 동사를 쓴 문장입니다. '~을 피하다'라는 뜻의 avoid도 그중 하나죠. 비슷한 말로 evade, elude가 있는데, evade는 본인의 책임 등을 불법적으로 피한다는 뉘앙스를(tax evasion 탈세), elude는 교묘하게 피해 다닌다는 뉘앙스를(He has eluded the police for six months. 그는 6개월 동안 경찰을 교묘하게 피해 다니고 있다) 지닙니다.

hide는 다른 사람 눈에 띄지 않도록(He hid the gold in the vault. 그는 금고에 금을 감췄다) 또는 드러나지 않도록(He can hardly hide his dislike. 그는 싫은 내색을 감추지 못한다) 숨긴다는 뉘앙스가 강합니다. 또 다른 유의어인 conceal은 존재를 감추려고 의도적으로 숨긴다는 의미가(The police concealed the evidence. 경찰은 증거를 숨겼다) 있죠.

① 갑자기 그는 말을 너무 많이 한 것을 후회하는 듯하더니 입을 다물었다.

Suddenly he seemed to regret having said too much and fell silent.

동명사에 과거완료 시제를 쓴 문장입니다. '후회한 것'과 '너무 말을 많이 한 것'은 시점이 다르죠? 따라서 시간상 앞선 행동인 '너무 말을 많이 한 것'을 완료형인 to regret having said too much로 옮겼습니다. 동사 regret은 뒤에 to부정사가 오면 '~하게 되어 유감이다'(I regret to inform you of this news. 이런 소식을 알려드리게 되어 유감입니다)를 뜻하고, 동명사가 오면 '~한 것을 후회하다'(I regret marrying you. 난 당신과 결혼한 게 후회돼)를 뜻하죠.

동사 fall은 불완전자동사로 쓰여 '갑작스럽게 어떤 상태가 되다'를 뜻합니다. 여기서는 주격 보어 자리에는 형용사 silent를 써서 '갑자기 입을 다물었다'는 뉘앙스를 살렸죠. fall은 높은 곳에서 낮은 곳으로 떨어질 때(His book fell out of his bag. 그의 책이 가방에서 떨어졌다), 중심을 잃고 넘어질 때(I fell down at the park. 나는 공원에서 넘어졌다), 수량이나 정도 등이 하락할 때(The income fell by 10 percent. 수입이 10퍼센트 떨어졌다)도 자주 쓰입니다.

관계사

관계대명사는 절이 형용사 역할을 하도록 기능을 바꿔 주는 말이지만 특이하게 '대명사'로 분류됩니다. '관계'는 연결 기능을 하는 접속사를, '대명사'는 말 그대로 앞서 나온 명사를 가리키는 대명사를 의미하죠. 다시 말해 접속사와 대명사가 합쳐진 말이 관계대명사입니다.

주격 관계대명사

미나는 상을 받았다.
+ 그녀는 많은 책을 읽었다.
= 많은 책을 읽은 미나가
상을 받았다.

Mina won the prize. **+ She** had read many books.
= Mina **who** had read many books won the prize.

관계대명사가 보이면 두 문장을 합친 문장으로 이해하면 됩니다. 여기서는 두 문장을 연결해 주는 접속사(+로 표기)와 주격 대명사 she를 결합해 who라는 관계대명사를 만들어 who 이하 절이 앞선 명사인 Mina를 수식하는 역할을 하죠. 관계대명사절 who had read may books에서 who가 주어 자리에 있기 때문에 who는 '수격 관계대명사'라고 합니다. 위 문맥에서는 who 앞에 있는 선행사가 사람(Mina)이기 때문에 who를 썼지만 선행사가 사물이면 which를 쓰죠.

목적격 관계대명사

I found Mina in a hospital. + I saw **her** yesterday.
= I found Mina **who(m)** I saw yesterday in a hospital.

나는 병원에서 미나를
만났다. + 나는 그녀를
어제 봤다.
= 어제 본 미나는
병원에서 만났다.

이번에는 Mina를 가리키는 대명사 her가 뒤 문장의 목적어 자리에 있
죠? 따라서 접속사(+)와 대명사 her을 합친 목적어 who(m)이 선행사
뒤의 관계대명사 자리에 나와 형용사절을 이끌고 있습니다. 이 형용사
절이 뒤 문장의 목적어(her)에 해당하는 Mina를 수식하니 관계대명사
who(m)을 '목적격 관계대명사'라고 부르죠. 원칙적으로는 whom을 쓰
지만 주격인 who가 더 흔히 쓰이는 편입니다. 이때도 선행사가 사물이
라면 which를 써야 하고요.

I found Mina in a hospital. + I talked **to her** yesterday.
= I found Mina **to whom** I talked yesterday in a hospital.

나는 병원에서 미나를
만났다. + 어제 그녀와
얘기를 나눴다.
= 어제 얘기를 나눴던
미나는 병원에서 만났다.

위 예문에서 주의할 점은 뒤 문장의 동사(talk)가 타동사가 아니라 자
동사라는 겁니다. 그래서 대명사 her 앞에 전치사 to를 쓴 거죠. 이때 전
치사는 뒤 문장에 그대로 둘 수도 있지만(I found Mina whom I talked to
yesterday in a hospital), 보통 위 문장에서처럼 관계대명사 앞에 놓습니다.
이렇게 관계대명사 앞에 전치사가 올 때는 who가 아니라 반드시 목적격
인 whom을 써야 하죠. 목적격 관계대명사는 생략할 수도 있습니다.

Minho sent three letters. + I have received **none of them**.
= Minho sent three letter, **none of which** I have received.

민호는 3통의 편지를
보냈다. + 나는 한 통도
받지 못했다.
= 민호는 3통의 편지를
보냈는데, 나는 그중 한
통도 받지 못했다.

대명사 앞에 전치사가 아니라 none of 같은 구가 올 때는 어떤 관계대
명사를 써야 할까요? 이때도 마찬가지로 목적격을 씁니다. 한 가지 차이
라면 전치사는 목적격 관계대명사 앞으로 보낼 수도, 그렇지 않을 수도
있지만 none of 등의 구는 반드시 관계대명사 앞에 와야 한다는 거죠.

소유관계 한정사

'관계한정사'라는 말이 생소하게 들릴지도 모르겠군요. 일반 문법책에서 '소유격 관계대명사'로 통용되는 명칭을 여기서는 '관계한정사'라고 부르려 합니다. 그 이유는 다음 예문을 보면서 설명하도록 하죠.

나는 미나를 좋아한다.
+ 그녀의 머리는
붉은색이다.
= 나는 붉은색 머리카락을
가진 미나를 좋아한다.

I like Mina. + **Her** hair is red.

= I like Mina **whose** hair is red.

앞 문장의 Mina를 뒤 문장에서 가리키는 말은 her뿐입니다. 여기서 her는 대명사가 아니라 hair를 꾸며주는 '한정사'죠? 한정사란 명사 앞에 쓰여 그 뜻을 한정해 주는 말을 가리킵니다. 그렇다면 이 두 문장을 연결하는 역할을 하는 whose를 '관계한정사'라고 하는 게 더 정확하지 않을까요? 접속사(+)와 her를 합친 말이 관계한정사 whose고, whose가 이끄는 절은 여전히 형용사 역할을 합니다.

선행사가 사물일 때는 of which를 쓰기도 하지만 원래 whose를 쓰는 게 원칙입니다. 참고로 한정사는 소유한정사(my, your, their, her...), 지시한정사(this, that, these, those...), 수량한정사(few, a few, many, much, each, every...)로 나뉘는데, 여기서 관계한정사란 소유한정사와 지시한정사를 말하죠.

지시관계 한정사

나는 지난 토요일에
미나를 만났다. + 우리는
그때 그 계획에 대해
얘기를 나눴다.
= 나는 지난 토요일에
미나를 만났고 그때 그
계획에 대해 얘기를
나눴다.

I met Mina last Saturday. + We talked about the plan **at that time**.

= I met Mina last Saturday, **at which time** we talked about the plan.

'때(last Saturday, at that time)'를 나타내는 부사가 두 문장의 공통 요소니까 한 문장으로 연결할 수 있겠죠? 뒤 문장에서 last Saturday를 가리키는 말은 지시한정사 that이기 때문에 that만 which로 바꾼 채 at which time 모두 형용사절을 이끄는 자리로 이동합니다. 핵심 내용을 담은 앞 문장과 이를 수식하는 뒤 문장이 지시관계 한정사 which로 연결된 거죠.

관계부사

관계부사는 '접속사'와 '부사구'를 합친 말로, 명칭은 '부사'지만 실제로 는 명사를 수식하는 형용사 역할을 합니다.

I like Busan. + I was born **in it.**
= I like Busan **in which(= where)** I was born.

나는 부산을 좋아한다.
＋나는 그곳에서 태어났다.
＝나는 내가 태어난 곳인 부산을 좋아한다.

수식을 받는 명사 Busan이 뒤 문장에서는 it으로 바뀌었죠? 접속사 (+)와 it이 결합하면서 관계대명사 which로 변했고 전치사 in도 which 앞으로 따라갔군요. 이때 in which는 같은 의미를 나타내는 where로 바 꿀 수 있습니다. where에 뒤 문장의 부사구 in it이 함께 들어간 셈이죠. 그런 의미에서 where를 '관계부사'라고 합니다.

이렇게 관계대명사와 장소를 나타내는 전치사(in, to, from, at…)가 결 합되면 where, 시간을 나타내는 전치사(during, at, in, on…)가 결합되면 when, 이유를 나타내는 전치사(for…)가 결합되면 why, 방법을 나타내는 전치사(in…)가 결합되면 how가 되는데, 이 where, when, why, how를 관계부사라고 합니다. 의문사와 똑같이 생겼다고 엉뚱하게 해석하는 일 이 없도록 주의해야겠죠?

복합관계대명사

하나의 관계사가 수식받는 명사와 관계대명사를 다 아우를 때도 있습니 다. 이를 '복합관계대명사'라고 부르는데, 이 관계사에 포함된 명사가 바 로 선행사이기 때문에 복합관계대명사는 명사 역할을 할 수 있죠. 대표 적인 예로는 what, who(m)ever, whatever, whichever가 있습니다.

나는 네가 좋아하는 걸 좋아해.
= 나는 네가 좋다는 건 다 좋아해.

I like **the thing that** you like.
= I like **what** you like.

수식받는 명사 the thing이 관계대명사 that과 결합하면서 what으로 변했습니다. what은 명사 the thing을 포함하기 때문에 명사 자리인 주어 자리, 목적어 자리, 보어 자리에 들어갈 수 있죠. 이 문장에서는 what 절이 like의 목적어 자리에 들어가 있습니다.

파트너로 삼고 싶은 사람이라면 누구든 선택 가능하다.

ⓐ You can choose **anyone that** you want to be your partner.
= You can choose **who(m)ever** you want to be your partner.

당신께 누가 되는 일은 뭐든 곧바로 없애 드리겠습니다.

ⓑ **Anything that** bothers you will be quickly discarded.
= **Whatever** bothers you will be quickly discarded.

위 예문처럼 명사가 anyone/anybody일 때는 who(m)ever를, anything일 때는 whatever를 씁니다. 참고로 whatever과 의미가 비슷한 whichever는 선택 범위가 제한적일 때 쓰죠. ⓐ에서 who(m)ever가 이끄는 절은 choose의 목적어 자리에, ⓑ에서 whatever가 이끄는 절은 문장의 주어 자리에 들어가 있습니다.

관계대명사 that

관계대명사 that은 관계대명사 who/which 대신 쓸 수 있습니다. 하지만 대신할 수 없는 예외도 있죠. 선행사에 형용사의 최상급이 포함될 때(She is the smartest girl that I have met. 그녀는 내가 만난 사람 중에서 가장 똑똑한 이이다), 서수가 포함될 때(The first person that waited in line was Minho. 줄 서서 기다린 첫 번째 사람이 민호다), little/much/only가 포함될 때(He had little information that was needed for the test. 그는 시험에 필요한 정보가 거의 없었다), 선행사에 anything/something이 포함될 때(Is there anything that I can do for you? 제가 도와드릴 일이 있나요?)가 그런 경우에 속합니다.

복합관계부사

복합관계부사로는 whenever, wherever, however가 있고, 각각 no matter when, no matter where, no matter how로 바꿔 쓸 수 있습니다. 부사절을 이끌어 I can hear your voice wherever you are.(네가 어디에 있든 나는 네 목소리를 들을 수 있어), You can leave whenever you want.(네가 원하면 언제든지 떠날 수 있어), However smart you are, there is always someone smarter.(네가 아무리 똑똑하다 해도 더 똑똑한 사람이 있는 법이야)처럼 쓰이고 각 의문사의 의미에 따라 '(때·장소·방식)에 상관없이, 비록 언제[어디서/어떻게] ~일지라도'로 해석합니다.

다른 뜻으로 쓰일 때도 있습니다. whenever은 I felt frustrated whenever this thing happened.(이 일이 생길 때마다 나는 좌절했다)에서처럼 every time that(~할 때마다)의 의미로 쓰이기도 하고, wherever은 Please put this wherever it will fit.(맞는 곳이 있으면 아무 데나 두셔도 돼요)에서처럼 at any place where(~한 곳 어디에나)의 의미로 쓰이기도 하죠.

한편, 명사 역할을 하는 복합관계대명사인 who(m)ever, whatever, whichever가 복합관계부사로도 쓰일 때도 있습니다. 이때는 의미가 각각 no matter who(m)[what/which](비록 누가[무엇을/어느 것이] ~일지라도)로 달라져 Whoever the new guy is, he will be better than her.(새로 오는 사람이 누가 되더라도 그녀보다는 나을 거야), Whatever you choose, you must be consistent.(네가 뭘 선택하든 일관성이 있어야 해)에서처럼 '양보'의 의미로 쓰이죠.

한정적 용법 vs. 서술적 용법

관계대명사의 '한정적 용법'이란 말 그대로 관계사절이 선행사의 뜻을 한정해 주는 용법을 말합니다. 쉽게 말해 수식받는 명사의 성격을 보다 구체적으로 밝혀 주는 거죠. 반면 서술적 용법은 꼭 필요하지 않은 부가 정보를 덧붙이는 용법으로, 이때는 관계사 앞에 쉼표를 써서 나타냅니다.

The hat, **which** Paul gave me last year, was stolen yesterday.

여기서 핵심 내용은 모자를 도둑맞은 사실이고, 부수적인 정보는 폴이 사 줬다는 사실입니다. which 앞에 쉼표가 없는 한정적 용법으로 썼다면 그 외 다른 모자가 아니라 '폴이 작년에 내게 준 모자'를 특정해 도둑맞았다는 뜻이 되죠.

Mike likes Suji. + **It** is clear in this letter.
Mike likes Suji, **which** is clear in this letter.

서술적 용법에서는 위처럼 관계대명사가 앞에 쉼표를 써서 앞선 문장 전체를 수식할 수도 있습니다.

ⓐ 그는 그녀의 팔을 묶고 있는 끈을 느슨하게 했다.

ⓑ 마주치는 사람들이 의심스러운 눈초리로 나를 쳐다봤다.

ⓒ 중력은 빛이 이동하는 속도에 영향을 미치지 않는다.

ⓓ 그의 글은 새롭거나 매력적인 것을 거의 담고 있지 않다.

ⓔ 피노키오는 거짓말을 할 때마다 코가 자라는 나무 인형이다.

ⓕ 나의 욕망이 만들어 낸 것은 온실 속의 내 어린 시절과 들어맞지 않았다.

ⓖ 길에는 낙엽이 깔려 있었는데, 나는 발로 그 낙엽을 휘저었다.

ⓗ 이것을 정상으로 여기는 듯하는 남자가 바로 내 옆에 앉아 있었다.

ⓘ 그녀는 바다 위에 솟아오른 섬의 눈 덮인 봉우리들이 보이는 꿈을 계속 꾸었다.

ⓙ 우리는 이것이 우리를 어디로 이끌든 맹목적으로 따라가야 할 의무감을 느꼈다.

ⓐ 그는 그녀의 팔을 묶고 있는 끈을 느슨하게 했다.

He loosened the straps that bound her arms.

주격 관계대명사 that을 써서 He loosened the straps.와 They bound her arms.를 연결한 문장입니다. '묶다'라고 하면 주로 tie, bind가 떠오를 텐데요, tie는 tie one's hair back(머리를 뒤로 묶다)에서처럼 보통 끈 두 개를 매듭지어 묶는 동작을 가리킨다면 bind는 따로 떨어져 있던 것들을 단단하게 묶어 고정시킨다는 의미가 있습니다.

'끈'도 영어로 쉽게 떠오르지 않죠? 아마 rope, string이 생각났을 텐데요, rope는 보통 굵은 밧줄을 가리킵니다. 굵기와 강도에 따라 끈의 종류도 여러 가지로 나뉘는데, string은 꼬여 있는 얇은 줄을, cord는 전깃줄 등 잘 휘어지는 끈을 말합니다. strap은 넙적한 벨트 모양의 끈으로 주로 무언가를 단단히 동여맬 때 사용하죠. 이중 bind와 궁합이 맞는 끈은 strap이라 할 수 있겠네요.

ⓑ 마주치는 사람들이 의심스러운 눈초리로 나를 쳐다봤다.

The people I met eyed me with suspicion.

「접속사＋them」을 목적격 관계대명사로 바꿔 The people eyed me with suspicion.과 I met them.을 연결한 후 관계사를 생략한 문장입니다. '쳐다보다'를 동사 eye로 표현한 대목이 흥미롭죠? '눈'을 뜻하는 명사형으로 주로 알고 있지만 어떤 대상을 흥미로운 듯 유심히 쳐다볼 때 '~을 눈여겨보다'라는 의미의 동사로도 흔히 씁니다.

'마주치다'를 meet으로 표현한 대목은 어떤가요? 다른 동사들처럼 meet도 다양한 의미로 쓰입니다. 우연이든 약속을 통해서든 누군가를 만날 때나 어떤 상황에 직면할 때(She met her death in 1990. 그녀는 1990년에 죽음에 맞닥뜨렸다)도 쓰죠. '어떤 요건을 충족시킨다'라는 의미를(He met the requirement for promotion. 그는 승진 요건을 충족시켰다) 나타내기도 합니다.

ⓒ 중력은 빛이 이동하는 속도에 영향을 미치지 않는다.

Gravity doesn't affect the speed at which light travels.

관계사 which를 써서 Gravity doesn't affect the speed.와 Light travels at the speed.를 연결한 문장입니다. 수식절의 travels가 자동사니까 전치사와 관계대명사가 들어갈 곳을 잘 찾아야겠죠? '이동하다'를 move가 아닌 travel로 옮긴 이유는 뭘까요? move는 '단순히 위치를 바꾸다'를 뜻한다면(He moved upstairs. 그는 2층으로 갔다), travel은 '특정 구간을 이동하다'라는(I travel to work by bus. 나는 버스로 출근한다) 뉘앙스가 있기 때문이죠. 참고로 travel의 기본 뜻은 '여행하다'가 아닌 '이동하다'입니다.

'영향을 미치다'라고 하면 affect나 influence를 떠올릴 텐데요, 영향을 미치는 대상과 방식에는 차이가 있습니다. affect는 A로 인해 B의 결과가 달라질 때(Obesity began to affect my health. 비만이 내 건강에 영향을 미치기 시작했다), influence는 A가 B의 생각과 행동, 발전 정도에 영향을 미칠 때(His remarkable speech influenced the voters on critical issues. 그의 훌륭한 연설은 민감한 사안에 대한 유권자의 입장에 영향을 끼쳤다) 주로 쓰이죠.

ⓓ 그의 글은 새롭거나 매력적인 것을 거의 담고 있지 않다.

His writing contains little that is new or appealing.

주격 관계대명사 that을 써서 His writing contains little.과 It is new or appealing.을 연결한 문장입니다. 관계사 that만 허용되는 경우죠. 선행사 자리에 부정의 의미를 나타내는 대명사 little이 보이죠? 이처럼 선행사에 특정 단어가 쓰인 경우 관계사는 which/who가 아닌 that만 쓸 수 있습니다.

'거의 ~하지 않는'을 영어로 옮길 때 무조건 hardly 등의 부사를 쓰는 경향이 있는데, hardly는 동사를 수식할 때 쓰고(I can hardly understand. 좀처럼 이해가 안 돼), 수량을 나타내는 명사를 수식할 때는 little(불가산)/

few(가산)를 써야(Few students came on time. 제시간에 온 학생은 거의 없었다) 합니다.

appeal은 자동사일 때 주로 두 가지 뜻으로 쓰입니다. 첫 번째는 '간청[호소]하다'(They appealed to the United States for political asylum. 그들은 미국에 정치적 망명을 간청했다), 두 번째는 '마음에 들다, 흥미를 끌다'(This program will appeal to teenagers. 이 프로그램은 십 대들의 흥미를 끌 것이다)라는 뜻이죠. appealing은 동사 appeal에서 파생된 형용사형이고요.

ⓔ 피노키오는 거짓말을 할 때마다 코가 자라는 나무 인형이다.

Pinocchio is a wooden puppet whose nose grows longer whenever he tells a lie.

소유관계 한정사 whose와 복합관계부사 whenever를 써서 Pinocchio is a wooden puppet.과 His nose grows longer whenever he tells a lie. 를 연결한 문장입니다. '나무로 된'은 wooden을 쓰면 되죠? 접미사 -en 은 '~로 만들다, ~ 되다'라는 의미로 명사를 동사형으로 만들 때 쓰이기도 하지만, '~로 만든, ~로 구성된'이라는 의미의 형용사형을 만들 때도 쓰입니다.

long은 '긴'을 뜻하는 형용사로 알고 있지만 부사와 명사로도 쓰입니다. 가령 See you before long.(조만간 보자)에서는 '오랜 기간'을 뜻하는 명사로 쓰였고, We have not seen him long.(우리는 오랫동안 그를 보지 못했다)에서는 '오랫동안'이라는 뜻의 부사로 쓰였죠.

ⓕ 나의 욕망이 만들어 낸 것은 온실 속의 내 어린 시절과 들어맞지 않았다.

What my desire created did not fit into my sheltered childhood.

the thing that을 대신해 명사 역할을 하는 관계사 what을 쓴 문장입니다. 이 what은 '선행사를 포함한 관계대명사'라고도 하죠. '욕망'은

desire 외에 longing, lust 등을 쓸 수 있는데, desire의 핵심이 '열렬함'이라면 longing의 핵심은 '간절함'이라고 할 수 있습니다. longing for a true love(진정한 사랑에 대한 갈망)에서 longing을 쓰는 것도 그만큼 간절하고 애절한 심정을 표현하기 위해서죠. 반면 lust는 '성적 욕망'을 나타냅니다.

shelter는 명사로 쓰이면 '피난처', '보호소'를 뜻하지만, 동사로 쓰이면 '(유해한 것으로부터) ~을 보호하다'(The hut sheltered us from the bad weather. 우리는 오두막집에서 궂은 날씨를 피했다)를 뜻합니다. 과거분사 형태로 바꾸면 '온실 속의,' 즉 '보호받는'이라는 뜻의 형용사로 쓸 수 있죠.

🅖 길에는 낙엽이 깔려 있었는데, 나는 발로 그 낙엽을 휘저었다.

The path was carpeted with fallen leaves, which I stirred with my feet.

목적격 관계대명사의 서술적 용법을 써서 The path was carpeted with fallen leaves.와 I stirred them with my feet.을 연결한 문장입니다. carpet은 보통 한쪽 벽에서 다른 쪽 벽까지 바닥 전면을 덮는 융단을 말하고 바닥의 일부만 덮는 카펫은 rug라고 하는데, 여기서는 특이하게도 carpet이 동사로 쓰였습니다. 명사만으로 알고 있는 단어가 동사 자리에 있다면 명사형에서 뜻을 유추해 동사로 해석할 수 있어야겠죠? 이 문맥에서는 바닥 전면을 까는 카펫처럼 낙엽이 길을 '덮고 있다'를 뜻합니다.

stir은 '수저로 차와 같은 액체를 휘젓다'를 의미하지만, 비유적으로 '평온한 공간에 소동을 일으키다'라는 뜻으로도 쓰입니다. 여기서 stir를 쓴 건 낙엽을 굳이 휘저어 소란을 일으킨다는 뉘앙스를 표현하기 위해서죠. 어떤 감정이나 행동을 불러일으킬 때도(The story had stirred his memories of childhood. 그 이야기는 그에게 어린 시절의 추억을 불러일으켰다) stir를 쓸 수 있습니다.

ⓗ 이것을 정상으로 여기는 듯하는 남자가 바로 내 옆에 앉아 있었다.

Next to me sat the man to whom it seemed normal.

강조를 위해 도치한 문장입니다. 위치를 나타내는 부사구 next to me를 강조하기 위해 문두로 옮기면서 주어와 동사의 자리가 바뀐 구조죠. 원래 문장으로 풀어 쓰면 The man to whom it seemed normal sat next to me.가 되겠네요. to whom에서 알 수 있듯 전치사 to는 관계대명사 앞으로 옮겨야 합니다.

'앉다'와 관련된 단어는 sit 외에도 seat이 있습니다. seat은 '자리'라는 뜻의 명사로 알고 있지만, '(자리를 마련하여) 앉히다'라는 뜻의 동사로도 쓰이죠. 식당에서 손님에게 자리를 마련할 때까지 기다려 달라고 할 때도 Please wait to be seated.(기다려 주시면 자리로 안내해 드리겠습니다)라고 합니다. 반면 sit은 스스로 앉는 동작 자체를 의미하죠.

ⓘ 그녀는 바다 위에 솟아오른 섬의 눈 덮인 봉우리들이 보이는 꿈을 계속 꾸었다.

She went on dreaming of the white peaks of the islands that rise from the sea.

굉장히 복잡해 보이는 문장이죠? 의미 단위로 나누면 '그녀는 섬의 눈 덮인 봉우리들이 보이는 꿈을 꾸었고, 그 섬은 바다 위로 솟아올라 있었다'가 되겠군요. 영어로 옮기면 She went on dreaming of the white peaks of the islands.와 They rise from the sea.로 나뉠 수 있겠네요.

'~을 계속하다'를 뜻하는 말로 keep, continue, go on 등이 있는데, 용법에는 차이가 있습니다. keep은 반복성을 강조할 때(He keeps crying. 그가 자꾸 운다), continue는 지속성을 강조할 때(She continues reading the newspaper. 그녀는 신문을 계속 읽고 있다), go on은 구어체 문장에서 쓰이죠.

rise는 낮은 곳에서 높은 곳으로 이동하는 모습을 나타내는 자동사로, 무언가가 수평선 위로(The sun is rising. 해가 뜨고 있다), 또는 수면을 뚫고 올라올 때도(A fish rose and flew over the surface. 물고기가 솟아올라 수면 위로 날았다) 쓰입니다. 신분 상승을 나타낼 때도(He succeeded in rising above his background. 그는 출신 배경을 넘어서는 데 성공했다) 쓰이고요.

ⓘ 우리는 이것이 어디로 이끌든 맹목적으로 따라가야 할 의무감을 느꼈다.

We felt the duty to follow this blindly wherever it might lead us.

no matter where를 대신한 복합관계부사 wherever가 쓰인 문장입니다. '~해야 할 의무감을 느끼다'라는 뜻으로 「feel the duty + to부정사」를 썼군요. duty는 주로 '업무상 수행해야 할 직무'나 '신념으로 인한 의무'를 가리키죠. 그래서 '책임감'도 a sense of duty라고 합니다.

주로 형용사나 명사로만 알고 있는 blind가 동사로 쓰일 때도 있습니다. 형용사로 쓰이면 '앞이 보이지 않는', '분별력을 잃은'을 뜻하지만, 동사로 쓰이면 The accident blinded her.(사고로 그녀의 눈이 멀었다)/ Our prejudices blind us to the facts.(우리는 편견 때문에 사실을 제대로 보지 못한다)에서처럼 '눈을 멀게 하다' 또는 '분별력을 잃게 하다'를 뜻하기도 하죠. 여기서는 -ly를 붙여 '맹목적으로'라는 의미의 부사로 썼습니다.

분사

분사

'분사'란 동사를 형용사처럼 쓰기 위해 바꾼 형태를 말합니다. 동작이 문맥상 '진행/능동'을 뜻하면 현재분사형(-ing)을, '완료/수동'을 뜻하면 과거분사형(-ed)을 쓰죠. 수식하는 말이 한 단어라면 수식받는 명사 앞에, 구라면 명사 뒤에 위치합니다. 이때 구는 「관계대명사+be동사」가 생략된 형태(The cat (which is) crying at the corner seems to be sick. 모퉁이에서 울고 있는 고양이는 아파 보인다)라고 보면 되고요.

분사의 핵심은 분사구문입니다. 분사구문은 주절과 부사절의 주어가 같을 때 부사절의 접속사와 주어를 생략하고 동사를 현재분사나 과거분사로 바꾼 형태를 말하죠. 영어 글쓰기에서는 이 분사구문의 활용도가 매우 높은 편입니다. 문장을 간결하게 만드는 편리한 방법이기 때문이죠. 다음 예문을 보면서 좀 더 알아볼까요?

그녀가 사물함을 열자 연애 편지가 보였다.

ⓐ When she opened her locker, she found a love letter.

ⓑ Opening her locker, she found a love letter.

진행(~하고 있는)

단어

The **singing girl** is my sister.
노래 부르고 있는 소녀는 나의 여동생이다.

구

The boy **running to the store** is my ex-boyfriend.
가게로 뛰어가고 있는 소년은 나의 전 남자친구다.

완료(~한)

단어

We collected **fallen leaves.**
우리는 낙엽을 모았다.

구

The room **painted in light pink** is my baby's.
연분홍색으로 칠해진 방은 우리 아기의 방이다.

능동(~하는)

단어

I hate **a boring story.**
나는 지루한 이야기를 싫어한다.

구

Look at the airplane **flying in the sky.**
하늘을 날고 있는 비행기를 봐.

수동(~된, ~해진)

단어

The **damaged car** was found at the park.
고장 난 차는 공원에서 발견되었다.

구

The book **written by Mr. Wilson** has become a best seller.
윌슨 씨가 쓴 책은 베스트셀러가 되었다.

ⓐ에서 when이 이끄는 부사절의 she와 주절의 she는 같은 사람이죠? 그래서 중복되는 부사절 주어를 생략합니다. 접속사 when의 의미도 쉽게 짐작 가능하다면 생략해도 되고요. she가 동작(open)의 주체이기 때문에 능동을 나타내는 현재분사를 쓰면 ⓑ처럼 간결하게 만들 수 있죠.

이 구조가 가장 기본적인 분사구문으로, 이외에도 완료형 분사구문, 부정형 분사구문, 주어를 살린 분사구문, 접속사를 살린 분사구문, 대등접속사 and가 생략된 분사구문도 만들 수 있습니다. 하나씩 살펴볼까요?

완료형 분사구문

나는 파리에 여러 차례 방문한 적이 있었기에 그 호텔에서 휴식을 취했다.

Since I had visited Paris several times, I took a rest at the hotel.
➡ Having visited Paris several times, I took a rest at the hotel.

부사절의 시제가 주절의 시제보다 앞설 때는 완료형 분사구문이 필요합니다. 이때 분사구문의 동사는 「have + p.p」 형태가 되죠. 여기서 Since I ~ times라는 부사절은 I took ~ hotel이라는 주절보다 먼저 일어난 일이죠? 따라서 분사구문으로 바꿀 때는 visiting Paris가 아닌 having visited Paris라고 써야 합니다. I가 동작(visit)의 주체이기 때문에 능동을 나타내는 현재완료형 having visited를 썼고요.

부정형 분사구문

그녀는 가족과 떨어져 살았기 때문에 그들이 무척 그리웠다.

Because she did not live with her family, she missed them a lot.
➡ Not living with her family, she missed them a lot.

부사절이 부정문일 때도 있겠죠? 이때는 분사 앞에 부정부사 not을 두면 됩니다. Because she did not ~ family라는 부사절을 분사구문으로 바꾼다면 not을 현재분사 living 앞에 두면 되겠죠?

주어를 살린 분사구문

Since the professor was absent, his assistant managed the class.

➡ The professor being absent, his assistant managed the class.

교수가 수업에 나타나지
않아 그의 조교가 수업을
이끌었다.

원칙상 주어가 같아야 한다는 게 분사구문을 만들기 위한 전제 조건이
지만 주어가 다르더라도 분사구문을 만들 수 있습니다. 단, 이때는 부사
절의 주어를 표기해야 하죠. 여기서도 Since ~ was absent라는 부사절
의 주어와 his assistant ~ class라는 주절의 주어가 다르기 때문에 분사
being absent 앞에 원래의 주어 the professor를 밝혀준 거고요.

접속사를 살린 분사구문

Although I feel lonely sometimes, I love my independent lifestyle.

➡ Although feeling lonely sometimes, I love my independent
   lifestyle.

때론 외로움도 느끼지만
나는 독립적인 나만의
생활 방식에 애정을
느낀다.

분사구문에서는 접속사를 생략한다고 했죠? 하지만 접속사의 의미를
명확히 하고 싶다면 분사구문에서도 접속사를 명시합니다. 여기서 접속
사 although를 생략하지 않은 것도 I feel lonely sometimes가 사실임을
인정하지만 이어지는 절에 반대되는 내용이 올 것임을 예고하는 '양보'
의 의미를 분명히 하고 싶다는 의도를 드러내기 위해서죠.

대등접속사 and가 생략된 분사구문

He opened the door, and he let me inside.

➡ He opened the door, letting me inside.

그가 문을 열어 나를
들여보내 주었다.

분사구문이 대등접속사 and를 대신할 수도 있습니다. and는 앞뒤 절을
대등하게 나열할 때도 쓰지만('그리고') 전후 관계를 나타낼 때('그래서',

'그러므로', '그리고 나서')도 쓰이기 때문에 다양한 문맥에서 활용도가 높죠. 여기서는 문을 열고 들여보냈다는 전후 관계를 나타내기 때문에 and와 he를 생략하고 현재분사를 쓴 letting me inside 구문으로 바꿨습니다.

날씨가 지독하게 안 좋아서 내 계획이 어그러졌다.

The weather was extremely terrible, and it ruined my plan.
➡ The weather was extremely terrible, ruining my plan.

이번에는 and 뒤에 오는 it이 앞 문장 전체를 가리키고 있군요. 이때도 and와 it을 생략해 ruining my plan이라는 현재분사 구문으로 바꿀 수 있습니다. 이 패턴은 빈도가 높으니 이참에 확실히 익혀 두는 게 좋겠네요.

ⓐ 지난봄에 심은 저 나무들은 이미 씨를 맺고 있다.

ⓑ 그녀는 들판에서 양떼를 돌보는 양치기들에 관한 구절을 소리 내어 읽었다.

ⓒ 어떻게 해야 할지 몰라 나는 말문을 닫고 창밖을 바라봤다.

ⓓ 피가 다 빠져버리자 그것은 칙칙한 색으로 변해 버렸다.

ⓔ 극심한 가난을 겪어 봤기 때문에 그녀는 노숙자들의 심정을 잘 안다.

ⓕ 이 몇 줄을 수없이 반복해 읽은 후 그는 깊은 공상에 빠져들었다.

ⓖ 그는 자리에 앉아 수염을 쓰다듬으며 아무 말도 하지 않았다.

ⓗ 버스가 급정거를 해서 그 꼬마는 자리에서 떨어질 뻔했다.

ⓘ 누군가가 코트 자락을 바람에 펄럭이며 샛길에서 걸어 나왔다.

ⓙ 간단한 작별 인사를 나눈 후 존(John)은 그 자리에 남아 병에 남은 술을 전부 비웠다.

ⓐ 지난봄에 심은 저 나무들은 이미 씨를 맺고 있다.

Those trees planted last spring are already bearing seed.

과거분사가 이끄는 구(planted last spring)가 명사(those trees)를 수식하는 구조의 문장입니다. 주어가 '나무들'이기 때문에 수동을 나타내는 planted가 쓰였고, last spring까지 하나의 구를 이루어 trees를 수식하고 있죠.

'심다'라고 하면 sow, seed, plant가 떠오를 텐데요, sow는 주로 씨앗을 흩뿌려서 심을 때(The crops should be sown around this time. 작물은 이맘때쯤 파종해야 한다), seed는 씨앗을 심을 때(The lawn is seeded with a special grass. 그 잔디밭에는 특별한 잔디가 심어져 있다) 주로 쓰이고, plant는 씨앗이나 식물, 나무에 모두 쓰입니다.

동사 bear는 주로 '참다', '맡다', '낳다'라는 세 가지 뜻으로 쓰이는데, 모두 사용 빈도가 높아 알아두면 유용합니다. '참다'를 뜻할 때는 역경이나 어려움을 참아 낸다는 뉘앙스를(I can hardly bear the criticism. 나는 비판을 견딜 수가 없다), '맡다'를 뜻할 때는 어떤 책임이나 무게를 감당해 낸다는 뉘앙스를(No one would like to bear this responsibility. 그 누구도 이런 책임을 지려 하지 않을 것이다) 나타내죠. '낳다'는 '2세를 잉태하다'라는 의미로, 사람뿐 아니라 동물이나 식물에도 두루 쓸 수 있습니다.

ⓑ 그녀는 들판에서 양떼를 돌보는 양치기들에 관한 구절을 소리 내어 읽었다.

She read aloud the passage about the shepherds watching their flocks in the fields.

현재분사가 이끄는 구(watching their flocks in the fields)가 명사(shepherds)를 수식하는 문장입니다. 양떼를 돌보는 주체가 양치기이기 때문에 능동을 나타내는 현재분사(watching)가 쓰였죠. '돌보다'를 뜻하는 take care of, care for, look after 등은 이 문맥에서 부적절합니다. 양떼를 돌보는 이유는 도망가지 못하게 지키는 거죠? 그러니 '망을 보다, 지키다, 돌보다'라는 의미의 watch가 가장 적절하겠네요.

'떼'나 '무리'를 일컫는 flocks도 알아 두면 좋은 표현입니다. 하지만 어떤 떼와 무리를 가리키느냐에 따라 쓰이는 단어가 달라지죠. 날아다니는 곤충이라면 swarms, 어류라면 schools, 조류 등 농가에서 기르는 가축 무리라면 flocks를 씁니다.

'소리 내어'는 loudly가 아닌 aloud를 썼군요. loudly를 떠올리기 쉽지만 loudly와 a loud는 엄연히 뜻이 다릅니다. loudly는 다른 사람에게 불쾌감을 줄 정도의 '시끄러운 소리로'를 뜻하고, aloud는 '다른 사람에게 들릴 정도로 소리 내어'라는 뜻으로 부정적인 뉘앙스가 없죠.

ⓒ 어떻게 해야 할지 몰라 나는 말문을 닫고 창밖을 바라봤다.

Not knowing what to do, I fell silent and looked out of the window.

부정 분사구문을 쓴 문장입니다. 원래 Because I did not know what to do였던 절을 Not knowing what to do로 간결하게 표현했군요. knowing을 부정하기 위해 쓴 not은 원래 부사죠? 이처럼 분사구문을 만들 때 부사는 분사 앞에 자리합니다.

'밖을 바라보다'라는 영어 표현도 알아 두면 좋겠군요. 캐럴 중에 〈창밖을 보라〉라는 곡이 있죠? 영어로 옮기면 look out the window인데요, look은 자동사, out은 부사이기 때문에 window 앞에 전치사 of를 넣어 look out of the window로 써야 맞지만 요즘 구어체에서는 out of 대신 out만 쓰기도 합니다.

ⓓ 피가 다 빠져버리자 그것은 칙칙한 색으로 변해 버렸다.

Drained of blood, it turned to a dull grey color.

수동태 분사구문을 쓴 문장입니다. '피가 빠지다,' '칙칙한 색으로 변해 버리다' 모두 영작이 어려운 표현이군요. 앞서 'A에서 B를 없애다[제거하다]'를 clear A of B로 나타낸다고 했는데요, 제거 대상이 혈액 등의 액체일 때는 clear 대신 drain(물[액체]을 빼내다)을 씁니다.

원래 혈관을 따라 전신을 순환하는 것이 혈액의 역할이니 혈액이 빠져나가는 것은 외부 요인에 의한 수동적인 현상이라 할 수 있겠죠? 따라서 수동태로 표현한 After it was drained of blood를 분사구문으로 바꾼 being drained of blood에서 being을 생략한 형태로 나타낸 겁니다.

'변하다'를 change가 아닌 turn을 써서 나타낸 대목이 눈에 띄네요. turn은 완전자동사로 쓰이면 '변색되다, 색깔이 변하다'를, 타동사로 쓰이면 '변색시키다'를 뜻하죠.

ⓒ 극심한 가난을 겪어 봤기 때문에 그녀는 노숙자들의 심정을 잘 안다.

Having experienced extreme poverty, she feels sympathy for homeless people.

'극심한 가난을 겪은 시점'은 당연히 '심정을 아는 시점' 이전이겠죠? 그래서 분사절을 완료형(having experienced)으로 나타냈습니다. '겪다'는 experience 외에 undergo, go through, suffer 등을 쓸 수 있는데, 경험의 내용에 따라 쓰임이 조금씩 다르죠. experience는 경험했다는 사실을 강조할 때, undergo는 힘들고 어려운 일을 겪었을 때, go through는 난관을 끝까지 이겨 냈을 때, suffer은 질병이나 고통스러운 일을 겪었을 때 주로 쓰입니다. 뉘앙스에 따라 이렇게 적절한 표현을 구사할 수 있으려면 영문 텍스트를 많이 읽으면서 부지런히 감을 익혀야겠죠?

'심정을 알다'는 feel sympathy for로 표현했군요. sympathy는 '다른 사람의 불행에 대한 동정심'이라는 뜻으로도 쓰이고 '다른 사람에 대한 공감'이라는 뜻으로도 쓰이는데, 여기서는 '동정심'을 뜻합니다. 유사한 의미로 쓰이는 have a pity on(~에 동정하다), have compassion for(~에 연민을 느끼다)도 함께 알아 두면 좋겠네요.

f 이 몇 줄을 수없이 반복해 읽은 후 그는 깊은 공상에 빠져들었다.

After reading over these lines a number of times, he sank into a deep daydream.

접속사를 살린 분사구문을 쓴 문장입니다. '이 몇 줄을 수없이 반복해 읽은 후'는 어려운 단어가 없는데도 영어로 표현하기가 만만치 않네요. '수없이'는 a number of times로, '반복해서'는 over로 옮겼군요. '수없이'는 numerous times 또는 innumerable times를 써도 됩니다. numerous는 '수가 많은'을 뜻하고, innumerable은 '셀 수 있는'을 뜻하는 numerable에 '부정, 반대'를 나타내는 접두사 in-이 붙은 형태니 '셀 수 없을 정도로 많은'을 뜻하겠죠?

'사랑에 빠지다'를 흔히 fall in love로 표현하는 걸로 봐선 '공상에 빠지다'도 fall을 쓰면 되지 않을까요? '사랑'을 표현할 때 fall을 쓰는 건 때로는 통제가 안 될 만큼 갑자기 빠르게 빠져들기 때문이죠. 따라서 이 맥락에서는 좀 어색합니다. 조금씩 빠져들어가는 느낌을 살려야 하는데, sink into는 '물에 잠기듯 천천히 빠져들다'라는 뜻이니 이 문맥에 더 어울리겠군요.

g 그는 자리에 앉아 수염을 쓰다듬으며 아무 말도 하지 않았다.

He sat fingering his beard, saying nothing.

대등접속사 and로 연결된 He sat fingering his beard and he said nothing.을 분사구문으로 바꾼 문장입니다. 여기서는 sat fingering을 눈여겨봐야 합니다. sit, lie, stand 등은 주로 불완전자동사로 쓰여 각각 '~인 채로 앉다/눕다/서다'를 뜻하고 물결선(~)에 해당하는 구멍은 주격 보어 자리를 나타내는데요, 바로 이 자리에 형용사가 와야 합니다. 여기서는 '진행/능동'을 뜻하는 현재분사 형태가 쓰였죠.

'쓰다듬다'는 뭐라고 하면 좋을까요? 비슷한 표현으로 pat, stroke,

caress 등이 있지만 용법은 조금씩 다릅니다. pat은 손바닥으로 부드럽게 쓰다듬을 때, stroke은 부드럽게 반복해서 쓰다듬을 때, caress는 애정이 느껴지도록 쓰다듬을 때 주로 쓰이죠. 동사 finger는 손가락으로 만지작거리는 모습을 나타내고요. 산타클로스가 수염을 쓰다듬는 모습을 떠올리면 되겠군요.

ⓗ 버스가 급정거를 해서 그 꼬마는 자리에서 떨어질 뻔했다.

The bus stopped abruptly, nearly tipping the little boy out of his seat.

대등접속사 and로 연결된 The bus stopped abruptly, and it nearly tipped the little boy out of his seat.을 분사구문으로 바꾼 문장입니다. 여기서 it은 앞에 있는 절, 즉 버스가 급정거한 일을 가리키죠.

'갑자기'라는 뜻으로 쓰인 abruptly는 급작스러움과 예상치 못함의 정도가 suddenly보다 더 강합니다. in a rush(서둘러), in a hasty manner(성급하게) 같은 전치사구도 비슷한 의미로 쓰이는데, in a rush는 빠른 속도와 규모를 강조할 때, in a hasty manner는 서두르느라 일이 제대로 진행되지 않을 때 주로 쓰이죠.

tip은 명사로 어떤 것의 '뾰족한 끝 부분'을 뜻하고, 동사로는 hills tipped with snow(꼭대기가 눈으로 덮인 언덕들)에서처럼 '끝 부분을 씌우다[덮다/싸다]'를 뜻합니다. '균형을 잃고 넘어지다'라는 뜻도 있어서 '초가 쓰러졌다'는 The candle tipped over.로 표현하죠. 이 문맥에서처럼 타동사로 쓰여 '~을 넘어뜨리다'를 뜻하기도 합니다.

ⓘ 누군가가 코트 자락을 바람에 펄럭이며 샛길에서 걸어 나왔다.

Someone stepped out of the side path, her coat billowing as she walked.

영화의 한 장면을 묘사하는 듯한 문장이군요. 하지만 영어로 옮기기엔 만만치 않습니다. 하나씩 해결해 볼까요? 핵심은 '누군가가 샛길에서 걸어 나왔다'입니다. '코트 자락을 바람에 펄럭이며'는 수식어고요. 원래 문장은 Someone stepped out of the side path while her coat billowed as she walked.였을 겁니다. 여기서 주의할 점은 주절과 종속절의 주어가 다르다는 건데요, 따라서 분사절의 주어(her coat)는 생략하지 말고 그대로 둬야 합니다.

'펄럭이다'라는 표현으로 billow라는 낯선 단어가 등장했습니다. 이 단어를 보니 연상되는 장면이 있군요. 바로 영화배우 마릴린 먼로가 지하철 통풍구 위에서 펄럭이는 치마가 뒤집히지 않게 붙잡고 있는 모습이죠. 이처럼 바람에 치마가 날려 돛처럼 부풀어 펄럭이는 모습을 billow라고 합니다. 태극기가 바람에 휘날리거나 나비가 날개를 펄럭이는 모습을 묘사할 때 쓰는 flutter와는 쓰임이 다르죠.

ⓘ 간단한 작별 인사를 나눈 후 존(John)은 그 자리에 남아 병에 남은 술을 전부 비웠다.

Exchanging brief goodbyes, John stayed on, finishing the whole bottle.

위 문장에 묘사된 세 가지 동작은 '작별 인사 나누기, 그 자리에 남아 있기, 남은 술 전부 비우기'죠? '작별 인사 나누기'는 종속접속사 after를 생략한 분사구문으로, '남은 술 전부 비우기'는 대등접속사 and를 생략한 분사구문으로 나타냈습니다. 원래 문장으로 풀어 쓰면 After he exchanged brief goodbyes, John stayed on and he finished the whole bottle.쯤이 되겠군요.

'간단한'은 simple을 떠올리기 쉽지만 여기서는 brief가 더 어울립니다. simple은 '쉽게 이해될 만큼 복잡하지 않은'을 뜻합니다. 이 문맥에서 '간단한'은 '간략한', 즉 '짤막한'을 의미하니 '시간이 짧은, 잠시 동안의'를 의미하는 brief가 더 적절하죠. 한편, 유의어로 종종 언급되는

plain은 '알기 쉬운, 명료한'을 뜻합니다.

　on은 전치사뿐 아니라 The show must go on.(쇼는 계속되어야 한다)에서처럼 부사로도 쓰입니다. 위 문맥에서도 on은 '계속'이라는 뜻의 부사로 쓰였죠. '기타 등등'을 뜻하는 and so on의 on도 '계속해서, 이어서'라는 의미의 부사로 쓰인 경우고요. 같은 맥락에서 stay on도 '계속 남아 있다'를 뜻합니다.

Epilogue

영작문을 잘한다는 건 영어 학습의 최고 경지에 도달했다는 말이나 다름없습니다. 읽기, 듣기, 말하기를 공부하면 해당 영역에만 능통하게 되지만 쓰기를 잘하면 읽기, 듣기, 말하기 모두에 능통하게 되죠. 문장과 단락, 글을 구성하는 원리를 터득했기 때문에 독해도 쉬워집니다.

거듭 강조하지만 글쓰기를 잘하려면 문장을 꾸준히 만들어 봐야 합니다. 이 연습을 오래하다 보면 자신도 모르는 사이에 좋은 문장에 대한 안목이 생기고 어색한 문장을 교정할 수 있는 실력도 절로 늘게 되죠.

저는 지금도 매일 영어 문장을 외웁니다. 수개월 전에 암기했던 문장을 다시 머릿속에서 꺼내 되풀이하면서 처음과 같은 실수를 저지를 때도 있죠. 실망도 잠시, 실수를 되새기며 같은 문장을 또다시 암기합니다. 저는 이런 연습을 수년째 하루도 거르지 않고 계속하고 있죠.

어떻게 하면 영어를 잘할 수 있느냐고 묻는 학생들에게 저는 다음처럼 경험을 통해 터득한 5가지 학습 단계를 알려주곤 합니다.

1 잘하고 싶은 분야, 또는 잘해야 하는 분야를 정한다.
2 해당 분야를 다룬 '검증받은' 영문 텍스트를 찾아본다.
3 해당 영문 텍스트를 우리말로 바꿔 본다.
4 바꾼 텍스트를 영어로 다시 작문해 보고 원문과 비교해 본다.
5 해당 영문 텍스트를 암기한다.

*개인차와 학습 스타일에 따라 3을 생략하고, 해석이 있는 자료로 대체 가능

연습용 텍스트는 단락을 기준으로 합니다. 단락 단위로 공부해야 영어식 사고가 반영된 논리적 전개에 익숙해져 우리말을 영어에 대입해 어색하게 영작하는 실수를 방지할 수 있기 때문이죠. 단, 똑같은 텍스트를 주기적으로 반복 연습해야 합니다. 습관은 웬만해선 바뀌지 않으니 반복 연습으로 점진적으로 바꿔 가는 거죠. 3개월 전에 외웠던 텍스트를 다시 영어로 바꿔 보면 그때 저지른 실수를 또다시 범하고 있는 스스로를 발견하게 될 겁니다. 그렇더라도 좌절하지 말고 최소 5번은 반복해 보세요. 그래야 텍스트를 완전히 자기 것으로 소화할 수 있으니까요.

수많은 학생들이 영어를 잘하게 될 거라는 희망을 품고 외국으로 떠납니다. 아무래도 영어를 쓸 기회가 국내보다는 많으니 유학이나 연수는 분명 이점이 있죠. 하지만 유학의 성패는 세련된 영어를 얼마나 구사할 수 있느냐로 결정됩니다. 이미 많은 문장을 외워 머릿속에 방대한 데이터베이스로 저장해 놓았다면 어려울 게 없겠죠. 기회가 될 때마다 저장된 문장을 꺼내기만 하면 되니까요. 그 과정에서 분명 보람과 희열도 느낄 겁니다. 하지만 이렇게 양적, 질적으로 충분한 문장을 외워 두지 않았다면 돈과 시간만 낭비하기 쉬운 게 유학입니다. 일단 가서 하겠다는 마음이라면 이미 늦은 겁니다.

저는 영어 공부를 시작하던 때가 가장 신나고 재미있었습니다. 외국어로 의사소통을 할 수 있다는 것 자체가 신통했거든요. 제가 지금껏 영어를 놓지 않을 수 있었던 건 오랫동안 변치 않는 열정이 원동력이 되었기 때문입니다. 취미로 게임을 하고 스포츠를 즐기듯 영어도 하나로 취미로 즐겨 보는 건 어떨까요? 그렇게 영어 공부를 습관화하는 겁니다. 조급한 마음은 내려놓고 긴 호흡으로 문장 하나하나를 차근차근 머릿속 데이터베이스에 입력시켜 보세요. 그러면 영어가 더 이상 스트레스가 아니라 여러분의 자아실현을 위한 유용한 도구가 될 겁니다.

자, 지금부터 당장 시작해 볼까요?

| 주 |

1 *GRE CAT Answers to the Real Essay Questions, 2nd Edition*(2003), pp. 54-55

2 Ibid., p. 103

3 Ibid., p. 66

4 Ibid, p. 52

5 *Injury: The Politics of product Design and Safety Law in the United States*(2006) by Sarah s. Lochlann Jane, p. 83

6 *Life Exposed: Biological Citizens after Chernobyl*(2002) by Adriana Petryna, p. 1

7 *Sex & Temperament in Three Primitive Societies*(2001) by Margaret Mead, p. 152

8 George M. Slavich, "Social Safety Theory: A Biologically Based Evolutionary Perspective on Life Stress, Health, and Behavior," *Annual Review of Clinical Psychology*, 2020. 16, p. 268

9 비교구문의 more ~ than에서 more은 부사, than은 접속사와 전치사 기능을 한다. 대칭 구조로 나타내는 경우는 than이 접속사로 쓰일 때다. as ~ as 구문에서 앞의 as는 부사, 뒤에 as는 접속사이다. 원칙적으로 접속사 뒤에 절 형태의 「주어 + 동사」가 와야 하지만 목적격으로 표현하는 경우도 있다.

10 *The Elementary Structures of Kinship*(1949) by Claude Lévi-Strauss, pp. 3-4

11 *Distinction: A Social Critique of the Judgment of Taste*(1979) by Pierre Broudieu, p. 483

12 *We Have Never Been Modern*(1991) by Bruno Latour, p. 130

13 *A Thousand Plateaus: Capitalism and Schizophrenia*(1987) by Gilles Deleuze and Félix Guattari, p. 208

14 *Korea: the Politics of the Vortex*(1968) by Gregory Henderson pp. 2-3

15 *Korea: The Impossible Country*(2012) by Daniel Tudor p. 9

16 *Korea Old and New A History*(1990) by Carter J. Eckert, Ki-baik Lee, Young Ick Lew, Michael Robinson, and Edward W. Wagner p. 328

17 *Korea: the Impossible Country*(2012) by Daniel Tudor p. 42

18 *EU Annual Report on Human Rights and Democracy in the World 2017*(2017) by EU, p. 30

19 Naomi Ellemers, "Gender Stereotypes," *Annual Review of Psychology*, 2018. 69, p. 277

20 *The Economist:* "The Euro Still Needs Fixing" 2019, January 3

21 *Newsweek:* "Los Angeles Fire: Hundreds Ordered to Evacuate As La Tuna Fire Engulfs 2,000 Acres" 2017, September 17